信山社叢書

オーウェン・ラティモア伝

長尾龍一著

信山社

長尾龍一　オーウェン・ラティモア伝

目　次

第一部　真珠湾まで …… 1

1　野人学者の誕生　2
中国との出会い　2／　アメリカに帰る　5

2　太平洋問題調査会（IPR）の結成　7
IPRの誕生　7／　IPRの性格　8

3　ラティモア編集長　10
延安訪問　10／　Pacific Affairs 編集長　12

4　『アメレジア』　17
『アメレジア』の発刊　17／　外モンゴル　20

5　蔣介石の顧問　24
アメリカの対日世論　24／　重慶での一年　26／　ラティモアの国民党観　34

目次

第二部　対日戦争 …… 41

6　戦時情報局（ＯＷＩ）　42
大本営とＯＷＩ　42／ラティモアとＯＷＩ　45／天皇制をめぐる対立　49

7　ウォレス訪中　52
宋美齢の訪米　52／蔣介石とスティルウェル　53／重慶再訪　56／ラティモアの重慶政権観　59

8　パトリック・ハーリー　63
二つの中国　63／記者団の「辺区」訪問　66／ディクシー・ミッション　70／共産党との断絶　74

9　延安の日本人　79
岡野進（野坂参三）と日本人民解放連盟　79／『アメレジア』と解放連盟　80／岡野・鹿地・エマソン　85／エマソンの戦後構想　93／アンドリュー・ロス『日本のディレンマ』　97

第三部　対日終戦……103

10　『アジアにおける解決』　104
ラティモアの新著　104／「中国派」と「日本派」　105／極東専門家批判　107／米国の世界政策批判　110／日本専門家批判　113／孫科「ミカドよ去れ」　115／ラティモアの日本分析　118／ロシア革命と中国　119／ソ連とアジア　124／ラティモアの対日政策提言　127

11　グルーとポツダム宣言　136
戦時中のグルー　136／ロスとグルー　145／グルーの対中政策　146／グルーの終戦工作　149／ラティモアのトルーマン訪問　151／ポツダム宣言をめぐって　156

12　マッカーサーと占領　163
グルー国務次官の辞任　163／ミズーリ艦上のマッカーサー演説　166／マッカーサーの変身　170／対日占領政策と『アメレジア』グループ　173／アチソン、サーヴィス、ノーマン　177／ビッソン　179／ポーリー報告書　182／マーク・ゲイン『ニッポン日記』　186／ニュ

ーディーラーたち　189
13　日本民主化の「失敗」　195
ビッソン『日本における民主主義の展望』　195／　テクスター『日本における失敗』　197／　ラティモア『アジアの情勢』　206
第四部　魔女狩りの中で……215
14　マッカーシー　216
「中国喪失」　216／　マッカーシーの登場　219／　コールバーグの執念　221／　マッカーシーのラティモア攻撃　226／　転向者ビュデンズ　230／　フリーダ・アトリーの怨念　232／　ラティモアの再反論　237／　「赤狩り」の時代　238／　日本の情況　242／　タイディングズ小委員会の報告書　243／　「魔女狩り」批判　244
15　マッカラン委員会　247
新たなラティモア攻撃　247／　マッカラン委員会　248／　ラティモア書翰　250／　ウィロビー証言　253／　対日政

策とラティモア　255／　ドゥーマン証言　256／　ヴィンセント証言　260／　ラティモア証言　264／　ラティモアの「舌禍事件」　267／　ラティモアの対日政策論　269／　ラティモアと共産主義　273／　マッカランの総括　276／　マッカラン委員会の歴史的役割　278

16　『アメレジア』グループと戦後日本　284
「戦後派知識人」　284／　マッカーシズムと日本　287

附録　十五年後に……289
一　「中国派」の呪い　290／　二　「親ソ派」ラティモア　292／　三　VENONA　294／　四　ハーバート・ノーマンの日本史観について　296

巻末　あとがき／人名索引

第一部　真珠湾まで

1　野人学者の誕生

中国との出会い

ルーズヴェルトの側近ロバート・シャーウッドに「アジア問題に関して最も叡智に富んだアメリカ人の一人」とよばれ[1]、米極東艦隊提督ハリー・ヤーネル海事大将に「米国における中国と満洲に関する最も偉大な権威」とよばれた[2]オーウェン・ラティモアには、学歴というほどの学歴がない。彼の自伝的回想の最初の部分を引用してみよう。

私が初めて中国に渡った時も、二度目に渡った時も、それは私自身の決心と無関係に他律的に決められたもので、学問的研究の志を胸に彼の地へ赴くといったものでは全然なかった。何しろ最初の渡中は、最初の誕生日を迎える以前のことだったのだから。一九〇一年、私の父は、時の中国政府、すなわち清朝が新設した欧風教育の教師として中国に渡った。一九〇〇年の義和団の変で清国が手ひどい敗北を喫したため、こういう教育課程がどうしても必要だということになったのである。その時までは、中国人に欧風教育を施す事業はキリスト教宣教師の独占物といっても過言でなかった。それ故この新課程は多くの宣教師たち、特にプロテスタントの宣教師たちの激しい反対に遭遇した。父は一九二一年までこの課程の教師を続けた。

私は一二歳まで中国で過ごした後、スイスで二年、英国で五年教育を受けた。スイスから英国に移ったのは、思いがけず第一次大戦が勃発したからである。一九一九年、私の一九歳の誕生日〔七月二九日〕に私は甚だしい失望のうちに学園を去った。わが家の経済状態が大学進学を許さなかったからである。私は中国に戻った。私は一年間天津で英字新聞社に勤め、それから六年間中国沿岸地帯の英国系大会社に勤めた。その会社は欧米が中国に売ろうとするものは何でも輸入し、欧米が中国から輸出しようとするものは何でも輸出しようとする会社であった。(3)

当時の中国在住の欧米人は、終始旦那然《サヒブ》と振舞って、万事を通訳や従者を通じて処理し、中国語など学ぼうとしなかった。挫折した知識人としての彼は、こういう在り方に不満を感じ、古風な儒者から中国語の読み書きを学んだ。外国人に中国語を教えるなどという人物は大した人物であるはずがなく、この手習いも随分いい加減なものだったらしい。「だから私は中国学者だとかちゃんとした研究者だとかと標榜したことはない」。ただ会話なら誰にも負けない。

彼はしきりに旅行した。他の社員たちには内陸地への出張など御免蒙るといった態度の者が多く、従って「代わりに行ってやる」といえば、皆が喜んだからである。輸出品落花生の買い取り、輸入品大麦の販売など仕事はいろいろとあり、賄賂で水路通行許可をやっととるとか、お役人の許可を得るため役所の門前で延々と待たされるとか、いろいろなことを体験した。彼は通訳も従者も伴わず、現地商人と同じところに泊り、同じものを喰べた。

羊毛取引のため内モンゴルの辺境地帯に旅したことが、彼の人生の転機となった。

商人たち、隊商たちからきいた断片的知識は、私にもっとその先を知りたいという願望をおこさせた。私は「隊商の旅程の終点まで行ってみよう、そこに何があるかこの眼でみよう」と決心した。天津に戻ると、私は会社を罷めた。経営者たちも、「君にそんな内陸見物旅行をさせるほど、会社はひまじゃないよ」というようなことをいった。だが彼らは、「その前に一年間北京で政府関係の取引にあたっている渉外関係の事務所に勤めてみたらどうだ」と勧めてくれた。渡りに舟と、私はその話に乗った。そしてそれは私に幸運をもたらした。そこで私は、わが生涯の伴侶にめぐり会ったからである。(4)

エレノア・ホルゲート女史、生涯の苦楽を共にしたラティモア夫人である。この冒険家の夫をもった彼女は、新婚早々に大冒険をした。ラティモアは隊商の通路に沿って新疆に到着した後インドに抜けることを思い立ち、新婚早々のエレノア夫人とは鉄道の終点ソ連領セミパラチンスクで待ち合わせて、新疆からインドへの旅の後半を共にすることになっていた。ところがその頃米国政府がソ連の外交官の、米国内を通過してメキシコに行くという申請を却下したため、ソ連は報復としてアメリカ人へのヴィザの発給を停止した。そこでラティモアは夫人の待つセミパラチンスクに行くことができなくなり、カザフ共和国と新疆省の国境の町塔城《チュグチャク》で、焦燥のうちにヴィザの発給を待たざるをえなくなっていた。ところが夫人は馬橇の単独旅行で、二月という最悪の季節に、五〇〇キロに近い旅程を踏破して、塔城に到達した。「私が彼女をみつけたのではない。彼女が私を捜し出したのだ」とラティモアは回想している。(5) 夫人はこの時のことを、後に『トルキスタンでの再会』という本にして出版した。(6)
その後二人は旅を続け、インドのカシミールに到着したのは、一九二七年一〇月のことであった。

アメリカに帰る

一九二八年、二人はいったんアメリカに帰国した。ラティモアは二七歳、金を使い果たし、さし当ってどうするという当てもなかった。そこへ救いの神として現われたのがアメリカ地理学会会長アイザイア・バウマンで、彼は「中国からインドへの旅の見聞は博士号（Ph. D.）に相当する」と認定して、博士号を最低の条件とするSocial Science Research Councilの満洲調査旅行の奨学金を彼に与えることに尽力した。その上「大学での研究生活を経験しておくのがよかろう」ということで、ハーヴァード大学人類学科大学院での研究資金も支給された。後にバウマンは、ラティモアをジョンズ・ホプキンズ大学教授として招聘した。ラティモア自身も彼を「私の学界でのパトロン」とよんでいる。

一九二八―二九年をハーヴァードで過ごした彼は、翌二九―三〇年満洲に赴き、特に西満洲のモンゴル人の実態調査をした。漢人の圧迫、日本の懐柔策、共産化した外モンゴルの影響という複雑な磁場の中にある満洲事変直前の満洲モンゴル人の状況についての彼の調査は*The Mongols of Manchuria*という書名のもとに、一九三四年に刊行された。同書の刊行は満洲事変後のものであるが、モンゴル人の視座から書かれているせいもあって、そのトーンは、「反日派の巨頭」といわれた後の彼の著作とはかなり異なっている。満州事変以後に書き加えられた部分をみても、漢人の侵蝕に悩むモンゴル人に自治を約束した満洲国政府は、外モンゴルの共産主義の魅力に対抗して、モンゴルの人心を収攬することができるか、お手並拝見というような感じである。

満洲調査が終って後三年間、すなわち一九三〇年より三三年まで、彼はいろいろな奨学金を得て北京にいた。日本が中国東北部に傀儡政権を樹立し、さらに内モンゴル、華北に侵略の手を伸ばし始めたこの時期、彼はその圧力を北京で身をもって感得していたのである。彼はこの時期にモンゴル語を勉強した。初めは中国語を解するモンゴル人に習い、続いてはモンゴル語しかしゃべれないモンゴル人と駱駝旅行をした。「私の言語習得法はこんな乱暴なやり方である。だから私は中国学者でもないし、モンゴル学者でもない」と彼はいう。

「一九三三年、私たちはアメリカに帰国した。この間の時と同じように、金もなく、未来も不確定だった。だがその状態も長くは続かなかった[7]」。太平洋問題調査会（Institute of Pacific Relations）の機関紙*Pacific Affairs*の編集者として招聘されたからである。

（1）Robert Sherwood, *Roosevelt and Hopkins, An Intimate History*, 1948, p. 404.
（2）Barbara Tuchman, *Stilwell and the American Adventure in China 1911-45*, 1970, Bantam Books, p. 289.
（3）Owen Lattimore, "Preface" to *Studies in Frontier History*, 1962, pp. 11-12.
（4）Lattimore, *op. cit.*, p. 15.
（5）Lattimore, *op. cit.*, p. 16.
（6）Eleanor Holgate Lattimore, *Turkestan Reunion*, 1934.
（7）Lattimore, *op. cit.*, p. 17.

2　太平洋問題調査会（IPR）の結成

IPRの誕生

太平洋問題調査会（IPR）は、極東に関心をもつYMCA関係者によって、一九二五年にハワイのホノルルで結成された。当時は中国において孫文の革命軍北上（北伐）が始まる直前、日本においては加藤高明内閣、幣原外相の時期で、極東は相対的安定期にあった。レイ・ライマン・ウィルバー（スタンフォード大学学長）など、発起人たちの構想は、この団体を太平洋地域の諸国の学術文化交流の団体とするところにあったようである。このアイディアは各国の知識層の支持を受け、一九二七年のホノルル第二回会議のさいには、事務局と米加濠中日およびニュージーランドに支部をもつ国際組織として発足した（やがてフランス、英国、ソ連、さらにフィリピン、インドも加入）。日本からは鶴見祐輔などが参加した。会則は「太平洋諸国民の現状を研究し、その相互関係の改善に資する」という目的を掲げている。本部はやがてニューヨークに移され、二年（第六回以降は三年）ごとに大会が開かれた。開催地は第三回（一九二九年）は京都、第四回（一九三一年）は上海、第五回（一九三三年）はロッキー山脈の景勝地バンフ（カナダ）、第六回（一九三六年）はヨセミテ、第七回（一九三九年）はヴァージニア・ビーチ、第八回（一九四二年）はモン・トランブラン、第九回（一九四五年）はヴァージニア州ホット・スプリングス、第一〇回（一九四七年）はストラトフォード・オン・エイヴォンである。

IPRの性格

IPRは、アメリカにおける東アジア研究の一機関（an organization）というより東アジア研究機関そのもの（the organization）とみなされた。[1] その機関誌*Pacific Affairs*および*Far Eastern Survey*は、最も権威ある学術雑誌として学者も官僚も引用した。またIPRは数多くの極東研究の専門書を刊行した。フェアバンクは、その回想の中で、次のようにいっている。

戦間期には、旅行手段は船であり、真に各国を網羅した国際会議などはほとんど無かった。諸外国の現状を研究するシンク・タンクや大学センターのようなものも無かった。その中でIPRだけは、実業家、学者、そして（一九四一年以降は）政府関係者を二年ないし三年おきに一堂に会せしめ、国際問題や各国の国益をめぐって二週間にわたる討論の場を提供したのである。……我々の世代の者にとって、IPRは壮大な制度であった。会議が行われることそのものが、胸をときめかせるような壮麗さをもっていた。スタッフの中にはバーバラ・ワートハイム（後のタックマン）、マリアン・キャノン（後のシュレージンジャー）といった若き才媛たちもいた。[2]

バーバラ・タックマンの名著『スティルウェル将軍伝』は本書でも後にしばしば引用される。一九二九年の第三回京都大会以後、国際文化交流機関とするという設立者たちの意向とは裏腹に、IPRは急激に政治化した。その第一の理由は、もとより日中関係の悪化である。京都大会において、中国代表団は「支那を征服せんと欲せば先づ満蒙を征さざるべからず、世界を征服せんと欲せば必ずまず支那を征服せざるべからず」といういわゆる「田中上奏文」の英訳のパンフレットを配布しようとした。日本側はこれを偽造文書として抗議し、結局本部は中国代表団にその撤回を説得した（最近、床次竹次郎の周辺の文書が中国訳されたものとの説が出ている。『サンケイ新聞』一九八四年八月一五日）。日中関係はその後も悪化する一方で、IPRは一応中立の態度をとったが、それは幹部たちが立場上やむをえずそうしたもので、実際には彼らは中国に対する同情をいよいよ強めていった。

IPRの政治化を推進した中心人物はエドワード・C・カーターであった。彼はそれまでYMCAの要人であったが、一九二六年にIPRに入って、アメリカ支部の事務局に入った。

ハンサムでおしゃべりで衝動的で野心的で、カーターは常にIPRの活動に旋風を巻き起こした。彼は次から次に新たな企画のアイディアを持ち出してきた。この人格、彼が次々に提出した企画、これが後にIPRの栄光と破滅の胚種となったのである。

彼は、IPR創設者たちの、IPR活動を非政治的領域に限定しようとする思想に我慢ならないものを感じた。そして焦眉の国際問題をも私人間の討論の対象とすることが有益だとの強い信念から、IPR大会に時事問題を持ち込むことをむしろ推進した。またアジア研究という、当時ほとんど鍬の入れられていなかった領域に、IPRを大きく貢献させようとした。カーターは、ニューヨークの諸財団に対し、IPRの研究計画への募金を、多大の精力と情熱をもって、しかしIPR部会にはあまり諮らずに、推進した(3)。

一九二九年の京都大会を前に、このカーターの路線と、マーリ・デーヴィスの非政治主義路線の対立が頂点に達し、結局デーヴィスが辞職して、カーターがIPR運営の実質上の中心人物となった。この路線が日本の対中国侵略への反発と結びついて、いわゆる親中反日の*Pacific Affaris*の基本性格が成立するのである。

この性格を助長した一要素に、フレデリック・ヴァンダービルト・フィールドが挙げられる。彼は大富豪の家に生れ、ハーヴァード大学およびロンドン・スクール・オヴ・エコノミックスを卒業後、一九二八年にＩＰＲのスタッフとなった。彼がいつ共産主義者に、また共産党員になったのかわからないが、一九三五年には共産党色の強い中国支援雑誌*China Today*の編集者の一人に、一九四三年には共産党機関紙*Daily Worker*の通信員になっている。彼の寄付がＩＰＲの大きな財源となり、それによってＩＰＲの左傾化が推進されたという面もあるようだ。

（1）John N. Thomas, *The Institute of Pacific Relations, Asian Scholars and American Politics*, 1974, p. 7.
（2）John King Fairbank, *Chinabound, A Fifty-year Memoir*, 1982, Harper Colophon Books, p. 323.
（3）Thomas, *op. cit.*, pp. 4-5.

3　ラティモア編集長

延安訪問

ラティモアを*Pacific Affairs*の編集長に引き入れたのはカーターである。ここにラティモアはアメリカにおける極東研究の中心に地位を得て、一九四一年までその地位にとどまった。在任中の一九三四年に北京に戻り、内モンゴルなど辺境地域への旅行を通じて、その著*Inner Asian Frontiers of*

China（一九四〇年刊行）の資料蒐集、執筆を続けながら、同時に編集の仕事をした。その間彼はソ連や英国を旅行し、ロシア語を学んで中国の辺境地帯についてのツァーリスト・ロシアやソ連の文献にも接した。夫がトロツキストとして逮捕され、二歳の子供を片手に抱き、スーツケースをもう一方の手に持ってロンドンに遁れてきたフリーダ・アトリーを援助したのはこの時のことである。

一九三七年春、彼はスエズ運河を経て中国に戻り、その初夏に延安を訪れて、毛沢東、周恩来、朱徳らにインタヴューする機会を得た。それは、エドガー・スノウがこれまで間接的情報しかなかった共産党支配地区に入り、その指導者たちと会見して戻ったばかりの時期で、毛沢東の伝記や「長征」の叙事詩を外部世界に初めて伝えた『中国の赤い星』が刊行される以前のことであった。一行はトマス・A・ビッソン、フィリップ・ジャッフェ夫妻、カール・E・ヒルおよびラティモアの五人であった。

彼らは国民党の封鎖をくぐり抜けるために手の込んだ芝居を演じた。ジャッフェ氏は腎臓病治療のために湯治に行く金持のアメリカ人、中国語のできるラティモアはその通訳、ビッソンはたまたま一緒になった友人ということにして、西安の境界警備員をうまうまと騙した(1)。ジャッフェもビッソンも、元来左派極東専門家の代表者であったが、この延安訪問を機に、中国共産党こそ日本と戦うために国民党との団結を求める愛国者であるとの信念を固めた。その点ラティモアはやや慎重で、「滞在期間が短いので〔六月二一日から二四日まで〕」、いわれたことと事実との照応関係を充分チェックできなかった」といっている(2)。戦後の回想においても、次のようにいう。

私は幸運にも、中国語を知らず、内陸部旅行の経験のない二人のアメリカ人の案内役として延安を訪れ、共産党指導者の彼らおよび他のジャーナリストとの会見の席に列する機会をえた。私はそれまで「政治的」中国人に随分会ったが、毛沢東、周恩来、朱徳らが、その政策や方法についての質問に、彼らより遙かに率直に答えるのをみて驚いた。だが全然問題を感じなかったわけではない。私が少数民族問題について質問したところ、彼らのための学校に連れて行ってくれた。そこにはロロ族、チベット人などいろいろいた。私が中国語でこれら少数民族について質問している間は問題なかったが、モンゴル人にモンゴル語で話しかけたところ(付き添った中国人教師はモンゴル語を解さない)、これは些かやりすぎだったらしく、訪問は唐突に終りとなった。(3)

そのうち日本軍が北京を占領したため、北京では編集者としての職務が勤まらなくなり、米国に帰国した。

Pacific Affairs 編集長

この編集者としての職務について、ラティモアは次のように回想している。

当時の米国においては、学問は公的ないし半公的な政策の「路線」からの独立性が現在より高かった。米国と同じような国もあったが、他方で政治や経済に関する学問的見解が、すでに国家の政策によって予め決定されている国々も少なくなかった。それにもきわめて強く規定されている国と、間接に婉曲に規定されている国とがあった。それ故一部の国の支部が、公的「路線」に沿った半ば官製の論説を「個人的意見」の名のもとに掲載するよう圧力をかけてくることは充分予期された。しかし*Pacific Affairs*を論争の広場とするというのが私の最初からの編集方針であった。当時極東は論争の戦場であり、争われている問題には討論が必要だからである。やむをえず半官的論文を掲載したこともなくはないが、個人の意見の方を優先して掲載したし、私の個人的意見も自由に発表した。当然私は常に攻撃対象となった。特に日本部会は私を反帝国主義的に過ぎると非難し、ソ連部会は自国流の反帝国主義「路線」のみが唯一正当なものであるとし、私が*Pacific Affairs*をその「路線」の雑誌としないことを批判して来た。(4)

*Pacific Affairs*の一九三五年九月号で、トロツキストのハロルド・アイザックスに中国革命論を書かせたことで、「すんでのことに首が飛ぶところだった」というが、次の一二月号で正統派マルクシストの冀朝鼎に反論を書かせてバランスをとった。

この時期、ソ連においてはスターリンの粛清が進行していた。カーターもフィールドもこの粛清に好意的な観方を公けにしていたが、ラティモアは彼らに同《どう》じなかった。この時期のラティモアについて、アトリーは次のようにいっている。

〔一九三六年四月、IPRの〕アメリカ人たちが〔モスクワにあるソ連の世界政治経済〕研究所にやって来て、極東問題について一日討論会を催した。彼らがソ連の立場にいつも唯々諾々と従うのに呆れた。ただオーウェン・ラティモアの態度は彼らより毅然としていた。……私は彼は共産主義者でないな、と感じた。

〔一九三六年の冬、ロンドンで〕私はラティモア夫妻と屢々会った。*Pacific Affairs*の編集者として彼とソ連政府との関係が密であり、また夫妻が「ソ連の社会主義実験」なるものに好意的であることも知っていた。しかし彼らは他面で大量逮捕、裁判なき拘禁、その他スターリニズムの専制的側面を遺憾としており、私が遁れてきたばかりのテロルに対する彼らの非難は本気のもののようにみえた。私は彼らが善き自由主義者であると信じていた(5)。

彼の日本に対する態度は、外見上の中立から憤激へと転化していった。この点については、満鉄ニューヨーク支社が一九四〇年二月一五日付で刊行したタイプ刷りのパンフレット *The Institute of Pacific Relations, Trends and Personnel of the American and Pacific Councils* が、日本側の観方を示している。

それによると、ＩＰＲ内に一部のグループがあり、それがＩＰＲのアメリカ部会をその政治的立場のプロパガンダ団体に変質させようとしている。そのグループは親中国派、自由主義者、そして親ソの共産主義者より成り、反日共同戦線に向ってＩＰＲを誘導しようとしている。中心人物はフィールド、カーター、ラティモアだが、中国生活の経験者やドイツから亡命して来たユダヤ人などに支持者がある。ラティモアについては次のようにいう。

彼は *Pacific Affairs* の編集長という地位などによって、スタッフに対する強い影響力をもっているが、彼はこの影響力によって、雑誌の性格を根本的に変えてしまった。今日同誌掲載の論説は、偏向した政治的立場、即ち親中親ソの立場の十字軍的情熱を反映している。日本人が余り寄稿しないということにも一端の責任があるが、同誌は専ら反日的立場の者にその資料を仰ぎ、従って反日的性格をもつに至っている。日本人が、自分の主張を堂々と発表する能力に欠けるという民族的短所をもっていることにもその一因がある。

こういう場合には、公平な編集者なら、日本側の立場を何とか紹介する場をつくろうと一層努力するのが当り前なのに、ラティモアとその助手たちはそうしないばかりか、却って多少とも親日的なアメリカ人の執筆の機会を奪おうとしてきた。アメリカの著名な極東専門家のうち、少なくとも何人かは、日本に強く批判的でない論文を持ち込んだが、あれこれ口実を設けて執筆を拒否された。内容は誰でも現在関心をもつような主題に関するものなのにである。誰もが能力や客観性を承認しているような専門家の作品は拒否され、反日宣伝屋のような輩《やから》の作品はどんどん掲載されている。

普通は連中はもう少し上手なやり方をする。例えば一応親日的な論文を、しかしわざと愚作で却って日本の立場を傷つけるようなものを載せて一応客観性のアリバイをつくる。裏面ではもっといい親日的論文を排除しているのである。仮に編集者の意見に反する割合にいい論説を掲載する場合にも、同じ号にそれへの反論なるものを掲載して、その意義を相殺する。それには再反論は許さない。あるいは編集後記で、親日的論説の小さな誤りを書き立て、その信用を失墜させるといったやり方をすることもある。

他方で、反日的論文には、同じ号に学問的反論を掲載することもせず、重大な誤りがあってもそのまま黙認する。次号に反論を書きたいと申し入れても、もう遅過ぎたとか、さらにもう一号後だと読者の関心も衰えているとか、いろいろ口実を設けて反論の機会を奪ってしまう。クリスチャン・サイエンス・モニターの前東京通信員ウィリアム・ヘンリー・チェンバリンほどの著名な人物も同様な経験をした。彼は親日家ではなく、日本に批判的なジャーナリストである。しかし用心深く、廉直で、誠実なジャーナリストでもある。彼は同誌所掲の反日諸論説に多くの誤りを見出だして、それを批判する論説を書いた。だが編集者は、もう遅いと称して掲載を拒否した。こうしたことはいずれも編集者の偏向の証左である。

いずれにせよ現在ラティモアは日本の行動、特に中国における日本陸軍の行動に激しく反対している。その淵源は彼が興奮して感情的になっているところにあるが、それは一面で彼が政治的リアリズムを欠いているところに、他面で日本人が彼に日本の立場を充分説得しえないところにある。……彼は疑いもなくソ連の宣伝の影響を受けている。……ラティモアの反日は、中国の日本軍が全く規律を失い、狂気のように非戦闘員を虐待していると本気で信じこんでいるところに大きな原因があるようだ。

これは日本側の観方である。侵略者に対する正義漢の憤りが、国際学術団体の機関誌の編集者という立場の課する制約をこえて噴出したということであろう。

(1) Kenneth E. Shewmaker, *Americans and Chinese Communists, 1927-1945, A Persuading Encounter*, 1971, p. 82.
(2) Shewmaker, *op. cit.*, pp. 84-85.
(3) Lattimore, "Preface," p. 19.
(4) Lattimore, *op. cit.*, pp. 17-18.
(5) Freda Utley, *The China Story, How We Lost 400,000,000 Allies*, 1951, pp. 210-11.

4 『アメレジア』

『アメレジア』の発刊

日中戦争の直前の時期、IPRアメリカ部会の中心人物たちの間で、学術的国際機関の機関誌という枠をこえて自由に自己の極東問題に関する見解を発表する場、一層直截にいえば日本の侵略に対して中国を擁護し支援するよう米国の世論、さらには米国政府を導く場をもちたいという願望が高まった。富豪フレデリック・フィールドなどがそれへの資金を供給して発刊されたのがAmerasiaである。事務所はIPRの事務所と接続した建物におかれた。編集部議長はフィールド、編集長はジャッフェ、編集委員はトマス・A・ビッソン、冀朝鼎、ラティモアなど八名。

創刊号は日本の華北に対する圧力がいよいよ強まる中で、あくまで共産軍討伐による国内統一を優先する蔣介石を、満洲から逐われた張学良が国共合作による統一戦線に向って強制した西安事件(一九三六年一二月)直後の一九三七年三月に発刊された。フィールドはその中で、アメリカの中立政策は日中戦争の抑止に役立たないこと、西安事件によって成立した国共合作は、日本と戦いうる中国をつくり出していること、従って孤立主義ではなく中国を支援して日本に圧力を加えることこそ極東平和、延いては世界平和への途だと痛論している。(1) 国共合作と中国支援という『アメレジア』のその後一〇年を通じての基本的主張を定式化した綱領的論文といえよう。フィリップ・ジャッフェは、日独防共協定（一九三六年一一月二五日）は侵略を意図する「強盗の同盟」であり、防共は口実に過ぎないとし、日本に妥協することによって日本の侵略を抑止しようとする政策は幻想の上に立つものだと指摘している。彼らの食欲は「喰えば喰うほど増大する」という[2]。

ラティモアも小論を寄稿している。彼はいう。日本は古来中国中原地帯に侵入した北方蛮族のやり方を踏襲している。すなわち富裕な支配層と農民の対立につけ入って、中国を支配しようとしている。支配層は日本の攻撃目標となるべき資産をもっているから、危いとなれば妥協する。張学良も民衆の叛乱を誘発しないように、何の抵抗もせずに日本に満洲を明け渡した。民衆から隔絶した存在であるエチオピア皇帝が、イタリアに何の抵抗もしなかったのと同様である。資本家階級の政権である南京の国民党政府が、日本に宥和的なのもそれで、それが日本につけ入られている。だが中国共産党は違う。彼らの基礎をなしているのは散在する貧しい農村の、泥の家に住む貧農たちだ。日本が彼らを戦車や飛行機で攻撃したところで、得るところは少なく出費ばかりがかさむ。しかもロシア革命当時赤軍の指導者は軍事的アマチュアだったが、中共軍の指導者たちは既に百戦錬磨のプロである。従って日本軍は一層の確実性をもって、反ソ干渉戦争の際の運命を踏襲するであろう[3]、と。

一九三七年七月七日の蘆溝橋の衝突は、「日本の本質的侵略性」という彼らの主張を裏書きした。既に同誌七月号においてフィールドは、蘆溝橋事件は近衛内閣によって国論が統一した機会に早速着手された日本の計画的な侵略政策の一端であり、日本政府のいう「局地解決」とは新たな傀儡政権を樹立する意図に他ならない、としている。また「親日派」の蔣介石一派はこの機会に失脚を余儀なくされるだろう、今や日本帝国主義と果敢に戦う者のみが民衆の支持を獲得することができるのだ、と痛

論している(4)

八月号は冀朝鼎の論文「中日危機の論理」を巻頭に掲げている(5)。曰く、日本は侵略に向って駆り立てられている。なぜなら日本資本主義は、農奴解放を伴わず、封建制の上に継ぎ木されたもので、農民は貧しく、国内市場は狭く、商品の販路を外に求めねばならないからだ。しかもブロック経済の趨勢は、原料供給地の独占的支配を必要とする。タイミングの点からすれば、日本の対中侵略には、今こそ絶好の好機である。その理由は、第一には貿易赤字、物価騰貴、労働不安から国民の眼を外に転ずる必要があること、第二には近衛内閣の成立によって、永年の国論の分裂が軍部に都合の良い形で克服されたこと、そして西安事件のもたらした国共合作が未だ不安定な時期であることである。しかし今や蔣介石は「我々は平和を求めるが、無条件的に平和を求めるものではない。我々は戦争を避けることを欲するが、今や自衛のために立たざるを得なくなった」と演説して、抵抗の意志を明らかにした。日本の思惑は外れつつある、と。

このようにして出発した『アメレジア』は、一九四五年八月までの八年間、日本との戦いの雑誌であり続けた。

ラティモアもしばしば同誌に寄稿している。彼は「実直で抑圧された日本の庶民」(honest and oppressed common people of Japan)と「日本人民を戦争に駆り立て、民主主義諸国が日本軍国主義を是認しているかの如く説いて国民を欺いているファシストと軍国主義者」を区別し、後者の嘘を日本国民の前に暴露するためにも日本商品のボイコットは有益だと主張している(6)。また彼はいう。中国の日本軍は戦線膠着状態の中で枯死する地勢学的運命にある。チェンバレンの率いる英国保守党内閣は、この日本の勝利に賭け、日本を陰に陽に支援している。これは砂漠に水をまくようなものだ。米国にもそれを支援するグループがある。英米のこのような態度は、中国人民をソ連との連帯に追いやるであろう。それはソ連が共産主義だからではない。これまでのところソ連が我々以上に弱者・被抑圧者の立場に立つという民主主義的心情を示してきたからである。民主国家アメリカにとってこれは何と恥かしいことだろう、そして何と近視眼的なことだろう(7)、と。

ラティモアは、中国共産党が弱者・被抑圧者としての貧農の立場に立ち、それがまさしく民主主義の精神に沿うものであること、そしてソ連が極東において、「奴隷制の一種としての植民地支配(8)」に一切手を染めていないこと、などのことを理由にして、親共産党的・親ソ的立場を強めていく。特に彼に感銘を与えたのは、ソ連が東支鉄道を「何らの帝国主義的要求を対価とせずに」、一九二九年中国に返還したことである(9)。

外モンゴル

ラティモアを親ソ的にしたもう一つの理由は、外モンゴルの成果が彼に感銘を与えたことである。外モンゴルの共産化については、日本側は次のような観方をしていた。

> ソヴェート露西亜がその対外国策に基いて、東洋に於て先づ第一に手をつけたのは接攘国たる外蒙であった。被圧迫民族糾合の標語の下に兵力を以て外蒙赤化に成功した。大正九年白党の残将ウンゲルンが外蒙に逃げ込んだのを好機に、外蒙臨時政府の請なりとして兵を入れ、翌年七月、ウンゲルン軍を撃破して庫倫《クーロン》〔現在のウランバトール〕を占領し蒙古国民党をして赤色

政府を樹立させ、九月にはソ蒙親善条約を締結し、大正一二年六月には突然独立共和国を宣言して、ジノヴィエフ、カリーニン、チチェリン等を名誉代表として選出せしめた。斯くして外蒙は現在ソ連邦の一共和国である如き観を呈して居る。(10)

やや後の作品であるが、一九四四年、ウォレス副大統領に随行して初めて外モンゴルを訪れた直後の作品の中で、ラティモアはこの外モンゴルについて次のように述べている。

外モンゴルは、良い意味におけるソ連の衛星国とよぶことができよう。即ちモンゴル人たちは自発的に(of their own accord)ロシアの勢力圏に引き寄せられて行った(日本及び中国への恐怖がそうさせたという面もある)。彼らは決して軍事的に征服されたのでもなく、自国民中の裏切者によってロシアに売り渡されたというわけでもない。彼らが自分で自分たちの革命を経過(go through)したのだ。彼らは世襲の王侯貴族の称号・収入・権力を奪ったが、その子女は平等の一国民として扱い、彼らに平等の機会を、官職就任権をさえ認めた。彼らはラマ廟から、土地その他の財産をもち、免税特権・治外法権をもつ組織たる資格を奪ったが、宗教そのものを違法化することはない。今でも多くの包《パオ》の祭壇では祈禱の油がたかれている。彼らは国営工業を興したが、私有財産を廃止したわけではない。人々はそこでの主要な財産である牛を所有し、売買し、その見張人を雇うこともできる。土地は話が別である。そもそも革命前にも、モンゴルには土地の私有は存在しなかった。革命前に部族有であったものが国有となっただけのことである。土地の利用権はかつては部族の長が定めたが、今はこれも国家が定める。

こうしたことはすべて同盟条約に基づくソ連の支持と援助のもとで行われた。しかしソ連は主権も統制権も主張せず、モンゴル側の役人がソ連に行って学んできたのである。軍隊の装備はソ連製であるが、指揮命令権はモンゴル人にある。

満洲の傀儡政権とは、何という違いだろう。一九三二年に満洲国の「独立」を宣言するや否や、日本は中国にそれを承認するよう極力圧力を加えた。それに対しソ連は、モンゴルの独立を承認せよと中国に迫ったことは全然なく、却って中国の宗主権を進んで承認した。……ソ連の外モンゴル政策を赤色帝国主義とよぶことは、全く正当でない。それは、諸国がアジアでアジア人の心を惹きつけようとするならどうすべきか、の模範を示したものといっても過言ではない。(11)

このような観方は、既に早くより抱懐されていた。*Inner Asian Frontiers of China* (1940) の中でも次のようにいっている。

外モンゴルにおけるソ連の政策が、……モンゴル人民全体の利益のためにその力を用いるものであることは、論議の余地がない。旧支配者たる王侯や高僧の打倒は、外モンゴルの状況、その社会構造のうちに内包されていた可能性を顕在化させたものに過ぎない。ソ連の政策の支持を受けた経済改革はこの政治変革の成果を確保した。モンゴル人民共和国は、ハルハ・モンゴル人がかつて知らなかった民主的・国民代表的政府であり、全国民は均しく生活水準の向上を享受している。(12)

一九六二年の著作『モンゴル』（原著*Nomads and Commissars*）の日本版序文（一九六六年）の中でも、彼は当時を回想して「わたしは中国に住んでいたため、接触は必然的に内蒙に限られ、外蒙については間接的な知識を持ったに過ぎなかった。だが、当時においてさえも、ソ連の外蒙に対する関係は同盟であって帝国主義でなかったことが、わたしには明らかだった」と述べている。(13)

（1）Frederick V. Field, "China and American Far Eastern Policy," *Amerasia*, Vol. 1, No. 1, March 1937, pp. 5-8.
（2）Philip J. Jaffe, "America and the German-Japanese Pact," *ibid.*, pp. 20-23.
（3）Lattimore, "Political Strategy of Tokyo vs. Nanking," *ibid.*, pp. 26-28.
（4）Field, "The Outlook in China," *Amerasia*, Vol. 1, No. 5, July 1937, p. 242.
（5）Ch'ao-ting Chi, "The Logic of Sino-Japanese Crisis," *Amerasia*, Vol. 1, No. 6, Aug. 1937.
（6）Lattimore, "Japan Can Be Stopped, By Freda Utley and David Wills," *Amerasia*, Vol. 2, No. 6, Aug. 1938, p. 309.
（7）Lattimore, "Japan Hung Up on the Hypotenuse," *Amerasia*, Vol. 2, No. 10, Dec. 1938, pp. 475-80.
（8）Lattimore, *Solution in Asia*, 1945, p. 156.
（9）Lattimore, *Inner Asian Frontiers of China*, 1940, p. 193.
（10）『国防大事典』（一九三三年）三五頁。
（11）Lattimore, *Solution in Asia*, pp. 143-44.
（12）Lattimore, *Inner Asian Frontiers of China*, p. 49.
（13）ラティモア『モンゴル――遊牧民と人民委員』（磯野富士子訳、一九六六年）vii頁。

5　蔣介石の顧問

アメリカの対日世論

蘆溝橋事件の生じた一九三七年には、米国の国内世論もルーズヴェルト政権も、日中紛争に深く介入する意志をもたなかったが、同年一二月一二日、スタンダードオイル会社の貨物船を護衛していた砲艦パネー号が日本軍に撃沈されて死者を出したり、南京虐殺において頂点に達する日本軍の残虐行為が報じられたりして、中国支援の世論も盛り上ってきた。一九三八年六月にニューヨークで開かれた中国支援集会の新聞記事[1]は、当時の雰囲気を伝えている。それによれば、まず中国総領事の于焌吉博士が大略次のようにのべた。

アメリカ国民の皆さん、遺憾ながら私は、皆様方が我が国における悲惨な戦争を長びかせるのに手を貸しておられるように思えてなりません。今アメリカの商人たちは日本に屑鉄・弾薬などを輸出して、我が国の非戦闘員の大量殺戮を助けています。彼らが非難さるべきは当然ですが、さらにこの商人たち、さらには日本人たちになすがままにさせているアメリカの政治指導者たちも非難されて然るべきだと思います。……この今日のアメリカ人の、中国の運命に対する冷淡さにもかかわらず、中国人民はなおアメリカ人を我々の友と考えています。アメリカの友人たちよ、我々に好意をお持ちならば、日本に武器弾薬やその原料を供給するという戦争関与行為を即時停止していただきたい。アメリカ国民が正義と公正を愛する国民であるならば、まさに今なすべきことはこれです。

この会に参会した三〇〇人ほどの聴衆の中に、彫刻家のイサム・ノグチなど、日本人もいた。女流作家のハル・マツイ女史は、立ち上って次のように演説した。

今やアメリカのなすべきことは、中国をあらゆる可能な方法で援助することです。日本商品のボイコットもその一つの手段です。それはこの戦争を欲しない幾百万人の日本人、軍国主義者たちに戦争の重い負担を担わされている人々を助ける途でもあるのです。今、日本の飛行機は幾千人の中国の非戦闘員を殺戮しつつあります。眼を日本国内に転ずるならば、工場で、農村で、幾百万の人々が戦争のもたらした物価高・増税・減収に喘いでいます。幾百万人の人々が、戦争のもたらした飢えと寒気に喘いでいます。

中国で戦死している幾千人の日本青年たちは何のために死んでいるのでしょうか。これを正しい道だと思って死んでいるのでしょうか。断じてそうではありません。これらの若者を育てた日本の母親たちは泣いています。何故貧しい中でここまで育てて、やっと成人したとたんに、戦場に送られて殺されねばならないのか、と。彼らの意志を、願望を抑えつけ、人々を戦争へと駆り立てているのが、軍国主義者たちなのです。

日本は戦争に必要な原材料の供給をアメリカに依存しています。今こそ日本の商品をボイコットしましょう。戦時資材の対日輸出に抗議しましょう。私の祖国がこの戦争を経て、もっと民主的な政治体制に変化するように、我々も微力を尽くそうではありませんか。

一九三八年になると、このような運動が徐々に世論に浸透した。ある日本人が街を歩いているとアメリカ人がニコニコ笑ってやってきて、「私は中国の人々を支援しています」と語りかけてきた。「いや、私は日本人です」と答えると、急に顔をしかめて「ジャップ」と罵って立ち去った、という話もこの頃のことであろう。

重慶での一年

極東に対しては不介入主義をとってきた米国政府も、徐々に中国支援の方向に向うことになる。一九三六年一一月の日独防共協定の成立は、既に日本をナチスの同類とみなし、それ故世界観的敵対者とみなす基本的観方を政府首脳、特にヘンリー・モーゲンソー財務長官などに植えつけた。その上日中戦争の進展によって、日本がやがて中国全土を制圧し、さらには仏領インドシナ、英領香港・シンガポール、蘭領インドネシア、そして米領フィリピンにその爪牙を伸ばすのではないかという、一種のドミノ理論が抬頭した。ヨーロッパにおける大戦の勃発に呼応して、日本がインドシナに侵攻したことは、このドミノ理論を実証したものとして受け取られ、遂に米国は、一九四一年一月に議会に提出され、三月に成立した英中両国などの同盟国を援助する武器貸与法(Lend-Lease Act)によって、中立を公然と放棄するに至る。

ルーズヴェルト大統領は、この機会に蔣介石のもとに、ブレーンの一人であるロークリン・カリーを個人的使節として派遣した。ルーズヴェルトは国務省などの官僚機構を余り信用せず、外交においてもフォギー・ボトム（国務省）を通ぜずに、ホワイト・ハウス自身の人材を用いて、「外交」をこえて国際政治を支配しようとしたのである。

当時既に、米国政府の中で、蔣介石に対する評価が分れていた。進歩的経済専門家、ニューディーラーとしてのカリーは、蔣介石への援助と引きかえに、中国に民主的改革を行わせ、中国の民主化と安定をはかり、同時に民主主義擁護というアメリカ外交の原則との整合性を確保しようと試みた。これを別の仕方で表現すれば、彼は蒋介石をアメリカ民主主義の傀儡としようとしたのである。これが成功すれば、民主主義十字軍という、当時の米国政府の建前とうまく整合するグッド・アイディアであり、実際上戦争終結まで、米国政府は、国民党政府は孫文の三民主義の正統的継承者、アジアにおける民主主義の使徒であり、蔣介石援助は即ち世界における民主主義擁護政策であるという擬制をとり続け、その擬制の上に現実の中国政策を積み重ねた。

カリーは、蔣介石に民主的改革を行わせるためには、彼のもとに政治顧問を派遣する必要がある、とルーズヴェルトに進言した。そしてその人物として、オーウェン・ラティモアを推薦した。前国務省極東部長、当時の国務省顧問スタンリー・ホーンベックはこの人選に再考を求めたが、「私の人選だ。大統領が裁可した。人選は適当だ」と突っぱねたという。[2] ラティモアの任命を『ニューヨーク・タイムズ』(一九四一年六月二八日)は次のように報じた。

極東問題の諸著作によって知られるオーウェン・ラティモア氏は中国政府特別顧問に任命され、直ちに赴任する。重慶よりの電信によると、これはルーズヴェルト大統領の推薦に基づき、蔣介石総統が本日この推薦を受け容れたものである。

前中国財政部長で、現在国防会議議長としてワシントンに滞在している宋子文氏は、昨日蔣総統に、ラティモア氏の任命は「中米相互理解の大いなる徴《あかし》」であるとの電信を送った。任期は一応六カ月だが、更新されるものと思われる。重慶よりの電信によれば、中国ではこの人選は好評で、特に同氏が中国語に堪能であることが好意的に受け取られている。……

中国でのラティモア氏の当面の任務は、重慶に対する米国の援助を促進し、間接的に極東における日本の拡大政策を抑制させるところにあるといわれる。

ラティモアは、重慶に向けての出発の前日である一九四一年七月七日、蘆溝橋事件四周年記念ＩＰＲ集会で次のように演説した。

中国は不敗である、また不敗でなければならない——これは我々の信念である。四年前には中国は二流国とみられていたが、今は国際的混乱を抑止する大いなる防壁である。英米が海で枢軸側に反撃しているように、ロシアと中国は陸で反撃している。中国は現在民主的制度をとっていないが、我々民主主義国が擁護しようとしている民主主義を、彼らは多大の人命の犠牲を賭して獲得しようとしているのである。変革、成長、発展という民主主義の本質をなす創造的精神を、中国人は我々以上にもっている。日本人は紙の上で「東亜新秩序」を喋々しているが、アメリカと協力しつつ、本当にアジアに新秩序を築こうとしているのは中国である。

現代世界の偉大な指導者たちのうちでも、蔣介石総統は顕著な存在である。彼は既に現在偉大な指導者であるばかりでなく、この四年間にいよいよ強く、いよいよ高く成長して来たからだ。そしてこの成長は彼の祖国中国の成長と軌を一にしている。(3)

重慶に着いた彼は、宋子文が建てた、嘉陵江に臨む欧風の三階建ての豪邸を与えられた。(4)　新聞が予想した通り、彼の任期は六カ月後に更新され、小刻み延長方式はやめようということで、その任期も無期限となった。しかしこの人選が蒋介石や重慶政府を喜ばせたかというと、疑問である。バーバラ・タックマンは「中国が求めた『助言者』とは米国についての助言者で、中国についての助言者でなかった」といい[5]、マイケル・シャラーは、ラティモアの重慶滞在の成果を次のように総括している。

> ラティモア派遣の成果は米中両当事者をともに失望させるものであった。彼の中国滞在は短くかつ成果なきものであった。端的にいえば、ラティモアは蒋の期待したような人物ではなかったのである。ジェームズ・マクヒュー（重慶米大使館海軍駐在武官）の重慶よりの通信によれば、総統《ジェネラリシモ》の期待したのはルーズヴェルトの側近で、面倒な質問などせずに援助をどんどん引き出してくる政治のプロであった。来た人物をみると、中国史に通じた小うるさい学者で、しかもルーズヴェルトへの影響力はほとんど皆無の人物であった。蒋が欲したのは、「彼をべたぼめにして、文句もいわずに大金の金づるとなるヘンリー・ルースのようなタイプの人物」である。到着したラティモアに対し、蒋は個人的には好遇したが、それだけであった。程なく国民党の新聞に、ラティモアは親共的意見の持主で、蒋介石に延安との妥協を強要するために派遣されたものだという趣旨の論文が掲載された。その直後に蒋は「あなたの立派な学識をもって、大いに借款を引き出して下さるようお願いしますよ」とか何とかいって、彼をワシントンに逐い返してしまった。……国民党は腐敗と、既存の特権階級との取引によって成立ってきたのである。その一部でも変更すれば、全体が崩れる恐れがある。蒋が必要としたのは、改革の助言などではなく、鉄砲と飛行機と金だったのだ[6]。

董顕光の著『蔣介石』（英文）の中には、次のような記述がある。

総統は、一九四〇年二月、初めて重慶を訪れたカリー氏に対して、「ルーズヴェルト大統領が信任される方を政治顧問として派遣して下さればいいと思います。ウィリアム・バリット氏などはどうでしょうか」と述べた。カリー氏はバリット氏が不適当である理由を三つあげた。総統が、そのカリー氏推薦のラティモア氏と最初に会って驚いたのは、同氏が任命以前には、ルーズヴェルト大統領と一度も会ったことがないことであった。(7)

ラティモアの回想は、多少ニュアンスがちがう。彼によれば、一九四一年の前半は、米英両国ともに、日中両国に対して両テンビンをかけており、ソ連だけがもっぱら国民党政府を援助していて、国務省を通じない外交ルートが必要であったから、彼が派遣された。しかし真珠湾以後は、米英中ソは完全な同盟国となったから、国務省という正規のルートで事足りるようになり、彼の存在理由は失われた。ところが蔣介石は、いったん自分に仕えた者は一生自分の子分だとみなす家父長的・「封建的」意識の持主で、なかなかやめさせない。「私は祖国でもっと直接的に国に尽くしたかったのに(8)」と。蔣介石を当惑させた質問や助言については、例えば次のようにいっている。

辺境の問題も蔣と議論した。私は特に満洲出身の若者を訓練して昇進させ、戦争終結後に満洲代表にするよう忠告した。……不幸にして助言はきかれず、国民党内の特権層の圧力により、政治的有力者の子分や親類の者が満洲に指導者として送られた。特に華南軍が満洲の国民党軍として（アメリカの軍艦で）送られたことは不幸なことであった。彼らは復員して帰郷することを望んでいたのに、同胞と戦うことを強要されたのである。蔣介石の個人的代表者は満洲と何の政治的関係もなく、満洲について何の知識ももたない人物であった。従って共産党の側は満洲の中国人に対して「彼らは諸君を抑圧し、脅迫し、よそ者を連れて来て諸君を支配しようとしている。それより我々の側に立とう」と宣伝することができた(9)。

ラティモアの重慶滞在は、概して成果に乏しかったが、アメリカがアジア戦線を軽視し、日本に中国大陸の泥沼から足を抜かせないためだけに中国を援助しているのではないかという蔣介石の懸念をワシントンに繰り返し伝えた点では、蔣政権に貢献した。また彼は日本の真珠湾攻撃を誘発した「ハル・ノート」の成立に側面から関与した。一九四一年一一月における野村・来栖両大使と米国政府との交渉の経緯についてジョン・ラカッチは次のように描いている。

一九四一年において、天皇および、少なくとも日本政府の一部が対米戦争回避の真摯な希望をもっていたことは疑いない。ルーズヴェルトはかつてホノルルでの近衛との会談を拒否したが、一一月二〇日前後には情勢は切迫しており、日本側のいわゆる「提案B」とアメリカ側が既に用意していた暫定協定案はそれほど遠いものではなく、両者の妥協が可能のように見えていた。ところが一一月二〇日と二五日との間に、ワシントンはこの暫定協定案を日本に示さないことが決定された。その代りに一一月二六日に示された案は、原則上は非の打ち所がないものの、まず日本政府が受諾する可能性がほとんどないものであった。即ち過去一〇年間日本が獲得したもののすべてを吐き出させるものだったからである。米国側が急に方向転換した動機には未だに不明瞭なところがあるが、ここに蔣介石の友人、支持者、ロビイスト、スパイなどがきわめて重要な役割を果たしている。当時蔣のもとにあって、ルーズヴェルト大統領の代表をつとめていたオーウェン・ラティモアがこれに関わっていたことも間違いない[10]。

日米の妥協は重慶政府にとって崩壊の危険を意味するもので、蔣介石が「ヒステリカルに[11]」反対して、それを阻止するためにあらゆるルートを通じてルーズヴェルトに訴えたことは想像に難くない。一一月二五日、ラティモアはカリーに次のように打電して、蔣介石の強い反対を伝えた。

胡適大使とハル国務長官との会談について総統と話し合いました。どうか早急に総統の極めて強い反対を大統領にお伝え下さい。総統がこんなに興奮したのを、私は見たことがありません。経済制裁の緩和とか資産凍結の解除とかは、中日戦争の日本を軍事的に助けるもので、甚だ危険な措置です。日本軍が中国に駐留するままで対日圧力を緩和するなどということは、中国人を唖然とさせるでしょう。英国がビルマ通路を閉鎖した時、中国人は英国への敬意を一挙に喪失しました。米国がここで日本と暫定協定を結ぶなら、中国人は全く同じように感ずるでしょう。日本や中国の親日分子は、直ちに「ほらみろ、アメリカなど信用できない。裏切り者の西洋人などと組まずに、東洋人は東洋人同士で団結しよう」と宣伝するでしょう。ここで中国人がアメリカに棄てられたと感じたならば、過去の援助も、未来の援助の増大も、その幻滅を償うことはできますまい。これまでのところ総統は大統領の信義を信頼しています。日本が外交上の勝利によって軍事的敗北を免れるようなことがあれば、中国人のアメリカ人への信頼は地に墜ち、さしもの総統も状況を掌握できなくなるでしょう。これが私の警告です。

カリー殿

ラティモア[12]

蔣介石とラティモアの別離は、表面的にはきわめて友好的であった。蔣は「貴方を米国に返すのは、逆向きの武器貸与（a reverse lend-lease）のようなものだ。ここで働きたくなったらいつでも戻ってきてくれ」といった[13]。帰国後もしばらくはラティモアは蔣に忠実であった。一九四三年の著作の中でも、彼は次のようにいっている。

戦争終結後中国が内戦に陥る恐れがあるという人々は少なくない。しかし私の考えでは、中国の内戦の危険は、ヨーロッパ諸国におけるほど大きくない。その一つの理由は、アジアに真の天才的な世界的政治家蔣介石がいるからである[14]。……その長い政治家としての経歴の中で、彼は常に成長し続けてきた。その上蔣介石総統の世代の背後には、近代史最大の人物の一人孫文が立っている[15]。

孫文の三民主義はアメリカ流民主主義の東洋版で、蔣介石はその孫文の正統の後継者だというのが米国の国民党支持のイデオロギー上の理由であった。ヘンリー・ウォレス副大統領が一九四三年一〇月一〇日の雙十節に、中国国民向けに次のように放送して、中国と米国が本質的に民主国家として共通の本質をもっていることを力説したのも、このような中国観を確認したものといえよう。曰く、

我々の標語は「悪人を逐い出せ」というような消極的なものではありません。「我々人民は主権者である。他律でなく自律を求める」という積極的な原理であります。孔子の最大の後継者孟子はこのような思想を、既に二千年以上も前に次のように述べています。曰く、「天視自我民視、天聴自我民聴（民が見聞し判断するところが、即ち天の見聞し判断するところである）」と[16]。

これはラティモアが主任であった戦時情報局（ＯＷＩ）の中国課で起草したものと思われるが、天視

云々は孟子が『書経』の言葉を引用したものである。

ラティモアの国民党観

ラティモアもまた国民党下の中国が民主国であることを力説して、「国民党と政府が人民大多数の欲するところを代表しているという意味で、中国もまた民主国である」とし、特に国民参政会の果たす民主的機能を強調している。(17) もっとも彼が本気でそのようなことを信じていたのかという点には疑問がある。彼も「大物」になって、政治的発言をするようになった気配もある。だが、彼がこのような政治的発言の背後でリアリスティックに何を考えていたかを推測させる資料がある。一九四三年一月二二日にジョージ・テーラーに宛てた長大な論文風書翰である。それは国民党軍内の派閥を論じたもので、内容は大略左記の通り。

現在の国民党軍内の諸分派の淵源は一九二六・七年の北伐期にある。第四軍は孫文存命中の親衛隊に発し、保定軍官学校出身、広東人ないし客家人が多い。第四軍は北伐において（今でいう）粤漢鉄道の内陸路を北上した。戦闘また戦闘の連続で、死傷者数も多く、将官士官も屢々前線に立ち、戦意は旺盛、中国最強の軍団となる。北伐の勝利の功績は主としてこの第四軍に帰せられる。

広東から海岸沿いを北上したのが第一軍で、これは蔣介石子飼いの軍隊である。幹部の中には保定軍官学校出身者もいるが、若い将校層には黄埔軍官学校の初期の卒業生が多い。彼らは軍事教育とともに政治教育を受けている。

この第四軍と第一軍は最初から激しく対立した。第四軍は孫文嫡流の革命勢力で、黄埔軍官学校出身の俄かづくりの政治づいた軍人たちとは違うと自負し、第一軍は政治交渉や買収によって戦わずして勝ったのに対し、我々は戦って勝ち抜いたのだという。それに対し第一軍は、自分たちを国民党最新の思想を身につけた現代中国の中心だと考えており、強い団結を誇っている。第一軍系の象徴的人物は何応欽で、彼は北伐期に蒋介石軍の参謀長、現在は軍政部長（陸軍大臣）の地位にある。第四軍には何応欽に比すべき象徴的人物はいないが、重要人物は陳誠である。彼は保定軍官学校卒、第四軍で内戦に加わったが、やがて第一軍に転属し、一応両派に同時に属しているようだが、実際には第四軍の方に親近感をもっている。陳誠はかつて、第四軍中極左派の闘士鄧演達の強い影響下にあった。一時は鄧が孫文の後継者に擬されたこともある。

一九二七年の国共分裂の際、第四軍の一部はその革新的伝統に従って共産党に与《くみ》した。国民党に留まった者もあるが、その多くは政治に関与することを潔しとせず、政治に背を向けた。鄧演達は、共産党の政策は理論的に過ぎて中国の状況に合わないとして、共産党に属さなかったが、本来の左派的立場の故に、国民党の右傾化と相容れるはずはなかった。そこで彼は農村過激派を基盤とする第三党――国民党左派で共産党とは一線を画そうとする人々の政党――を結成しようとした。周知のように、結局彼は上海で誘拐され、南京の国民党当局に引き渡されて、一九三二年に処刑された。

鄧演達の死後、陳誠は蒋介石に接近し、蒋は陳を無二の輩下として遇するかの如き口吻をしばしば洩らした。しかし陳誠にはどこかに鄧演達のラディカリズムの色彩を保ち続けているようなところがあり、特にそのことは農民への同情と富農への敵意という仕方で表れた。

北伐と一九三七年の日中全面戦争の間の時期には、国共戦闘以外にも多くの反蒋蜂起が生じたが、そのほとんどすべての叛乱、特に揚子江以南の叛乱には、第四軍の出身者が参加していた。この同じ時期に何応欽を盟主に仰いで、第一軍系は陸軍の内のみならず、国民党政府全体に強力な閥をつくり、要職を占めた。閥の力は主として人事支配力にあり、一九三七年までは何応欽の率いる第一軍と現在西安を支配している男（一寸名前を忘れた（胡宗南））との間でその支配力をめぐって争われた。彼とその閥は黄埔軍官学校出身の若い士官を代表している。陳誠は一九三七年以降に抬頭し、第四軍関係者など、広東系・客家系でかつて蔣介石に反抗した将軍たちを蔣に近づけることに尽力した（共産党臭のある人物は全く別である）。陳誠が連れ込んだ人々は、前線の戦闘において多大の戦功を挙げた。第一軍関係者が政論に熱中しすぎて、戦闘では大抵出ると負けなのと対照的である。こうした事実を前にして、第一軍は地位に恋々とする軍人政治屋で、第四軍こそ真の戦士だとかという、かつての論議が蒸し返されている。

新四軍の結成は、陳誠による旧四軍の復活とは一応独立した事象であるが、これと全く無関係ともいえない。新四軍は、揚子江下流地域で共産ゲリラ形成の先を越そうとして、中央政府が直接命令して組織したもので、この任を命ぜられた葉挺は「俺は屑鉄を拾いに行く」と友人に語ったという。これは旧四軍の張発奎に率いられた「鉄軍」（Ironsides）の残党を集めて新四軍を造ったことを冗談めかして語ったものに他ならない。新四軍はやがて正規軍に劣らぬ士性骨と規律を保ちながら、しかも神出鬼没の軍隊として活動し、名声を博した。それに参加したのは馬賊団などに引きこもっていた勇士たちで、新四軍の司令部は葉挺と共産党の指名による人物〔項英〕とに分有されている。これは同軍内に共産党が固有の勢力をもつことを阻止するために考案されたことであるが、旧四軍の伝統たる農民的急進主義と共産党自身の共産化を性急に強要しない民主的政策とが新四軍の中でうまく融合していることも事実である。彼らの活動領域は揚子江下流の肥沃な地帯であるため、地主から土地を没収しなくとも、安全地帯に逃亡した地主の土地を農民に分配することによって農民の支援を得ることができた。このことは他面、重慶の保守派、特に地主と結びついた国民党の一部、地主の立場に立つ第一軍関係者などに強い警戒心を惹起した。

これらの問題は一九四一年に一挙に顕在化した〔皖南事件〕。国民政府は新四軍に、揚子江以北に移動するよう命じた。これは彼らがゲリラ戦の場として選び、やがて慣れ親しんだ土地の放棄を命令することであった。共産党やその他の中国左派の間では、この命令に従うことは非常な危険を伴い、その定められた期日内にそれを実施することは全く不可能だといわれていた。この命令によって、新四軍と特派された正規軍の間で衝突が生じ、新四軍の司令部は包囲されて、共産党幹部は殺され、葉挺は負傷して捕虜となった。旧四軍に参加したことのある政府軍の将兵の大部分はこの政府の措置に批判的で、農民と新四軍に同情的であったが、差し当って手の打ちようがなかった。第一軍系の方は総司令部にまとまっていたのに対し、旧四軍出身者は各地の前線に分散していたからである。

私がこの事件に言及したのは、これが既に存在していた何応欽と陳誠の対立を顕在化せしめたものだからである。近年の中日戦争、特に真珠湾以後は、何応欽などの第一軍系は、連合国の戦勝を待つという消極戦略をとろうとしているといわれる。それに対し陳誠や古手の闘将たち（古手というのは軍歴の点でそうであるだけで、年齢は四十過ぎから五十過ぎ位である）は、チャンスがあれば日本を攻撃するという積極政策を主張している。装備の劣悪さも創意工夫で補いうるというのである。

陳誠と何応欽は、特に宜昌をどうするかで対立しているといわれる。宜昌は戦略上・経済上枢要な都市であり、これを中国側が支配しうれば、水路を伝って安い輸送費で米を輸送し、中国の経済危機を緩和することができる。また宜昌は揚子江中流の中国軍の主力と、揚子江と黄河の中間地帯や黄河彎曲部を連絡する要衝である。陳誠が宜昌奪回作戦に乗り出そうとした時、何応欽が大砲の供給を拒否してそれを断念させたとの噂さえある。ソ連が宜昌回復という特定の目的のために相当量の大砲を援助しようとした時、何応欽はそれ（少なくともその大部分）が陳誠側の手に渡ることを阻止したともいわれる。

以上のことからすると、近い将来に中国が宜昌を攻略するとすれば、それは単に軍事的決定を意味するばかりか、長年の何・陳対立において、陳誠が優位に立ったことを意味する。陳誠が優位に立てば、国民党の親地主派と親農民派の力関係にも変動が生ずるであろう。

陳誠に主導権を与える決定はまだ下されていないかも知れないが、もう下されたかも知れない。ただ方向転換は急激なものではなくゆるやかなものであるかも知れない。例えば昨秋の中央執行委員会において、ＣＣ団（陳果夫・陳立夫兄弟を中心とするグループ）に有力なポストが割り当てられた可能性もある。ＣＣ団は何応欽派と大差ない反動的集団であるが、しかし軍事集団でなく文民の集団であり、軍部右派の勢力を殺《そ》いだ代償を文民右派に与えたのだという可能性もないではない。このような人事異動が直ちに宜昌攻撃の開始の前兆ではないにせよ、日ソ戦争の前兆ではあるかも知れない。もし日本がソ連を攻撃すれば、ずっとくすぶり続けて来た満洲のゲリラも蜂起し、満洲ゲリラと華北ゲリラ（共産ゲリラもあれば、様々な程度に共産党の影響をうけた非共産ゲリラもある）の連結も可能となる。そうなれば中国軍首脳も座視していられなくなるだろう。日本がソ連と戦争に入れば「中国赤化」のキャンペインを張り、これによってソ連の同盟者を攪乱するのみならず、南京の傀儡政府に中共への恐怖からいよいよ日本への依存を強めさせ、さらには蔣介石軍部の気違いじみた反共主義者を惹きつけようとするであろう。

そういう場合に、蔣介石総統はもとより毅然として対日戦争を継続するだろう。共産党がこの機に乗ずることのないよう先手を打って、地主層の反対や危惧の念を押し切ってでも親農民的政策をとるだろう[18]。

一言にしていえば、ラティモアはこの時期、蔣介石が陳誠グループの国民党左派路線を包摂することを期待していたのであり、これが蔣介石を「天才的な世界的政治家」と讃えた理由だったのである。蔣介石が「成長し続けた」と述べたのも、背後に孫文がいると述べたのも、蔣がかつての保守的立場を超えて、陳誠に代表される孫文的国民党の路線に復帰することを期待したものに他ならない。

（1）*New York Times*, June 9, 1938.

(2) U.S., Congress, Senate, Committee on the Judiciary, Subcommittee on Internal Security, *Hearings on the Institute of Pacific Relations*, pp. 3209-10.
(3) *San Fransisco Chronicle*, July 8, 1941.
(4) Tuchman, *Stilwell*, p. 334.
(5) Tuchman, *op. cit.*, p. 289.
(6) Michael Schaller, *The U.S. Crusade in China, 1938-1945*, 1979, pp. 53-54.
(7) Hollington K. Tong, *Chiang Kai-shek*, 1953, p. 329.
(8) Lattimore, *"Preface,"* p. 20.
(9) Lattimore, *ibid*.
(10) John Lukacs, *A New History of the Cold War*, 1961, Anchor Books, pp. 84-85.
(11) Robert Dallek, *Franklin Roosevelt and American Foreign Policy, 1932-1945*, 1979, p. 307.
(12) *Hearings on the Institute of Pacific Relations*, pp. 381-82.
(13) *Ibid.*, p. 3052. Cf. Lattimore, *Ordeal by Slander*, 1950 (Macgibbon and Kee Edition), p. 170.
(14) Lattimore, *America and Asia, Problems of Today's War and Peace of Tomorrow*, 1943, p. 45.
(15) Lattimore, *op. cit.*, p. 8.
(16) *The OWI Documents*, Federal Record Center, Suitland, Md.
(17) Lattimore, *The Making of Modern China*, 1943, p. 185.
(18) *The OWI Documents*.

第二部　対日戦争

6　戦時情報局（OWI）

大本営とOWI

大本営発表といえば、他国民を騙そうとして果たさず、自国民を騙し、結局発表者自身を騙して自滅した、悪しく愚かな虚言者の象徴である。この大本営発表を発したのが陸海軍の報道部で、一九四二年一月一二日の種村佐孝の日記に「これまで大本営からの発表は、大本営陸軍部発表、大本営海軍部発表として陸海軍勝手にやっているように感ぜられたので、今後は大本営発表と名称を一本にすることになった。しかし、これは形だけで、内容に変化はない。……問題はもっと本質的なところ――陸海軍の対立――功名争いに存しているけれども現在のところ如何とも致方はない」とあり、陸海軍が相互に騙し合うといった面もあったようである。

この陸海軍報道部に対応するのが米国では戦時情報局（OWI: Office of War Information）である。戦時中とて二大政党の対立を軸に政争が公然と行われている米国では、戦争報道もまた政府の政治宣伝に使われるのではないかという点がまず問題になった。また第一次大戦中対独憎悪を煽りたてたプロパガンダが、知的な人々の顰蹙を買ったというような記憶もある。従って戦時宣伝の統一的機関の発足は手間取った。しかし一方でさまざまな情報機関が政府各部局に併立し、権限整理が必要となり、他方でヨーロッパ戦線におけるドイツの宣伝に対抗する必要が痛感されて、一九四二年六月に発足したのがＯＷＩである。

理想主義的な当時の米国の雰囲気の中で成立したこの機関は、ゲッベルスや大本営の機関とは全く異質の、きわめて理想主義的なものであった。その発案者に詩人のアーチボールド・マクリーシュと劇作家のロバート・シャーウッドがおり、初代所長エルマー・デーヴィスはＣＢＳ放送の人気ニューズキャスターである。マクリーシュの著書『アメリカの大義』（*American Cause*）という名が示すように、彼らは何れも世界における自由と民主主義の擁護者アメリカの使命を信じ、枢軸国内の批判派、被占領地の住民に激励と正確な情報を与え、また連合国民の団結を呼びかけようとする人々であった。副所長シャーウッドは「アメリカの対外情報活動の唯一の有効な基礎は真実である」と繰り返し、対外報道の中心を、スローガンの絶叫などではなく報道・ニューズにおいた。ワシントンに本部を、ニューヨークとサンフランシスコに支部、世界各地に前哨基地（outpost）をおき、ジョン・Ｋ・フェアバンク、石垣綾子など、多様な人材がこれに参加した。ジョージ・テーラーの発案で人類学者に敵国心理の研究を委ね、ルース・ベネディクト『菊と刀』がその成果として生れたことなどは有名である。

ＯＷＩの理想主義的性格は、戦争遂行のリアリズムとの間で、さまざまな問題を惹き起こした。自由と民主主義の護り手アメリカ、アメリカ的理想の象徴ルーズヴェルト、というような宣伝は、ステレオタイプ化すれば虚像に近くなるという面もある。報道部としては格好いいことを言いたいのは人情で、「連合国はフランス国民を今すぐ救いに行く」などと放送すると、軍部から「対仏上陸は当分先のことだから、先走らないでくれ」と注文がつく。詳しいことを言いすぎて、軍事機密にふれることもある。特に問題となったのは、ＯＷＩの理想主義者たちが、第二次大戦を植民地解放戦争としてとらえる傾向をもち、しばしばルーズヴェルト政権の対英協調政策と衝突したことである。アラン・ウィンクラーはいう。

ルーズヴェルトは「植民地主義の終焉」ということをしばしば公言していたが、チャーチルは「私は大英帝国の破産会議の議長になるために首相になったのではない」と述べたことがある。アメリカ側はインド独立運動に好意的であったが、ルーズヴェルトもチャーチルに気兼ねして、結局インド独立運動の支援をやめざるをえなかった。一九四二年八月、連合国の協調を維持し、内部対立を解消するために、ＯＷＩも対インド政策において英国と協調することに合意し、「戦勝第一、植民地問題はその後で」という原則を承諾したのである。

この決定にもかかわらず、この態度を堅持することは仲々困難であった。アメリカの黒人がインド人の立場を支持したことも、ＯＷＩの立場を一層複雑にした。ガンディー一派の抵抗運動の高まりに対し、前線のＯＷＩ派遣員には同情的立場をとる者が多く、彼らはインドにおける英国人の我が物顔の態度に困惑した。……ラルフ・ブロックは「ＯＷＩは英帝国主義のインド支配を支えるためにインドに来ているのではない」と述べた(1)。

ルーズヴェルト自身は、内心彼らを支持していた。Ｗ・Ｒ・ルイスはいう。

ルーズヴェルトは香港の存在が対中友好関係を損なうであろうことを憂慮していた。香港こそ古き帝国主義支配の象徴であり、今やその支配を廃絶し、香港は中国に返還さるべきだと彼は考えていた。チャーチルの考えは全然違っていた。弱体な軍隊、内部の擾乱の故に、中国は大国に列するどころか、内戦に突入するだろうと彼はみていた。チャーチルは、ルーズヴェルトが中国を持ち上げるのは、自分の傀儡としてこれを用いる魂胆であるとみなし、一九四五年に彼は米国駐中大使に対し、明らかに香港を目して「英国旗下の寸土をも譲るつもりはない」と力説した。チャーチルは、米国人たちが中国人に対して示す「センチメンタル」な態度を露骨に軽蔑し、中国人をpigtails, Chinamen, Chinksなどとよんだ。ルーズヴェルトはこのような表現に眉をひそめた。ルーズヴェルトが、極東その他における信託統治の構想を口にすると、チャーチルはこれを大英帝国解体の試みと受け取った。大戦の最初から終りまで、チャーチルは「信託統治」をアメリカ拡大の隠れ蓑としてしか評価しなかった。(2)

ルーズヴェルトの息子エリオット・ルーズヴェルトの回想*As He Saw It*によれば、ルーズヴェルトは「未来の世界平和への脅威はロシアからではなく、ヨーロッパの植民地大国、特に英国から来るだろう」とみていたという。ルイスは「戦時中の公文書や私文書が公開された現在、このエリオット・ルーズヴェルトの叙述は基本的に正しいことが多くの文献によって立証されている」といっている。(3)

ラティモアとOWI

一九四二年末に重慶から帰国したラティモアは、一九四三年早々より、OWIサンフランシスコ支部に勤め、特に一九四三年より四四年一月まで、その主任を勤めた（OWIの前身はFIS（Foreign Information Service)とよばれていた。FISはシャーウッドの創案で一九四一年八月発足、サンフランシスコ支部は一二月に発足した。これがOWIと名を変えて改組されたのは、一九四二年六月のことである。ラティモアはウォーレン・ピアース、エドガー・マウラーに次ぐ三代目の主任で、クロード・A・バスがその後継者である)。日本の中国侵略に対する義憤に燃えた彼にとって、被占領地の民を激励して抵抗に立ち上らせることを使命とするこの職務は、やり甲斐のある仕事である。しかし実際には、各国担当部局(日本部、タイ部、フィリピン部等々)の自主性が強く、事務的な仕事が多く、ラティモアの「活躍」の余地が多かったかどうか、わからない。OWIの放送については、例えば一九四六年新年号の『改造』で高田保が次のようにいっている。

……三月九日東京に大きな被害のあった翌々日、「日本将兵諸君よ」という呼びかけがあった。「諸君は銀座を思ひ出すか」といふのであった。「尾張町の交叉点を中心としたカフェ、酒場、料理店、そこは賑かな明るい歓楽の場所、安くてうまい洋食があり(不二家、オリンピックと二つの名前が挙げられた)諸君を接待する美しい女達があった……」という解説に始まって、あの頃の陽気な流行歌歌謡のレコードが次々にかけられた。「この懐かしい銀座は何処へ行ったか?」とその解説が続き、空襲の結果を報告し、最後はその訣別のわびしい音楽〔Auld Lang Syne(蛍の光)〕であった。相当に巧妙なこのやり方を耳にしながら私は、味方の放送局の何と知慧のないことかに苛々した。ラヂオはすでに完全に負けてゐると私は思った。

このようなものはすべて日本部の製作であって、ラティモアは関与していない。後にラティモアは、「私の任務はoperationであってpolicyではなかった(4)」といっているが、彼は国務省等の政策に拘束されており、特に天皇制の問題などについてはそれが不満であったようだ。この時期における彼の立場を示すものとして、ハリウッドより、戦時宣伝映画で田中義一首相が「田中上奏文」を天皇に奉呈しようとしている場面を設けることの可否に関する諮問を受けた際の回答がある(一九四三年一一月一二日）。

一〇月三〇日アラン・マレー氏宛の御諮問に対し、マレー氏が私に転送して参りましたので、私からお答え申し上げます。貴殿の提起しておられる問題は二つに分けられます。

1　現在企画中の「田中上奏文」をテーマとする映画における天皇の扱い

2　映画一般における天皇の扱い

まず第一点より。「田中上奏文」の正文は存在せず、それが天皇に提出されたという確証はありません。いわゆる「田中上奏文」なるものは中国人が「曝露文書」として持ち出したものです。この「上奏文」に書かれているような計画を誰かが描いたこと（それが田中男爵かどうかはわかりません）、また一九二七年以降の日本の侵略過程が同「上奏文」の筋書きに酷似しているので、日本軍国主義の首謀者たちに採用されたのではないかという点については、間接的証拠(inferential evidence)はあります。しかし間接的推論からしても、「上奏文」が天皇に提出されたなどということはありそうもなく、まして天皇がそれに同意したなどとはいえません。この計画は一節ごとに逐次実施され、その各段階で天皇の裁可を得たということはあるかも知れませんが、これを包括的計画の一部として天皇に示したということはないと思います。

確かに日本の実情について不正確な情報を与える映画とか、日本政治についての誤った理解を宣伝する映画を作るべきでないということは、自明のこととはいえませんが、中立国を通じてこの映画が戦時中に日本に流れた場合、アメリカの無知を曝露して威信を損なうか、アメリカ人は天皇の地位や役割について嘘をついているとして、日本人の対米憎悪を煽り、抗戦意欲を強化する効果を招くでしょう。

処理案「田中上奏文」を扱うならば、その前に軍国主義者たちの陰謀、一方で天皇を神的支配者として日本国民に説きながら、他方で自分たちの策略の道具として用いているシニシズムという点を強調しておくべきでしょう。そのためには、首謀者たちが「玉《ぎょく》をこう動かそう」とか「ああ動かそう」とかという策謀の場面を写し出すのがいいでしょう。天皇自身を場面に登場させるためには、儀礼や衣裳などの考証が厳密であることが必要です。天皇は日本の現実の支配者の操り人形に過ぎず、彼らの支配機構の一部品に過ぎないということを、天皇への憎悪も畏敬もなく淡々と示すというのがいいのではないでしょうか。この「現実の支配者」には軍閥ばかりでなく、軍事工業によって巨利を博し、日本経済を思うがままに操っている巨大カルテルの巨頭たちも含まれます。

次に第二点、即ち天皇の映画における扱いの一般論。これは最高の政策決定に関わるもので、国務省が映画産業に対して指示を与える法的権限をもっているのかどうか、私は知りません。ワシントンに照会しておきましょう。

この点については二つの選択肢があります。

a　米国は戦後日本社会の継続性と安定性を保障する要素として天皇制を存続させる。米国人が神性を有する天皇を畏怖していることを示すところまでは行かないにせよ、天皇制については慎重な敬意を示す必要がある。しかしこれを映画化するのは歪曲なしには困難であるから、結局天皇については、国務省はこれを映画化することを許さない。

b　天皇は日本軍国主義の強烈な象徴であり、日本封建制の社会的・経済的な強力な伝統を維持するに不可欠の象徴であるから、戦後日本において、天皇制の運命はその成り行きに委せる。私の考えでは、成り行きに委せれば、連合国でなく日本国民自身が天皇制を廃止させ、共和国を樹立するであろう。その場合には、米国民に、天皇制は時代錯誤の抜け殻で、権力の実体は天皇制神話を維持して来た鉄面皮の権力者たちにあることを知らせた方がよい。別にそのために俗悪な曝露的扱いをしたり、憎々しげに扱ったりする必要はない。天皇制は一見絢爛豪華だが、もはや存在理由を失っていることを、淡々と示せばよい。(5)

その翌日の一一月一三日、ラティモアは天皇を映画化することの可否について照会してきたホノルルのOWIへの書翰においても、やはり戦時宣伝上の天皇の扱いについて論じている。

天皇のことはtoo hotだから扱わないというのは誤りだと私は考えています。……しかし我々がもっと強く天皇を扱うには、国務省からの青信号を待つ必要があります。そして国務省が青信号を出すことは、当分期待できません。(6)

天皇制をめぐる対立

公務員としてのラティモアが、公人としていいうるのはこの程度であったろう。私人としてのラティモアが、天皇制温存政策と天皇のタブー化にどれほど情熱的に反対していたかは、OWIを離れて私人となった彼の発言をみればわかる。一九四五年春の著書の中で彼は、現在の天皇ないしその後継者を連合国の目的のために用いようとするのは「可能な限り最悪の誤り」（the worst possible mistake）

だといっている。[7] ところが日本部では、このラティモアの趣旨を誤解したのか曲解したのか、主任のジョン・フィールズは一九四四年四月二六日に次のようにいっている。

天皇の問題については、aもち上げるか、b無視するか、c攻撃するか、の三つのやり方があり、一九四三年一一月一三日のラティモアの指示に従い、我々はaないしbのやり方をとってきました。天皇を攻撃すれば本土決戦は不可避となり、天皇の戦犯化を宣言すれば、一切の交渉は不可能になります。従って今これまでの方針を変更することは、我々の有する情報からして、何の利益ももたらしません。しかしこの点での我々の態度は固定したものではなく、情勢の変化、特に日本の国内情勢の変化によっては変わる可能性もあります。[8]

戦時における天皇制のタブー化、戦後における天皇制の利用という政策を推進していたのはジョセフ・グルーであり、グルーこそがラティモアらの極東政策の宿敵であった。グルーは一九三二年より日米開戦まで駐日大使、帰国後は国務省特別顧問、一九四四年五月より極東部長、一九四四年一二月には国務次官として、米国の対日政策を指導した。このグルーの対日政策の基本をなすものは「穏健派」(moderates) である。

彼によれば一般の日本人は羊のように従順な存在で、問題は支配層にある。この支配層を彼は親英米的・合理主義的で平和主義的な「穏健派」と反英米的・非合理的で侵略政策の推進者たる「軍国主義的狂信派」(militarist fanatics) に分類した。「穏健派」の代表者は、天皇、元老西園寺公望、牧野伸顕（元内大臣・伯爵）など宮中の長老たち、米内光政など海軍の長老、宇垣一成など陸軍の一部、池田成彬など財界の指導者などが主なもので、近衛などもこの穏健派の一部と解していたようである。

大使時代におけるグルーの対日政策は、この「穏健派」の平和努力を助長する方向に向けられ、彼の終戦政策もまた米内などの国内的立場を助長することに向けられた。ポツダム宣言において天皇制の維持を示唆することによって、鈴木内閣に戦争終結のイニシアティヴをとらせようとしたのも彼である。そして彼の戦後政策は、日本がアナキーに陥ることを避けるために、天皇の権威を利用しようとするものであった。中国においてこの日本の「穏健派」に対応するものが、宋子文など蔣介石周辺の知米派であり、彼のエリート好みは彼を反共主義、蔣介石の擁護へと向わせた。『パシフィック・アフェアーズ』、『アメレジア』などは、このグルーの対日姿勢に集中砲火を浴びせ、『ニューヨーク・タイムズ』などのジャーナリズムもこれに呼応した。戦争終結の接近とともに「中国派」(China Crowd)と「日本派」(Japan Crowd) の対立は、国務省や極東専門家の枠をこえて、米国政府指導部の全体を巻き込む巨大な対立へと発展していった。

(1) Allan M. Winkler, *The Politics of Propaganda, 1942-1945*, 1978, pp. 83-84.
(2) William Roger Louis, *Imperialism at Bay, The United States and the Decolonization of the British Empire, 1941-1945*, 1978, p. 708.
(3) Louis, *op. cit.*, p. 21.
(4) *Hearings on the Institute of Pacific Relations*, p. 3053.
(5) *The OWI Documents*.
(6) *Ibid*.
(7) Lattimore, *Solution in Asia*, p. 187.
(8) *The OWI Documents*.

7　ウォレス訪中

宋美齢の訪米

一九四三年前半までは、重慶の蔣介石政権は、アジアにおける民主主義の前衛として、アメリカ・ジャーナリズムの絶讃を受けていた。その頂点をなすのが、蔣夫人宋美齢の訪米である。

一九四二年一一月二日、外交部長宋子文より大統領側近のホプキンズに、宋美齢が重病で、米国で治療するため専用機が一機欲しい、という重慶発の電報が届いた。大統領は非常に心配して、直ちに飛行機の提供に同意した。病名は慢性皮膚炎とかいう。ラティモアは彼女に随行して帰国した。

病気も快癒した二月半ば、彼女は大統領を訪問。ルーズヴェルトは彼女に、議会演説、ラジオ放送など、「中国の大義」をアメリカ官民の世論に訴えるあらゆる機会を提供した。一〇歳より一九歳まで在米、ウェズリー大学卒の彼女は「流麗な英語、情熱的雄弁、美貌とカリスマ」によって人々を魅惑し、「ほとんどカーニヴァルのような雰囲気」をつくり出した。「中国は自国のためのみならず、全人類のために戦っている」と呼号した彼女の両院合同会議での演説は「嵐のような興奮」を巻き起こし、ウェンデル・ウィルキーを従えてのニューヨークのマディソン・スクェア・ガーデンでの演説会には一万七千人もの聴衆が集まった。これは「米中関係の幻想の時代であった。それはアメリカの大衆が中国、その総統、総統夫人、中国人について善い、すばらしいことなら何でも信じようとした夢のよ

うな非現実の世界（dreamy unreality）であった」と。(1)

この非現実性が非現実性であることを、知っている人は知っていた。石垣綾子氏はいう。

宋美齢は抗日中国の崇高なヒロインとして熱狂的な歓迎をうけ、アメリカ議会の上下両院に招かれて演説したときは、総立ちとなった議員たちの雷鳴のような拍手を浴びた。議会が外国の客をこんなに優遇することはめったにない。凱旋将軍のようにもてた彼女は、中国民衆の悲惨な実状を訴え救援資金のアピールをしたが……、帰国するとき、中国では得られない贅沢品を山のように買いこみ、自分用として最高の毛皮の種類の違ったオーバー六着、宝石をちりばめた時計のかずかず、何年も使いきれない下着や香水や化粧品を飛行機で運んだ。その莫大な荷物の輸送にアメリカの輸送機一機が特別に飛び、インドのヒマラヤ越えで荷の積みかえをするとき、一個の大きな荷箱を落して、中味の贅沢品が出てきた。ヒマラヤ越えの空輸路は空の難関で、中国ゆきの戦略物資輸送のために多くのアメリカ兵士の命をうばった。憤激した積みかえ勤務のアメリカ兵たちは、宋美齢の荷物全部をわざと落して、中味をひきずりだし、毛皮コートも時計も土埃のなかで足蹴にした。

アグネス〔スメドレー〕は全身から湧き出る愉快な笑い声をたてて、「痛快ね」と歓声をあげた。(2)

蔣介石とスティルウェル

この幻想と現実のずれは、当時既にルーズヴェルトの周辺で大きなきしみを立てていた。第一には蔣介石と（中国・ビルマ・インド戦線司令官）ジョセフ・W・スティルウェル中将との激しい反目である。スティルウェルは一九一一年より三〇年まで中国に滞在し、中国語に堪能で、米陸軍きっての中国専門家であった。大統領と蔣介石との連結者としてラティモアが期待された役割を果たさなかったので、代りに派遣されたという面もあるようで、重慶におけるスティルウェルの住居は、三カ月前ラティモアが住んだ邸宅であった。(3) 彼はジョージ・マーシャル参謀総長の強力な推薦で任命されたものであるが、中国について知り過ぎている者を嫌うという蔣介石の傾向からみて、ラティモアと同じ問題をもっていた。しかも彼の性格について、エマソンは次のようにいっている。

ジョー・スティルウェルは崇拝されるか嫌われるかのどちらかで、その中間はない。彼の直《じき》じきの子分たちの彼への忠誠は大変なもので、軍人の本分についての彼の狂信を共有した。スティルウェルがもし日本人だったら武士《サムライ》か神風特攻隊員となったであろう。実際彼は、その時間の大部分を、ニューデリー、重慶、セイロンなど各地にある司令部から離れて、ビルマのジャングルで、潰れた戦闘帽を真深にかぶり、カービン銃を手に、中国兵を叱咤し、小隊を率いて過ごした。瘦せぎすで、策謀にたけ、視力は半ば盲目で、闘志と決意の固まりであった彼は、日本人と戦って彼らを殺すことに彼のように専心していないと看做した者には、見下げ果てたという侮辱の態度で接した。大ていの人間を軽蔑した彼が、唯一敬意を払ったのは泥まみれの砲兵たちであり、彼らこそがあらゆる戦争における英雄であると信じた。

彼はその戦闘服のポケットに手帳をいつも持ち歩き、それに権力者たちへの侮蔑の言葉を書き綴った。小児麻痺の後遺症をもった彼の最高司令官ルーズヴェルト大統領を「ゴム足氏」（Old

Rubberlegs）とよび、蔣介石を「南京豆」（Peanut）とよび、英国人を「ジュース飲み」（limeys）とよんだ。(4)

「貧民のマッカーサー」とよばれた彼は、中国の民衆（老百姓《ラオパイシン》）に対する深い愛情をもち、その反面地主層に対する激しい敵愾心を抱いていた。

彼と蔣介石の対立は、さし当っては作戦上の対立から生じた。彼は中国には抗日戦遂行のために陸上の補給路が不可欠であるとし、ビルマ北部の日本軍を撃退して、ビルマ経由の対中国補給ルートを開くことを主張し、そのために国民政府軍の精鋭部隊を自らの指揮下におくことを要求した。彼は自らの手で中国軍を訓練して近代的軍隊に成長させることを企てたのである。この戦略はジャングル地帯の自然条件、ビルマ人の非協力、郷土を離れた中国兵の士気の低下等、ほとんど絶望的に困難と思われたが、彼は中国兵のもつ潜在的可能性に賭けた。

蔣介石はこの作戦に最初から消極的で、ビルマにおける対日戦勝利の見通しに悲観的であったばかりでなく、精鋭部隊の指揮を外国人に委ねることに強く反撥した。この代案として、彼はクレア・シェンノート海軍大佐の唱える空軍による日本爆撃作戦を支持し、米国政府に飛行機援助を強く要求した。これに対しスティルウェルは、空軍基地を日本軍から防衛する困難を指摘して反論した。スティルウェルを支持したのはジョージ・マーシャル参謀総長らであったが、一九四二年一〇月に重慶を訪れたルーズヴェルト大統領のブレーンのウェンデル・ウィルキーが、中国式接待にあって蔣介石に「洗脳」され、蔣＝シェンノート戦略を支持した。ルーズヴェルトは、動揺をくり返しつつ、結局いずれにせよ中国を統一しうるものは蔣介石をおいてないという認識、中国を戦後世界における四大国の一つとして位置づける長期政策、そして空軍力によって一挙に日本を撃滅するという戦略の魅力などから、蔣＝シェンノート路線寄りの姿勢をとった。

スティルウェルは、国民政府が米国の厖大な援助を私物化し、対日戦を怠ってそれを共産軍の封鎖に投入し、かつ戦後の内戦のために温存していることに憤り、やがて真に抗日戦を戦っているとみなした共産党に接近を試みる。このスティルウェルの輩下から、ジョン・サーヴィス、ジョン・デーヴィスなど、後に親共派として攻撃されるスタッフが輩出したのである。

重慶再訪

蔣介石側とスティルウェル側はともにワシントンに電信や書翰を送って自己の主張と相手の非を訴えた。一九四四年春、華南における日本の「一号作戦」によって蔣介石子飼いの軍隊が惨敗を喫し、シェンノートの空軍基地も破滅したことは、スティルウェル側に有利に働いた。ルーズヴェルトは国共調停をはかるため副大統領ヘンリー・ウォレスを重慶に派遣した。ウォレスは革新的に過ぎて国内右派の反撥を招いており、同年の大統領選挙に四選を求めるルーズヴェルトは、副大統領の首のすげかえを策していた。従って肝心な時期にウォレスを体《てい》よく国外に送り出してしまおうという魂胆もあった。ウォレスは、中国語のできる中国専門家が随行することを条件に、この申出を受諾した。こうしてラティモアとジョン・カーター・ヴィンセントが随員に選ばれた。五月一八日、ルーズヴェルトはウォレスと会見し、「国共両派の調停者（arbiter）として招聘されれば幸せである」という彼の意向を伝えた。シャラーによれば、ルーズヴェルトのウォレスに対する指示は矛盾にみちたもので、「一方で蒋総統を困惑させないために共産党やスティルウェル将軍と接触するなといいながら、他方で親スティルウェル、蒋批判者のラティモア、ヴィンセント両名の助言を尊重せよといった(5)」。

一九四四年五月二〇日出発。ラティモアはいう。

　この旅は私にとって、私が満洲・モンゴル・新疆の側から長く研究してきた巨大なフロンティアをソ連の側からみるという新たな体験であった。アラスカ、ベーリング海峡を経由してアナジル半島ウェルカル着陸、そこからヤクーツクに飛び、(トルコ系の言語を話す)ヤクート人の前史の再構成に大きな功績のあった偉大な古代学者A・P・オクラドニコフとしばらく行を共にする好運をえた。彼はレナ河沿いに北極に向ったヤクート族移住の足跡を自ら辿ったのである。我々はまたオホーツク海岸のマガダンでアメリカの捕鯨者たちの墓をみたり、黒竜江沿岸のコムソモルスク、バイカル湖畔のイルクーツク、ブリアート・モンゴル連合共和国の首都ウランウデを訪問したりした。クラスノヤルスクからは、一八九七年よりレーニン流刑の地だったシュシェンスコエ・セロを訪れ、またミヌシンスクで世界最大の青銅時代のコレクションの一つをみた。のろのろと走る汽車の中で夜明けに目覚めると、そこは広く浅い峡谷で、四方八方に青銅時代の兵士や酋長たちの、ほとんどが発掘されないままの墳墓があった。これなど真に一生の想い出である。彼らの歴史は未だ解明されていない謎であり、それは一方でインドヨーロッパ人の移住を、他方で中国の万里の長城を指向している。

　我々はシベリアよりセミパラチンスクを経てウズベク共和国の首都タシュケント、カザク共和国の首都アルマアタ、そして新疆の首都ウルムチに至った。そしてこの飛行機の空より二時間にわたって、一九二七年に私たちが一八日間に亘って旅した土地を見下ろすことができた。[6]

このタシュケントで、ウォレスは米国駐ソ大使アヴレル・ハリマンと会った（六月一五、一六日）。ハリマンはその一週間足らず前の六月一〇日にモスクワでスターリンおよびモロトフと会い、中国情勢について話し合ったが、ノルマンジー上陸の四日後とてスターリンは上機嫌で、「中国共産党の共産主義はマーガリン共産主義だが、抗日愛国の念の方は本物だ」と語り、「今のところ蔣介石以外に中国をまとめうる人物もいないから、彼を支持し続ける他なかろう」といったという。[7] ハリマンはこれをウォレスに報告して、ウォレスの蔣介石説得を容易にしようとした。

六月二一日より四日間、ウォレスと蔣介石は五度会談し、ラティモアもそれに二、三度臨席した。蔣介石は、共産党の信ずべからざること、米国内の親共産党的報道は共産分子の策謀であることを強調したが、他方で意外にも米国が共産党支配地域にオブザーヴァーを派遣することを認めた。ウォレスは帰国後、「蔣介石への投資は短期の投資だが、さしあたっては彼を支持する他ない」という趣旨の報告をルーズヴェルトにした。ナサニエル・ペッファーは「ウォレスは最大限に陰鬱な展望の報告書をもって帰国した」といい、[8] 蔣介石側の伝記は次のようにいっている。

ルーズヴェルトは対中使節にヘンリー・ウォレスを選ぶという呆れるばかりの過ちを犯した。ウォレスは、その短い滞在期間に左翼や総統に対する慢性的敵対者ばかりと会い、蔣政権は三カ月以内に倒れるだろう、前途に見込みはないとルーズヴェルト大統領に報告した。[9]

ウォレスは孫文未亡人宋慶齢を表敬訪問した。孫文の遺児の孫科もそれに同席した。彼女は中央政府の権力基盤の拡大、抗日のための国共合作の必要などを力説した。[10]

ラティモアの重慶政権観

ラティモアは、彼が蔣介石を見放したのは一九四七年だといっているが[11]、このウォレス使節団への参加がその重要な一歩であったことは疑いない。少なくとも彼はそこできわめて消極的にふるまった(ラティモアによれば、ヴィンセントが規則上の権限を根拠として、彼に仕事を譲らなかったせいもあるらしい)[12]。主要な任務はヴィンセントに譲り、報告書の作成にも関与しなかった。ヴィンセントは後に、重慶に着くまでは彼といろいろ議論をしたが、重慶を去っての帰途には、政治的主題については全然話し合わなかったという趣旨のことをいっており、ウォレスは次のようにいう[13]。

ルーズヴェルト大統領への助言の起稿には、ラティモア氏は全く関与しなかった。……否、その旅行の全体を通じて、現在〔一九五一年〕記憶に値するような政治上の助言は全然なかった。我々が一緒になると、彼は中国の農業史とか、定住農民と遊牧民との関係とか、共通の学問的関心の対象であるようなことを、主として語った。

もっとも、彼がこの時期に一挙に反蔣介石になったというわけでもない。一九四四年の三月と四月の講演をもとにして、一九四五年春に刊行された『アジアにおける解決』の中で、彼は蔣介石に関して冷たい観察者の眼をもって、次のように述べている。

……蔣介石は独裁者ではなく、調停者とよばるべきものである。一九二八年以降、彼の個人的権力は大いに強化されたが、大小様々な問題が下から上ってきて初めて決断を下しうるという状況に今でも変りはない。国民党という多様な勢力の連合政権においては、各利益団体間の対立がデッドロックとなると、彼に決断を委ねる他なくなる。欧米人はこのことを知らないが、中国人が蔣を尊敬するのは、まさにこの点、即ちデッドロックを破って決断しながら、なお国民党を形成している諸勢力の均衡を保ち続けるこの能力なのである。[14]

蔣は外国の利権を自らの権力の維持のために利用せざるをえなかった。外国の利権は法と秩序の問題を解決するために常にstrong manを求める。だがそれでも彼は独裁者にはならなかった。外国利権の組織は強固で、国内組織が弱体な中国のような国では、外国利権はその要求を一手に受け容れる一人の人物を得ないと不安である。一九世紀末の李鴻章、今世紀初頭の袁世凱がそれであった。外国利権はそのような人物に、彼らに有利なように国を統制させるために、借款を与え、武器を供与し、軍隊の訓練を引き受ける。蔣介石は自己自身中国をこのような状態から一段上の段階に引き上げた。そして外国のみならず外国の利権からの独立をも求めてやまない中産階級の代表者として、中産階級の支持を受けてきたのである。[15]

宋美齢との結婚を通じて生じた宋一族との関係については、ラティモアは次のようにいう。

現在の蔣夫人との結婚は、アメリカも西欧も知らない総統を、中国における米国教育を受けた家系として最も有能かつ有力なものと結びつけた。こうして蔣は実業界、宣教師、中国人キリスト教徒などと関係をもち、これらの接触を通じて、米国で教育を受けた人材を自由に用いることができる。[16]

しかしラティモアは、結局重慶の国民党政権を蝕む病いを指摘し、全体としては国民党の未来を暗く、共産党の未来を明るく描き出している。

この期間に国民党は、目立たず、また従来の専門家たちの注意を惹かなかった、一つの変化を示した。内陸に逐いやられたため、銀行家や工業家という国民党の連合を構成してきた要素が、彼らの力と政治力の源泉たる財産や取引関係から切断され、彼らと国民党官僚や政府官僚との間の関係に微妙な変化が生じた。かつて彼らは政党の決定や政府の政策にその意見や願望を押しつけることができたが、現在では政府官僚や党官僚に叩頭しなければならない。東部の都市から救出しえたほんの僅かの機械でさえも、政府の戦争計画を司る役人の同意を得ねば作動させることができない。それ以上に重要なことは、全国家財政の移動の故に、政府の役割が急速に増大したことである。政府は補助金・助成金を通じて投下資本・運転資本の双方の重要な財源となり、役人たちは重役となり、従来の重役たちは子会社の職員に格下げされてしまう。

農業社会における官僚化は、戦時経済運営の非能率をもたらす。ワシントンにおける官僚の増大は、実業家に不評だとはいえ、我が国における驚異的な経済動員能力の不可欠の要素をなしている。それは官僚もまた産業社会の一員で、その大部分は組織の何たるか、組織をいかにして動かすかを知り、組織の動員能力を高めることに努めている。ところが中国においては、多くの官僚は能率などお構いなしで、特定の情実にのみ眼を奪われている。農業社会において情実といえば大地主の情実である。孫科は「開戦以来腐敗した郷紳と略奪的地主の専制支配はこれまでになく強力になり、政府の権力を借りて現物小作料を徴収し、兵員を徴発し、不正に私腹を肥やしている」といっている。

戦前には、政府収入の最大の源泉は、貿易の関税収入であった。だが戦争とともに海港を失って、この収入は烏有に帰し、農業が国家収入の圧倒的に重要な源泉、かつ自由中国における最も重要な経済活動となった。政府は将兵の糧食という膨大な食糧需要をもち、そのための穀物貯蔵・輸送の必要に迫られており、この畸型的な経済体制の中では、米穀こそが投資と富の剰余を移転する最も重要な媒体となっている〔即ち穀物が信用を失った貨幣の代りとなっている——長尾〕。……

このことのもたらす結果は明白である。党官僚や政府官僚の銀行家・工業家・実業家に対する優位が進行するのと並行して、地主層の党官僚・政府官僚に対する支配も進行した。こうして国民党は、表向きは余り変らないままで、事実上連合政権から地主党へと変性していった。実業家の利害が無視されているわけでも、彼らが金儲けをやめたわけでもないが、かつて支配者であった彼らは、今や従属者となったのである……。[17]

これに対し共産党は、かつての貧農・小作農のみを基盤とした一階級の政党から、多様な階級利益を包摂した勢力へと逆の発展を示している、という。これは、一年前に蔣介石が陳誠ら国民党左派を包摂して、小作農へと権力基盤を拡大することを期待した彼の、失望の表現と解することができる。

（1）James C. Thomson, Peter W. Stanley & John C. Perry, *Sentimental Imperialists, The American Experience in East Asia*, 1981, p. 221.
（2）石垣綾子『回想のスメドレー』（一九六七年）一三八—一三九頁。
（3）Tuchman, *Stilwell*, p. 334.
（4）John K. Emmerson, *The Japanese Thread, A Life in the U.S. Foreign Service*, 1978, pp. 154-55.
（5）Schaller, *The U.S. Crusade in China*, p. 161.
（6）Lattimore, *"Preface,"* p. 21.

(7) Herbert Feis, *The China Tangle, The American Effort in China from Pearl Harbor to the Marshall Mission*, 1965, Atheneum, p. 140.
(8) Nathaniel Peffer, *The Far East, A Modern History*, 1958, p. 424.
(9) Tong, *Chiang Kai-shek*, pp. 329-30.
(10) *Hearings on the Institute of Pacific Relations*, p. 2077.
(11) Lattimore, *Ordeal by Slander*, p. 169.
(12) *Hearings*, p. 1850.
(13) Letter of Henry A. Wallace to Harry Truman, Sept. 19, 1951 (Quoted in *Hearings*, p. 2287.).
(14) Lattimore, *Solution in Asia*, p. 84.
(15) Lattimore, *op. cit.*, p. 80.
(16) Lattimore, *op. cit.*, p. 83.
(17) Lattimore, *op. cit.*, pp. 104-07.

8　パトリック・ハーリー

二つの中国

国民党軍はその戦力の大きな部分を共産地区の封鎖に投入していて、アメリカ側には共産地区についての第一次情報は得られなかった。国民党政府は、共産党について、ソ連の手先の「親不孝者」で、日本と戦わずに、アヘンで収入を得ているなどと宣伝していた。しかし日本側の放送が中共軍との交戦を頻繁に報道しているところからみても、このような宣伝が疑わしいことは明らかで、アメリカの中国専門家たちの多くは、さまざまな情報源から、このような国民党側の説明を全く信用していなかった。

すでに一九四三年に、トマス・ビッソンは、中国を「国民党の中国」と「共産党の中国」に分ける従来の呼称に代えて、前者を「封建的中国」、後者を「民主的中国」と呼ぶことを提唱し、後者について次のようにいった。

その全綱領の基礎をなすものは土地改革である。これこそがその支配地域、否、全中国のほとんどの地域での最も代表的な生産者である農民を、封建的経済の課する地代、租税、高利の押しつぶすような負担から解放するものである。

それればかりではない。この土地改革に加えて地域民主主義の手続が導入された。地主や企業主もこの過程から排除されないが、しかしそれを支配することも許されない。……この民主的過程においては、経済における自由競争を広汎に認め、価格の官僚統制も行われない。そのようなものはかつてニューイングランドのタウン・ミーティングにおいて不要だったのと同様に、この社会でも不要なのだ。隣人たちの監視のもとで、地主も商人も買い占めや投機などできはしない。しかしこの地域の民主的制約の枠内では、地主や企業家も自由に事業を拡張することができるし、またそうするように奨励されている。そして実際彼らの多くはそうしている。

これを「共産主義」とよぶことは、どんなに概念を拡張してもできないだろう。これこそ農業社会に適用されたブルジョワ民主主義に他ならない。延安の指導者たちは、この綱領を、抗日戦争への資源の有効な動員という当面の目的を越えて、中国の封建的桎梏を振り棄て、近代国家へと移行するための手段と考えている。

ここで「封建的」とは、地主・小作人関係が支配的で、専制的政治権力がこの地主の勢力を中心として成立している社会体制を意味する(1)。

一九四四年二月、ＯＷＩ重慶のリチャード・ワッツはロバート・シャーウッドに送った報告書の中で、中国共産党はむしろ「農民進歩派」(agrarian progressives) とよばるべきこと、対日戦争終結後も、国民党は進歩的改革の意図を全くもたないから、内戦は続くであろうこと、周恩来はthe most interesting and satisfying personであるが、国民党の指導者たちは不誠実・不正直で、言い逃れと策謀のみを事としていること、蔣介石には日本と戦う意志はなく、中国をやがて排外的・反動的な国家にしようとしており、米国をその道具として使おうとしていること、などを述べた後、次のようにいっている。

我々は、蔣の封建主義の歓心を買うために、ロシアと敵対関係に入る危険を冒すべきなのでしょうか。我々の味方は、近代的・進歩的な共和国中国なのか、それとも中国人民にも、アジアにも、否、全人類にとっても危険な存在である中世的寡頭支配者か、どちらなのでしょうか。……我々は断固アメリカ民主主義の立場を固守し、中国における民主主義の友を助け、激励すべきです。彼らこそが真のアメリカの友なのですから(2)。

記者団の「辺区」訪問

こうしたアメリカ人たちの存在は、蔣介石をほとんどヒステリカルなほどに苛立たせ、彼はあらゆる手段を用い、特に厳格極まる検閲によって、このような情報が欧米に送られることを阻止しようとした。そのことは重慶における米国人たちの欲求不満をつのらせ、彼らのある者は帰国後に徹底的な蔣政権糾弾文を公けにした。このような逆効果を考慮してか、重慶駐在新聞記者団の強い要求に対し、一九四四年二月、蔣介石は記者団の「辺区」（共産党支配地区）訪問を許可した。こうして、先に引用したラティモアの文章中にある、記者団の「辺区」訪問が実現したのである。蔣介石の意図は、「辺区」の実情を見せて共産党神話を破壊するところにあったのではないかといわれるが、結果は完全に裏目に出た。Guenther Stein, *The Challenge of Red China*（邦訳『延安――一九四四年』野原四郎訳、一九六二年）を一読すればそのことは明らかである。

一行は、スタインの他、モリス・ヴォトー（ボルティモア・サン）、ハリソン・フォアマン（ヘラルド・トリビューン）、イズラエル・エプスタイン（ニューヨーク・タイムズ）、N・プロツェンコ（タス通信）およびコーマック・シャナハン神父で、五月一七日重慶発、七月に（シャナハン神父を除いて）延安着、やがてブルックス・アトキンソン（ニューヨーク・タイムズ）とセオドア・H・ホワイト（タイム＝ライフ）も参加した。

彼らがみたものは「実話とは思われないほどすばらしいもの」（almost too good to be true）であった。[3] 一九四四年七月一九日、国務省が米国内で発表された彼らの延安便りを要約して、駐重慶クラレンス・ゴース大使に送った通信は次のようにいっている。

通信員たちが『ニューヨーク・タイムズ』、『ニューヨーク・ヘラルド・トリビューン』、『クリスチャン・サイエンス・モニター』に送った通信の中で、彼らは共産党が工業・農業で達成した成果を讃え、彼らの戦闘意欲を称揚し、また共産軍の軍事的成果を称賛している。『ニューヨーク・タイムズ』通信員は、七月一日、延安においては「激しい対日憎悪とあらゆる干渉に抗して自分たちの達成した成果を護り抜こうとする決意」がみられ、共産党正規軍とゲリラの総反撃が近く、またかつての荒蕪地が高度の農耕・牧畜・手工業地域に変じていると報じている。『ヘラルド・トリビューン』のハリソン・フォアマンは、六月二三日、延安は「辺区の人々の強靭さと堅忍不抜さの象徴」であり、三年前に外界から遮断され、自給自足を余儀なくされた辺区が「ありとあらゆる大小の産業を奨励し、輸入することが不利益であるものについては補助金さえ支出している」といっている。『クリスチャン・サイエンス・モニター』(六月二七日)において、ガンサー・スタインも、連合国司令官の誰がきてみても、「このように熟達し、戦意高く、困難を物ともせぬ強固な意志をもち、食糧の供給に欠けるところのないこの軍隊を指揮することを誇りとするであろう」と述べた。

毛沢東は彼らに次のように述べたという。

中国共産党は一貫して蔣介石総統を支持し、国共協力を支持し、また自由で民主的な中国を建設するための闘争を支持してきました。……しかし中国には欠陥——重大な欠陥があります。それは民主主義が欠けていることです。……戦後中国の統一を保障するものもまた民主主義です。……その民主主義は、政治・軍事・経済・文化、さらには党運営や国際関係にまで及

ぶ全面的なものでなければなりません。……来たるべき統一は民主的基礎の上に樹立されねばなりません。(4)

ラティモアは、もとより彼らの延安報道を深い関心をもって見守っていた。そして共産地区において、参議会等への共産党の参加が三分の一に抑えられているというスタインらの報告を、共産党の多元化という彼の観測を裏づけるものとして歓迎した。『アジアにおける解決』の中で、彼らの報告を引用しながら、次のようにいう。

国民党が、連合党から一利益が独占的支配権をもつ政党へと変性したのと対照的に、共産党は逆方向へと進んだ。かつて一つの教義を奉ずる政党であった同党は、段々連合政党へと転化してきた。しかもそれは不可避の現実的必要に迫られてのことである。一〇年間の内戦期（一九二七—三七年）には、都市とも都市労働者とも切断されていたから、共産党は農民党となった。これによって地主との流血を伴う苛酷な闘争を経なければならなくなるにせよ、こうして農民の大多数の支持を得なければ存続できなかった。ところが抗日戦争下でこの政策を続けることは、逆に自滅を意味する。日本は「ボルシェヴィズムに対して貴方たちを護る」と称して地主を味方につけようとしている。そこで中国の地主階級及びその従属者たちを日本側に追いやることは致命的過誤である。

共産党は政策を転換し、日本側についた地主以外の地主の土地の没収をやめて、地主の土地をも日本から護ろうとした。そして地主を一応認めつつも小作料を大幅に引下げさせ、それで小作農の忠誠をつなぎ止めた。商工業についても似たような政策がとられた。……

こうして諸集団の利益の連合をつくり出すと、当然共産党はこの連合を構成する諸集団に政治的自由を認めることとなった。一九四四年夏に共産地区を訪問したアメリカの新聞記者たちは、参議会、地区政府、上級決定機関などの成員のうち、共産党員は三分の一に抑えられているという、従来共産党のプロパガンダで伝えられてきたことが事実であることを確認したと伝えている。これこそ中国において、あらゆる政党を通じて初めて印された、独裁制から民主制に向っての巨歩である。ここに共産党は、少数反対党から連合政権内の一翼を担う政党たりうるものへと移行しつつあるのである。(5)（傍点長尾）

一九四五年一〇月一四日の『ヘラルド・トリビューン』紙書評欄で、ラティモアはスタインの*The Challenge of Red China*を書評して、次のようにいっている。

スタイン氏は「ソ連が二八年の歳月を経て、軍事や行政の経験をもとに、今や大人になったと感じているように、中国共産党も一八年の歳月を経て同様に感じている。彼らは中国に適用さるべきマルクス主義はロシアのものとは異なり、外からの助言はほとんど必要ないと考えている」と述べ、また同党の社会的構成は「過激なものから大きく変化した」と述べている。党員の九三パーセントは一九三七年以降の加入者で、内戦期の古参兵は少数派となり、党員の大多数は「民主主義的な中農と小ブルジョワ」となった。彼らは「マルクス、レーニン、スターリン、毛沢東などの著書を読んで入党したのではなく、共産党が日本軍から家を取り返してくれたり、村の生活を改革するのをみて入党したのである」という。

これはまさしく共産党が過激政党から妥協の政党に変ってきたとする観測を端的に確認した

ものであり、また内戦が再発すれば、左右ともに過激主義へと逆行するであろうことへの警告でもある。一九二七年から三六年までの内戦期の終りごろには、まさしく両派ともに過激化し、中国はほとんど破滅に瀕し、外国の征服を誘発したのであった。

これは陳誠らが国民党の主導権を握り、穏健化した共産党と合作するという、彼が描き続けてきた構図が、共産党側に関して有望であることへの満足感を表明したものといえよう。だが国民党の方は、一向に彼の期待に沿わない。「妥協の政治家」蔣介石もその権力基盤を拡大せず、ラティモアは、やがては彼について、「ビザンチン風宮廷奴隷や道化師に囲まれて、米国人や中国人の助言した改革に耳を藉さず」に墓穴を掘ったといい[6]、「過去の存在」(a thing of the past)[7]、台湾に打ち上げられた「木片」(driftwood)[8]と痛罵するに至る。

ディクシー・ミッション

スタインら記者団の延安訪問に続いて、米国軍事視察団も延安に向った。いわゆる「ディクシー・ミッション」で、ウォレスが蔣介石を説得して認めさせたものである。「ディクシー・ランド」とは、かつてフランス語地域であったルイジアナの十ドル紙幣にDixとあったことから米国南部諸州の通称となったものである。「ディクシー・ミッション」とは、共産地区を南北戦争における叛乱地帯たる南部に見立てての呼称であった。

この構想は、ジョン・ペイトン・デーヴィスの一九四四年一月一五日付スティルウェル宛書翰に発する。デーヴィスは四川で宣教師の子として生れた。中国語に堪能な外交官で、早くより共産地区に関する情報を収集し、国民党が国民的支持の基盤を欠いており、内戦は不可避で、その際共産党を親ソに追いこむことは危険であると力説していた。スティルウェルが重慶に派遣されてからは、彼の政治顧問であった。この書輸の中でも彼は、軍事使節団の共産地区派遣は、米国自身の情報収集、共産党の対ソ傾斜の阻止、来たるべき内戦の抑止など、さまざまな目的からみて必要であると強調している。

ルーズヴェルトはこの建言を取り上げてウォレスに託した。ウォレスは「我々は共産主義でなく戦争に関心をもっているのです。米軍情報班の駐在によって、米軍飛行士の生命を救うような情報を収集できるかもしれません」と蔣介石を説得したという(9)。隊長はデヴィッド・O・バレット大佐で、政治顧問の一人はジョン・サーヴィスであった。サーヴィスは少年時代を中国で過ごした中国通で、延安から多くの報告を送っている。このサーヴィスの通信を紹介しつつ、ディクシー・ミッションの経過と首尾を語るシャラーの叙述を、やや長文にわたるが、引用してみよう。

この使節団およびサーヴィスの報告書の雰囲気を一言で要約するとすれば、それは彼の七月二八日の通信中の、「我々は別世界に来て別種の人々に会っている」という一文であろう。延安は町の外観も住民の心も、重慶と対極的であった。華北特有の黄土の丘陵地の洞窟に住みながら、延安の人々にはまさに生れ出でんとする新社会の躍動とオプティミズムが充ちていた。都市住民と農民と共産党幹部との関係にも固苦しいところも形式ばったところもなく、党指導者も眼につく護衛など伴わずに街を歩き、毛主席は誰もがやってくる週末舞踏大会によくふらりと現われた。アメリカ人観察者たちばかりか、毛沢東自身がこの延安時代を中国共産党の「黄金時代」とよんでいる。

サーヴィスは、上は毛主席から下は若手の共産党員まで、誰とでも対等に話しあうことができた。そして誰もが「抗日戦争における対米協力と新中国の建設」を一致して唱えた。サーヴィスは、共産党の唱えているのは中国に適合した穏和な革命的綱領で、これなら米国が支持しうると信じた。共産党は、権力を実質的に分有しうるものならば蔣ともワシントンとも協力する用意を示した。対米協力への意欲はあらゆるところに見られ、延安放送はサンフランシスコ向けに英語番組を流したほどである。

そのあとすぐ、八月二三日に、毛沢東は、きわめて打ちとけた親しみある態度で、サーヴィスに対米協力問題について語り、対日勝利後は国民党は内戦を再開するでしょう、蔣の国民党は反共・反民主主義の諸派閥が相互に嫉妬しあいながら争っている無定型の集団で、自分たちの権力を保持するという利己的目的だけで統一を保っているのです、内戦を避けるためには外部の力に国民党を抑止してもらう他ありません、「その中でも米国こそ最も重要な勢力です」、米国がどういう政策をとるかは「中国の民主的人民」の切実な関心の的です、我々の条件は、中央政府が「すべての重要なグループを包摂するよう権力の基盤を拡大し、暫定国民会議を招集すること」です、あらゆる政党の代表がこれに参加し、政府を再編成し、新たな法律を制定し、やがては新憲法を正式に制定しなければなりません、と述べた。

毛沢東は「米国政府」に、そのような提案をし「国民党にそれを受け容れさせる」用意があるか否か知りたい、特にワシントンの共産党に対する態度を知りたい、と述べ、「ワシントンは共産党を抗日の一勢力、また中国民主化の一勢力として認めていますか。ワシントンはどういう根拠で内戦における敵味方を定めるのでしょう。国民党が米国援助を共産党に敵対するために用いないことをどうやって保障しますか」と問うた。彼は米国の国民党一党支持政策は政治的にも軍事的にも誤りで、「蔣は頑迷で、本質的にはやくざ《ギャングスター》だ。……彼の脅迫や空威張りに屈してはならない。彼を恐れているという素振りをみせると、彼はつけ上る」、米国はもう蔣をおだて、甘やかし、その歓心を買おうとすることをやめて、「なすべきことを命ずる」べきだ、と語った。

毛沢東はまた、中国共産党は米国との友好を心から願っており、軍事援助はどんなものでも歓迎する、と述べた。また彼は、我々はソ連の援助をあてにしていない、ソ連も、建設的・民主的態度をとろうとするならば、「中国における米国の利益を妨害するはずがない」、戦後民主的な中国が樹立されれば、アジアの安定勢力となり、米国の巨大な市場ともなるだろう、「我々の綱領の中には、最も保守的な米国実業家でも、異議を唱えるような条項は何もないはずだ」と強調した。中国は米国の欲するものを与える用意があるばかりか、モスクワよりワシントンの方が交渉相手として好ましいということさえ、毛はほのめかした。(10)

だがこの直後の一九四四年秋こそ、米国と中国共産党との関係が破壊され、以後三〇年間にわたって敵対関係が続くこととなる宿命的な時期であった。この場面の急激な暗転は、大略次のような経過を辿って生じた。

共産党との断絶

日本の「一号作戦」によってシェンノートの築いた「対日爆撃基地」が大打撃を蒙り、シェンノートおよびそれと結んだ蔣介石が面目を失墜した後、蔣介石はルーズヴェルト宥和策として、個人使節の派遣を求めた。ルーズヴェルトはパトリック・J・ハーリー中将をその使節として派遣した。「その時には、彼が重大な役割を果たすとは誰も思わなかった」[(11)]というが、このハーリーが米国と中国共産党とをつないでいた糸を徹底的に断ち切ったのである。蔣介石とスティルウェルの関係を調停することを使命としていた彼は、モスクワ経由で九月六日重慶に到着して、程なく蔣介石の全面的な支持者となる。九月二四日には蔣および宋子文と会見してスティルウェル罷免を説得され、一〇月一〇日にスティルウェル罷免を求める通信をルーズヴェルトに送った。その中で彼は蔣介石の指導力を讃え、スティルウェルの狭量と権力意志を非難している。ルーズヴェルトは、その八日後の一〇月一八日、スティルウェル罷免の命令を発した。後任はアルバート・ウェデマイアー大将であった。明らかにこれに抗議して、ゴース駐重慶大使も辞任し、ハーリーがその後任となった。

モスクワにおいてソ連の蔣介石支持を確認してきたハーリーは、一一月七日に突然延安に飛び、毛沢東、周恩来、朱徳ら指導者と会談した。その経過についてシャラーはいう。

ハーリーは毛沢東に、私は「中国に関する諸問題を討論するために」ルーズヴェルト大統領の個人的名代《みょうだい》（personal representative）としてやって来た、蔣介石も民主主義の進展と「中国における諸軍事勢力の結集」による日本打倒の速度を速めるためアメリカが仲介しようとするこの使節団の趣旨を了解している、そのために蔣総統は共産党やその他の小政党の合法性を承認し、国防最高委員会に何らかの形で共産党の参与を求める用意がある、と語った。……彼は五項目提案と称する、国共の政治的・軍事的統一をよびかける新文書を取り出したが、それによれば現在の中央政府およびその軍部は、広汎な基礎をもつ「国民連合政府」に改組され、この新政府と国民党はアメリカ人権宣言によく似た諸原則を遵守する、この連合政府は米国の軍事援助を平等に分配する、という。

毛沢東は、その条件の余りの寛大さに驚き、ハーリーに誰がこれを書いたのかと尋ねた。ハーリーは、これは全く私の私案だが、蔣介石もこれを受諾すると確信している、と語った。(12)

この確信は何の根拠もないもので、一二月八日重慶において行われた会談において、蔣介石はこれを拒否した。これを知った毛沢東はバレットに「米国人は共産党を愚者だと思っているのか、延安は他者の善意に頼るばかりの達磨《だるま》ではない」と、語った。(13)一二月九日にこの毛沢東の反応を伝えられたハーリーは、「それでは仕方がない」と共産党との絶縁を決意するとともに、ジョン・デーヴィスを初めとして、大使館中で延安との接近を助言したグループの大粛清に取りかかった。エマソンはいう。

ハーリー大使と大使館員たちとの関係は、最も耳ざわりのいい表現を用いたとしても、緊迫していた、というべきであろう。彼は中央政府〔蔣政権〕に批判的な報告を本国に送ることを厳禁した。……彼は、中国における「民主党」と「共和党」を和解させることに失敗した欲求不満から、怒りの吐け口を探しており、移り気で感情的で疑い深くなった。特にジョン・デーヴィスが彼に無断で延安を訪れた〔一二月一七日〕ことに憤って、……「決して彼が二度と中国勤務にならないようにワシントンに具申してやる」と私にいった。(14)

ハーリーの怒りはジャーナリストにも向けられた。シューメーカーはいう。

　既に一九四四年一一月に、ハーリーは、セオドア・ホワイトのような記者はアメリカ外交の障碍だと断じ、中国におけるわが国の同盟者への悪意ある評論が蔣介石政権支持政策を危うくしている、と考えた。ジョセフ・W・マーティン下院議員への書翰の中で、国民党に敵対的な新聞報道は「いつわりの宣伝」であると述べ、一九四五年には、米国民は「中国の真相」を知るべきだと述べた。(15)

共産党側は、ハーリーという特定の個人が対米接触の障碍になっていると考え、延安にあったジョン・スチュアート・サーヴィスらと協力して、ハーリーを迂回してワシントンと接触しようとした。この試みは直ちにハーリーの知るところとなり、共産主義者と米国親共派による陰謀の存在という仕方でこれを受け取った。これが五年後に、「中国をソ連に売り渡した陰謀」という仕方で、ラティモア以下の「チャイナ・ハンド」に対する迫害に連なるのである。

　このハーリーとはどういう人物か。タックマンはいう。

　ハーリーは陽気なオクラホマ人で、丸木小屋から弁護士、第一次大戦では欧洲に転戦、政界黒幕として立身し、フーヴァー大統領の陸軍長官となった。背が高く、男前がよく、灰色の口ひげを蓄え、一見重々しそうな物腰だが、実際は見掛けだけ格好がよいに過ぎない。……ルーズヴェルトが彼を外交助手として登用した理由はいろいろあろうが、……大統領四選を前にして、「扱いやすい共和党員」として使っておこうということだったのではあるまいか。(16)

彼の被害者の一人ジョン・S・サーヴィスは後に、次のようにいっている。

パトリック・ハーリー中将は国民党と共産党の間を調停しようとしたが、その努力は、情報に乏しく、助言者が悪く、非現実的なものであったため、すぐ失敗した。ハーリーは三つの、多かれ少なかれ公然化していた想定に立って、その講和への努力をなしたのだが、その三つはいずれも誤っていた。その一は、蔣介石は共産党よりはるかに強いという想定、その二は、共産党は本当は「共産党」ではないという想定、そして第三には、国民党ないし共産党ないし双方が、真の連立政権を形成することなしに、各々の軍事力の相当部分への統制権を放棄することが可能だという想定である。これらの調停作業が失敗すると、当時米国駐中大使であった彼は、その失敗を償うために二つのことをした。その一つは誤謬であり、もう一つは汚辱であった。即ち第一に彼は、蔣介石を中国の唯一の指導者としてこれに米国の片面的支援を与え、第二には彼の失敗の責任を中国駐在の米国人外交関係者・中国専門家群に帰し、彼の調停工作が成功不可能であることを米国政府に正確に伝えた人々を裏切者として非難したのである。(17)

一九四五年三月、帰国したハーリーは国務省において、サーヴィスの召還を激しい言葉で要求した。ヴィンセント中国課長はグルー次官を、大使館員たちのハーリー批判に耳を傾けるよう説得したが、グルーは取り合わなかった。(18)四月四日、サーヴィスは帰国を命じられた。

(1)　Thomas A. Bisson, "China's Part in a Coalition War," *Far Eastern Survey*, Vol. XII, No. 14, July 14, 1943.

(2)　*The OWI Documents*.

(3)　Shewmaker, *Americans and Chinese Communists*, p. 169.

(4) Feis, *op. cit.*, pp. 160–61.
(5) Lattimore, *Solution in Asia*, pp. 107–09.
(6) Lattimore, *op cit.*, 1949, p. 120.
(7) *New York Times*, March 27, 1951.
(8) *Hearings on the Institute of Pacific Relations*, p. 3018.
(9) Emmerson, *The Japanese Thread*, p. 179.
(10) Schaller, *The U.S. Crusade in China*, pp. 183–85.
(11) Schaller, *op. cit.*, p. 87.
(12) Schaller, *op. cit.*, pp. 195–96.
(13) Schaller, *op. cit.*, p. 199.
(14) Emmerson, *op. cit.*, p. 208.
(15) Shewmaker, *op. cit.*, p. 176.
(16) Tuchman, *Stillwell*, p. 509.
(17) John S. Service, *The Amerasia Papers, Some Problems of US-China Relations*, 1971, p. 7.
(18) Schaller, *op. cit.*, p. 215.

9　延安の日本人

岡野進（野坂参三）と日本人民解放連盟

ガンサー・スタインの延安訪問記の中に、岡野進（野坂参三）に率いられた日本人捕虜団の記事がでている。反戦同盟改め日本人民解放連盟の人々である。訪問者たちは、岡野の説明をきき、戦後日本の民主化政策の大綱についての演説をきいたあと、彼らの素人芝居をみる。野原四郎氏の訳を引用すると――

……劇は、解放連盟員の一人が、個人的に経験した事柄に取材しており、彼自身、いま舞台に出演している。これは、一九四二年四月一八日、ドゥーリットル将軍が日本を最初に爆撃した、その歴史的な日に、東京のある貧民街のどこかでみられた一つの光景を描写している。

空襲のさなかで、東京の警官の示した、いかにもそのころの警官らしい残忍性と憶病を、さらに超愛国主義者の防衛団長のばくろした偽善を、こっぴどくやっつけており、一般民衆の混乱と、そのどうにもしようがないといった絶望の姿を描いている。そして、民衆がその苦悩を除くことのできる唯一の方法を、さし示している――軍国主義への反対――。

アメリカ国旗の印がついた爆弾が、――解放の象徴のように――舞台の上におちてきて、警官が逃げ場を探し当てた場所の、ちょうどま上にぶち当る。〝これはどうも奇妙だ〟と、アメリカ軍将校の一人が私に劇の批評をした。〝ここにいるジャップ連が、自分たちの国を爆撃されたがっているのは、どうもほんとうらしい。われわれが日本人とは、みんな、こんなものだと考えているところと、この連中は別なんだろうか〟。

〝日本が爆撃されてほしいですか〟、と私は日本人の一人にきいてみた。

〝そうですとも〟と、彼はほほえんだ。〝あなた方アメリカ人の援助がなければ、軍国主義者をうち負かすことができないのです。彼等は日本の民衆の敵です〟。[1]

『アメレジア』と解放連盟

このグループは『アメレジア』グループの強い関心を惹いた。彼らは戦後日本政治の担い手として、支配層内の「穏健派」を想定しているグルーの政策を激しく批判していた。特に『アメレジア』一九四四年六月九日号は「新極東政策？　日本対中国」[2]と題する長い論文を掲げて、グルーの戦後政策を徹底的に攻撃している。その要旨は以下の通りである。

戦後中国を英米ソと並ぶ四大国の一つにする政策は、中国派ホーンベックに代えてグルーを極東部長とする新人事によって大きく動揺した。グルー一派や英国の保守派は、極東の戦後の空白を、中国でなく、「安定要因として」「信用できる日本」によって埋めようとしている。この「信用できる日本」とは、既存の支配層の中から軍国主義者だけを取り除いたものなのだ。

グルーは一九四三年八月二八日のラジオ放送で「大木を根から掘り返して再生させることはできない。木の不健全な枝は切除しても健全な部分は残さねばならぬ」と演説し、さらに同年一二月二九日のシカゴ演説で、日本の天皇や穏健派は平和勢力だと述べ、輿論の轟々たる非難を浴びた。グルーの腹心はユージン・ドゥーマンである。彼は近衛を崇拝し、近衛・ルーズヴェルト会談によって日米開戦を避けようと努力した人物で、日本の重工業や商船を剝奪しようとする対日強硬派の政策に強く反対している。

グルーは抑圧された日本の民衆に目を向けず、貴族的支配層とのみ交際し、彼らを「穏健派」とよんで、善玉として描き出そうとしている。しかし実際には彼らは軍国主義者より多少慎重な帝国主義者に過ぎない。未来の日本を託すべきは、彼らではなく、小企業者、労働者、小作農、自由主義知識人の連合体である。

グルーらは軍国主義者を除けば天皇制は「穏健派」の平和主義のための制度となるというが、これは全くの誤りで、天皇制こそが日本支配層の抑圧と侵略のイデオロギー的源泉である。しかし直接天皇を攻撃することは、却って狂信者たちの十字軍的情熱をかき立てて危険なことも事実で、現に延安の岡野や重慶の鹿地亘などの亡命者も、天皇への直接攻撃を避けている。賢明な政策は、間接的に天皇を批判して日本国民を教育し、天皇制信仰を掘り崩した上で、廃止に追いこむことである。

この論文は無署名であるが、後の著作との類似性から、著者はアンドリュー・ロスであろうと思われる。『アメレジア』は既に三月一七日号で同年一月の「日本人民解放連盟」の結成を報じ、七月号には岡野を「日本のティトー」として利用するという提言が掲載された[3]。八月号では、おそらくロスの筆になる「戦後日本の指導者候補……尾崎と岡野」と題する論文で[4]、小磯新内閣の米内海相・重光外相などを「穏健派」として歓迎するグルー一派を批判し、彼らは侵略が成功している限りは協力し、うまくいかなくなって東条批判にまわったもので、「日本の軍事ファシズムは『穏健派』によって倒れることは決してない。彼らを倒すものは連合国軍の弾丸と爆弾である」という。そして結論としては「ヨーロッパにおける反ファシズム連合戦線の経験に徴すれば、平和的・民主的日本建設を託するに足るのは、尾崎〔行雄〕、岡野などの、ファシズムに対する妥協なき闘争歴を有する人々をおいてない」としている。

岡野を戦後日本民主化の中心人物としようとする構想は、一九四五年一月六日より一七日まで、ヴァージニア州ホット・スプリングズで開催された太平洋問題調査会（ＩＰＲ）の会議においても登場している。実際の会議の雰囲気より遙かに穏健な線でまとめられたと思われるその報告書の『日本の将来』の章の「日本の諸集団」および「民主的諸勢力」の節は、次のような内容である。

ある中国人会員は、日本には次の三つのグループがあるとした。

⑴　反動、軍国主義者、産業家、狂信的民族主義者など。彼らは最も超国家主義的で、最も信用がおけない。彼らがどの位占領政策を攪乱しうるかは、連合国の統治能力にかかっている。

⑵　穏健派、自由派。それほど超国家主義的ではないが、なお愛国的・皇国主義的で、連合国の対日政策の性格によって、どの位彼らが依拠するに足りるかも決まる。彼らが責任ある地位を保とうとすれば、一大勢力となりうる。

⑶　大衆政党、社会主義政党、共産党などの指導者たちよりなる革新派。日本に社会的攪乱が生じなければ、その力は大きくない。社会的攪乱が生ずるには外部の支援ないし干渉が必要

であろう。彼らは(1)(2)より遙かに非民族主義的・非帝国主義的であるから、相対的には最も信頼するに足る。

この分類は主として、信頼に値するか否かを基準として立てられたもので、信頼可能性・勢力・利用可能性という三つの基準の区別可能性をめぐって討論は難航した。グループ(2)は過渡的には便宜上利用しうるが、必ずしも信頼がおけないとかいうこともある。財閥の力は、その利用可能性と結びつくかもしれない。一部の会員は、財閥はその巨大な力と日本経済への支配力の故に敗戦後も存続し、終戦直後に連合国に利用されうると説いたが、戦争末期には経済構造が瓦解して経済的混乱に陥り、財閥も生き残れまいという者もあった。

軍部についても同様の議論が行われた。何が起ろうと軍部の支配力を根絶することは不可能で、財界人や知識人は軍部を信頼しなくなるかもしれないが、無知で軍部に洗脳されている農民の間ではその威信は残るという者もあり、「軍閥は日本の根底をなす土に帰る。これを外圧で根絶することは不可能だ」と力説した者もいた。それに対し日本の大衆は戦争の艱難を一身に受け生活水準は最低となるから、指導の仕方によってはこの災禍をもたらした軍国主義者たちを排撃するように導くことも可能だという議論も出た。また農民を一概に保守的なものとみなすのは適当ではなく、彼らの中には革命的可能性が潜んでいるという者もあり、軍部は信用を失墜して存立しえなくなるだろうという者もあった。

この軍部評価の対立は、敗戦後日本の民主的勢力の可能性をめぐる一層尖鋭な対立へと発展した。一部の会員は知識人、下級官僚、小企業者、左翼など軍国主義に抵抗した人々の存在を指摘したが、いわゆる穏健派も自由主義者も過激派もその勢力は弱く、威信は低く、戦後、安定政権をつくることは難しかろうという者もあった。一人の会員は、日本には未だ民主主義の現実的基盤はなく、民主主義はとってつけたように、特に勝者によってつくり出されるものではないと力説した。日本の穏健派は連合国に支援されているという理由だけからでも国民から不信の念をもって見られ、「愛国者」たちによる暗殺の危険が迫るだろうと唱えられた。この困難が存在することは一般的に受け容れられたが、イタリアでは反ファシズム勢力が我々の予想より早く成立した事実を指摘する者もあった。もっともその発言者自身が「日本とイタリアは違う」ことを容認した。日本の支配層は民衆的・反軍国主義的勢力の力を恐れている、その証拠に巨大な弾圧機構として警察と憲兵隊を維持しているとも指摘された。

他方、日本史上激しい農民暴動が存在したこと、明治維新においても農民蜂起が先行して、それがやがて弾圧されたことを指摘する者があった。農民の中に「停滞的」農民と「革命的」農民があるのか、いや農民は二本の砲身をもった銃で、その一本は軍国主義者によって外に向けさせられているが、もう一本はその軍国主義者に向けられているのだという説も出た。またその発言者は、日本の農民問題は、全世界的変動の一部としてとらえることが可能かもしれない、アジアでもヨーロッパのある部分でも、農業問題は尖鋭化しており、全世界的規模での社会的・経済的変革を醸成していると述べた。

日本の労働者階級には余り議論が及ばなかったが、延安で日本軍捕虜の再教育に当っている日本共産党の指導者岡野進が、日本国内のあらゆる反対勢力を結集することを企てており、将

来重要な役割を果たす可能性があると指摘した者がいた。(5)

岡野・鹿地・エマソン

この岡野の構想を実現しようとして奔走したのがジョン・K・エマソンであった。エマソンは一九三六年より四〇年秋まで東京と台北に勤務した日本専門家で、当時はCBI戦線（中国・ビルマ・インド戦線）で日本人捕虜の再教育など「心理戦」の研究と実践に従事していた。ウォレス使節団の重慶到着より三日前の一九四四年六月一七日に重慶に到着して、ゴース大使のもとで大使館の二等書記官に任命された彼は、同地で日本人捕虜を組織して「反戦同盟」を指導していた鹿地亘と接触した。罷免されたスティルウェルが重慶を去った翌日の一〇月二二日に、ディクシー・ミッションの追加人員として、ジョン・デーヴィスとともに延安を訪れた彼は、同地で岡野らの日本人民解放連盟と深く接触した（岡野は英語も上手だったが、会話は日本語で行われた）。彼は鹿地や岡野について、幾度も本国に報告を送っている。「日本共産党」と題する一九四五年一月三一日付通信は、次のような序文から書き起こされている。

日本のファシズムは反対派を完全に抑圧してしまったので、国内に不満分子が存在するか否かは疑問視されてきた。そこで廃墟の中から日本を再生させるにあたって唯一希望がもてるのは現政権ないし旧政権内の人材である「穏健派」の他ないといわれている。本当にそうか。我々は戦後日本について政治責任を免れることができない以上、我々の側に立ちうる諸集団の勢力を評価しなければならない。日本共産党もまたそのような諸集団の一つである。

英国においては、産業革命は紡織機と蒸気機関の発見の衝撃のもたらした社会的衝撃に始まる長期的過程であったが、日本の産業革命は停滞した封建制と完全に開花した工業との突然の遭遇から始まった。それに伴ってプロレタリア意識も芽生え始めたが、江戸時代に既に発達していた警察力は直ちにこの大衆運動の急激な成長の弾圧に乗り出した。このように一方において民衆の社会意識が未発達であり、他方において様々な障碍や弾圧に悩み続けた状況の中で、自由主義的・プロレタリア的運動が勃興し、かつ一定限度栄えたことは一層注目に値する。敗戦に伴う混乱の中で、これらの諸勢力は、真に民主的な政府をもたらすために結集するであろう。この時こそ彼らにとって千載一遇の歴史的機会である。

これに続いて彼は日本共産党の歴史を述べ、同党が満洲事変を帝国主義戦争として糾弾し、蘆溝橋事件の際にも大都市において「強盗戦争」糾弾のビラをまき、出征家族などへの働きかけを続けた、一九四三年の議会においてさえ内務大臣は共産党活動がなお存続していると述べている、と指摘している。続いて同党のソ連との関係にふれ、岡野は「同党のモスクワとの結びつきは最初から緩かった。警察の監視、地理的要因によってコミンテルンと日本共産党との連絡はきわめて困難で、通信は絶対必要な場合にのみなされた。——日本共産党は最初から地下組織であったから、最初から独立的であらざるをえなかった。〔一九四三年の〕コミンテルンの解散は、日本の党をさまざまな制約から解放し、また共産党員がモスクワの手先だとして攻撃・弾圧されることもなくするから、よいことである」と語ったと報じている。

一九四四年現在の日本共産党の勢力については、岡野は、太平洋戦争勃発以来連絡は少ないが、三千人から四千人の党員がおり、二千人以上の党員、同調者が獄中にいると述べ、最近は弾圧の故に新党員を加入させない方針をとっているから党員数は実勢よりずっと少ないと述べた。彼によれば、現在中央委員会は大阪にあり、東京、横浜、神戸、仙台、行橋〔福岡県〕、北海道に細胞が、また北京、天津、上海、京城に支部がある。弾薬工場、名古屋の飛行機工場、神戸の造船所などに党員がおり、ラジオ放送関係者や船員にもいる。一九四〇年より大阪で『嵐をついて』という秘密出版の月刊紙を出し、また『人民の声』という本を出した。しかしそれ以後は不要な犠牲を避け、力を温存するために、公然活動を停止することにした。しかし一九四一年の名古屋と川崎でのストライキには共産党も関与している。

続いて共産党の可能性については、エマソンの観察として、以下の六点を挙げている。

1　日本共産党は小さく、連合国上陸の際に、サボタージュや重要な軍事的貢献をなしうるとは思えないが、日本国内における唯一の地下反抗組織であるから、その軍事的・政治的可能性は無視しえない。

2　敗戦の接近につれて、日本内外の情勢は国内の共産党や同調者の勢力の増大を促すであろう。

3　敗戦が必至となれば、一九三一年以来の軍事拡張政策に一貫して反対してきた唯一の集団として、共産党の威信は高まるだろう。

4　戦局の進展に伴い、日本にスパイを送って地下の共産党と接触し、国民の間に敗戦気分を醸成したり、連合国の上陸の際の受け容れ態勢を準備したり、国内情報を我々に送らせたりすることの意義が増大するだろう。

5　共産党もまた一定限度サボタージュや産業ストライキを組織しうるかもしれない。日本の戦局が破綻を深めて行くにつれて、このような行動が奨励さるべきである。

6　戦後の日本政府として我々が依拠すべきものは、民主的・反ファシスト的諸勢力の人民戦線であり、共産党はその中核となりうる。共産党員を含む在外日本人を組織した「日本解放」(Free Japan) 運動を結成すれば、それは国内の同調者たちに励ましとなり、終戦前には心理戦の強力な武器となるとともに、戦後には政治的結集の中心となるであろう。

続いてエマソンは、岡野の戦後構想を次のように紹介している。

彼は戦後日本の政体については、穏健な民主政体を提案している。彼の日本に関する綱領は、中国共産党の中国に関するそれと同様に、まず民主化し、やがて資本主義の崩壊と社会主義国家の樹立に導くというものである。岡野は「三二年テーゼ」を修正している。例えば「テーゼ」は議会制に反対しているが、岡野は貴族院だけに反対している。「テーゼ」は地主制と独占資本主義の廃止を主張しているが、岡野は地主制廃止の第一歩として、まず不在地主の土地を政府で買収せよと唱え、また大企業に対する政府の統制を主張するのみである。彼は中国共産党と同様、財産没収は実際的でもなく望ましくもないと考えている。

最後にエマソンは次のような観測と主張をもってこの報告を閉じている。

ロシアが対日戦に参加するにせよしないにせよ、日本と中国の共産化を歓迎することは必至で、日中両国が共産化すれば、ソ連の極東支配は不可抗の事実となる。米国は、戦後日本の政治的方向に決定的な影響力をもっており、そこで積極的態度をとらないと、ソ連など他の諸国が我が国にとって長期的に有害な政策を大胆にとり、状況を制してしまう可能性がある。我々が民主的日本を望むならば、その建設のために統一しうる一切の勢力を激励しなければならない。共産党もまたそのような勢力の一つである。米国が日本の内外にある共産主義者を援助することは、日本をソ連に明け渡すことではなく、却って日本政治を米国の望む方向へと導き、将来の太平洋情勢を望ましい方向に発展させることである。

共産党には政権を掌握するほどの力はない。彼らはさし当って、歴史上初めて合法化されることで満足するであろう。将来は彼らも政権を狙うだろうし、日本は彼らにとって豊饒な土壌である。しかし我々は、積極的政策をとって、日本が再び我々に危険な存在となることを防止しなければならない。戦争のもたらした憎悪にもかかわらず、日本人はロシア人より我々アメリカ人を好んでいる。我々は好機を逸すべきではない。

この後に彼は資料として、「三二年テーゼ」、岡野のパンフレット「コミンテルンの解散について」、岡野の語った共産党の政策、日本共産党の重要な代表者の経歴を付している。その中に市川、春日、国領、宮本、志賀、徳田などの幹部にまじって、秋田雨雀、藤森成吉、永田広志、千田是也、福本和夫などの名も見える(6)。

エマソンの岡野に対する心酔ぶりを窺わせるのは、「自由中国における日本人革命家たち(7)」と題する同年三月三日の通信である。岡野、鹿地、および青山和夫を紹介したこの報告書の中で、次のようにいう。

岡野は明晰な思想家でかつ指導者たる器《うつわ》である。正規の高等教育を受け、世界を広く旅行し、諸国のさまざまな社会体制に通暁している、彼としばらく接触したアメリカ人観察者によれば、彼は現在の軍閥・財閥寡頭支配体制に一貫して反対してきた。しかしこの不動の決意はユーモアのセンスと思慮深く建設的な教育者の心性によって緩和されている。

彼は日本人民解放連盟の父である。その自由中国部会に関する限り、この連盟はむしろ一種の大ゼミナールとよんだ方が当っている。ただし出席者たちはこうしてうけた訓練を実用すべく、いつ特別の任務のために呼び出されるかわからない。彼らは岡野教授のもとで日本を蝕む制度的病理、その治療法を学び、また多くの者は同時に宣伝、間諜、その他日本の支配を弱体化させるための特殊な技術の訓練を受けている。

解放連盟の綱領の大綱は、岡野の最近の、全世界の日本人に呼びかけた声明によって知ることができる。それはすべての日本人に対し、来たるべき民主日本の建設という目標を示したものので、その民主日本において、共産党は人民の一部としてこれに参加するが、他の諸集団の代表もその人民の支持の強さに応じて参加する。

岡野自身は紛れもない共産主義者で、この彼の提唱する自由日本の中で彼が共産党のために戦い続けることは疑いない。しかし重要なのは、注意深い米人観察者たちが確信するところでは、彼がこの多党制的枠組を、本気で樹立しようとしていることである。

連盟の構想の一部を示すと、

第一段階（戦闘停止）――大資本家の利得の停止

第二段階（永続的平和の樹立）――軍国主義者からの政治権力の奪取、軍備の縮小、徴兵制の廃止、平和外交、世界的平和組織への参加
第三段階（自由と民主主義に基づく政治制度の樹立）
第四段階（経済の再生）――軍事費の大幅削減、銀行の国家統制、全国的市場計画、土地改革、互恵的貿易、軍人（捕虜を含む）の家族への援助

岡野は彼の行った訓練の成果を過大評価はしていない。共産地区に来た四四二名の捕虜と非戦闘員の難民のうち、連盟の教育、任務への参加を拒否した者は僅か二〇名、しかし残りの四二二名のうち「民主日本」のために戦う用意のある者はせいぜい四〇パーセントだと岡野は推定している。他の四〇パーセントは状況がやむを得なければ仕方なく民主日本を支援するだろう、残りの二〇パーセントはおつきあいで参加しているだけで、無関心ないし敵対的だという。

岡野は鹿地との協力に積極的で、唯一の障碍は鹿地が国民党政府と結びついているところにある。この二人はある程度定期的に、間接的方法で連絡することができると信ずる根拠がある。

鹿地については、次のようにいう。

鹿地は永年の経験をもつ革命指導者で、日本政府は以前から共産主義者として目星をつけている。彼が日本から脱出せざるをえなかった主たる理由はそれである。しかし彼自身は、「私は共産党員だったことはないし、今は共産主義者でもない」といっている。岡野もその発言は正しいと述べた。

均衡のとれた人格、思想、活動目標など、鹿地と岡野には共通するところが多い。彼も岡野

と同様軍国主義者の支配を覆すことを目標としている。鹿地はさらに、日本を真に人民の支配する国にすることを目指している。

鹿地が中国に来たのは一九三七年らしく、中日戦争の開始とともに、日本人捕虜やその他の自由中国にいる日本人を結集して、軍国日本反対運動に動員し、未来の新生民主日本の国民に仕立てることに尽瘁しようと志した。一九三八年ごろ陳誠将軍に会い、日本人を中国支持の宣伝活動や秘密活動に利用するという彼の当面の綱領に対する支持を得た。

まず漢口地区の日本人捕虜・抑留者を組織し、一九三九年に日本人反戦同盟を結成した。彼の中国での活動の初期に岡野と接触した可能性はあるが、今のところその証拠はない。

一九四一―二年における国民党の反動化とともに、国民党政府当局〔陳立夫教育部長――長尾〕は、一切の軍閥支配に反対するという反戦同盟の思想に危険を感じたとみえて、同盟を公式には解散させた。ただ鹿地は個人として訓練・宣伝活動を継続することが認められ、当局も協力した。

彼は今でも国防委員会の許可のもとで活動しており、重慶に少数の学生と助手をもつ他、貴州の捕虜収容所の二〇〇人ばかりの捕虜の中に相当数の追随者をもっている。彼は屢々重慶および貴州のメンバーと円卓会議を開く。彼らの多くは毎日パンフレットなどの文書の作成にあたっており、OWI重慶もそれを利用している。

これらの文書はOWIワシントンを通じて入手可能と思うが、ここで鹿地自身の執筆したもののうち、特徴的なものを紹介してみよう。最近の連合国民向けのよびかけ「解放への日本人民の闘争について」の中で、彼は次のように書いた。

「一九四三年一二月、私は貴州の捕虜収容所を訪問し、捕虜将兵たちより、抗日戦争勃発以来未だ経験しなかったほどの熱烈な歓迎を受けた。これこそ心の底からの反戦平和の熱情である。もはや日本人全体が、軍国主義者の宣伝に満足しなくなり、それを盲信しなくなった。事実は隠しきれなくなり、外国からの情報が戦局の変化を知らせている。

彼らが今衷心より望んでいるのは、軍が宣伝と脅迫によって説いている『戦争の完遂』ではなく、この破滅的戦争、民族的自殺からいかにして免れるかである。」

鹿地の主張や演説についてもっと詳しいものが必要なら、いくらでも手に入る。彼は親しみやすい人柄で、重慶で頻繁に講演し、円卓会議で発言し、著作を公刊している。

一九四五年一月一五日に、エマソンは鹿地と国民党軍の捕虜収容所を訪れ、彼らが鎖に繋がれているのをみた。(8)

エマソンの戦後構想

エマソンは、日本本土上陸にあたって連合国に協力する在外日本人の組織化を構想した。この案の創唱者は鹿地だといわれるが、エマソンは回想録の中で次のように述べている。

日本の降伏を日本国民に呼びかけ、占領軍に協力する日本人の国際組織をつくるというアイディアは、延安や重慶では素晴らしいもののように思われ、鹿地も野坂〔エマソンは回想録の中では本名でよんでいる〕もこの企画を熱狂的に支持した。……日本への締めつけは強まっていたが、なお戦局の前途は遼遠で、終戦のためには日本本土上陸〔本土決戦〕が必要だという統合参謀本部の見解を我々は信じていた。一九四五年二月の雰囲気の中では、私の次のような提案の趣旨は、説得力ありげにみえた。

「日本人は侵入する敵に対して狂暴に抵抗するだろう。従ってその抵抗を少しでも緩和する可能性のあるいかなる行動も考慮に値する。そのためには、我々の側に立って、幻滅し組織も士気も解体に瀕した人々に対案を示そうとする、日本国民に名の知られた日本人による組織をつくることが、最善の手段である。」

この組織が亡命政権の性格を有するものでなく、何らかの政治的野心をもつものでないことも、当初から明確であった。それは非政治的で、「早急な終戦、軍国主義の打倒、戦後日本における民主化の奨励」という単純な原則に献身すべきものであった(9)。

二月初頭に帰国したエマソンは、国務省で工作を開始するとともに、米国在住の日本人への説得に取りかかった。

問題は日本において有名で権威をもつ指導者を見出すことであった。適任者といえば、大山郁夫をおいてはない。彼は長い間教授で、軍国主義への反対者で、労農党の委員長で、国会議員であった。彼はシカゴ、ミュンヘン両大学に学び、早大教授、毎日〔「朝日」の誤り――長尾〕新聞論説委員を歴任、一九二〇年代の学生運動に関与した。……一九三二年渡米、一九四五年には米国の日本研究者として有名なケネス・コールグローヴの世話でノースウェスタン大学に属していた。野坂も鹿地も、彼を日本人の国際組織の指導者となるよう説得する手紙を私に託

した。(10)

しかし彼はシカゴで大山に会う前に、ニューヨークで石垣栄太郎・綾子夫妻に会った。

栄太郎氏は画家、綾子女史は文筆家である。会った場所はレストラン・ミヤコ。これは戦争中ずっと繁盛していた唯一の日本料理屋で、五十五番街にある。夫妻はこの計画に大いに乗り気であった。栄太郎氏は真面目人間で教条主義者、綾子氏は活発で鋭敏で、かがやく眼と喰い入るような視線の持主であった。彼らは一九二六年以来米国に住み〔栄太郎は一九〇九年渡米――長尾〕、ニューヨークの日本人街で自由主義左派の人々と親しく、石垣女史は労働関係の出版物の編集者であった。彼らが共産党員かどうか私は知らないが、綾子女史は謎めいたいい方で、そうであるかのような示唆をした。(11)

この石垣女史とは、先にふれたハル・マツイ女史の本名である。彼女が米国共産党員であったかどうかは分明でないが、China Aid Societyなど、その外郭団体のようなものに属して、反戦・中国支援活動に従事し、戦時中は戦時情報局（ＯＷＩ）日本デスク係長であった。石垣氏の回想――

若々しく鋭い感覚をもつ外交官のエマーソンは、まじめな熱心な表情で、対日政策について話しだした。……「御連絡したように、アジアに恒久平和をもたらすには、民主日本の再建をはからなければなりません。この構想の一端として、在米日本人の進歩的グループの組織作りに、ぜひお骨折をお願いしたい。戦後日本に民主革命を実現させるためです。……私は四月上旬にサンフランシスコへ旅行しますから、その帰途、各地に立ちよって、シカゴの大山郁夫氏その他の自由主義的な日本人に働きかけるつもりでいます。中国にいる反戦日本人グループにも働きかけて、在米日本人とともに帰国後の日本再建の基礎づくりをお願いしたいと思って、四四年に延安に二か月ほど滞在したとき、岡野進〔野坂参三〕氏と、そのグループの解放同盟のかたがたにも私の案を話し、協力の約束を得ました。どうでしょうか、百五十人から二百人ぐらいの組織が在米の日本人にできるといいですがね。いずれ国務省の承認を正式に得るように目下交渉中です(12)」。

エマソンは大山への説得の仲介を石垣夫人に依頼した。「大山先生は私の旧師であって、学生時代に私は早稲田の社会科学研究グループの一員として、戸山ケ原の教授の自宅に毎週土曜日の午後に集まった。その後、何十年も会わなかった旧師をなつかしく思い、私はさっそくエマーソンの言葉を手紙で伝えた」。だがそれへの回答は拒否であった。

「在米日本人の民主グループの組織には賛成するが、敗戦の日本に、アメリカの勝ちほこる占領軍とともに乗りこむことは、きっぱりおことわりする。勝者の権威をかさにきて、どうして民主革命を日本にもたらすことができるであろうか。私はあくまで個人として日本の土を踏み、新しい祖国建設のために尽すつもりである(13)」と。

エマソンは回想する。

夏が過ぎていくにつれて、この自由主義的日本人の組織という企画に、私は関心を失った。祖国で尊敬されそうな指導者がいない。それに熱心なのは共産主義者か自由主義左派の人々ばかりであったが、ヤルタ会議から戻ったばかりのチップ・ボーレンは金曜日の昼食の席で私に「それは共産主義者の『前線』組織になりかねないよ。一旦始めるともう我々の統制できない勢力のとりこになる可能性があるよ」と注意した。七月になるとこの企画はＯＳＳ〔Office of Strategic Services. ＣＩＡの前身〕主導の「闇」の作戦となり、私が当初理想主義的に描いていた純粋で民間的な性格を喪失してしまった。終戦は私のアイディアに終止符を打った。[14]

アンドリュー・ロス『日本のディレンマ』

エマソンの挫折にもかかわらず、左翼政権樹立、野坂登用などのアイディアは、なお「アメレジア・グループ」によって懐き続けられた。終戦直後の一九四五年八月二七日号の『ニュー・リパブリック』誌の中で、トマス・ビッソンはグルー一派の対日政策は、「旧体制を一掃するに足るほどラディカルで強力な大衆運動を育成」する意志をもたないと非難し、占領軍が「岡野進の再入国を許可するか否か見守りたい」[15]としている。また終戦直後に出版されたアンドリュー・ロス『日本のディレンマ』は、戦後の新生日本を担うべき勢力として、「危険思想」の故に獄中にある人々と、岡野に率いられた延安の解放連盟、鹿地に率いられた重慶の反戦同盟の重要性を力説している。[16]もっともロスも戦後日本に野坂政権をつくれと主張しているわけではない。曰く、

一九四四年夏、岡野進が米英人記者に語ったように、連盟の綱領は戦後長期に亘って日本を民主的資本主義の時期とすることを規定している。岡野が「私の生きている間は、民主日本が実現すればそれで満足です」と一記者に語ったように、彼は社会主義の実現を遠い未来のことと考えている。軍国主義者の打倒、軍国主義者と戦争責任を負う政治家の追放による民主政治の確立、普通選挙、民主的人権の保障、天皇の権力の制限が、岡野の唱えるところである。彼

はガンサー・スタインに「我々は天皇でなく民選大統領をよしとする」といったが、一挙にそれを実現しようとしているわけではなく、ハリソン・フォアマンには「今『天皇打倒』を叫ぶのは、多数の日本人が天皇を神と崇めているところからみて適当でない」と述べた。もっともヒロヒト自身には相当の戦争責任があり、連合国が彼を戦犯として裁くことには反対しないと付け加えた。

経済上は、「大独占資本」を政府の統制下におき、平和産業に転化させる。土地問題については、不在地主の土地の買い上げ、こうして生じた国有地を小作人に耕作させる政策を唱えている。また八時間労働制、団体交渉権、団結権、ストライキ権の承認による労働条件の改善も主張している。

鹿地や岡野の上述のような活動、その穏健な政策は、連合国の戦後政策への直接的挑戦である。連盟は軍国主義イデオロギーの正体を暴露し、これを国民大多数の生活を向上させる綱領によって置き換えることによって、日本の庶民の支持を獲得することができると信じている。しかしこの庶民の心をとらえる能力は連盟の独占物ではあるまい。解放連盟やその系列の団体が強くなり過ぎることを危惧する人々は、他の日本人団体が社会福祉の面で何もしない限りにおいてのみ連盟は拡大しうるということを悟るべきである。民衆の要望に応える他のもっと穏健なグループを激励すれば、もっと幅広い背景をもった指導層が民心を獲得することもできよう。日本の民衆が親ソ派になることを恐れる者もある。しかしそれは米英が農民・労働者・小企業の困難を無視して、古き支配層の残滓にのみ眼を向けるならそうなるというに過ぎない。(17)

こうしてロスは「軍国主義・侵略主義勢力の追放、財閥の独占支配の破砕、政治的・経済的民主主義という最小限の綱領に合意しうる広汎な政治集団の連合」の育成を、戦後日本政治の望ましい姿として提唱する。[18]

ラティモアはこの『日本のディレンマ』の裏表紙に、次のような推薦文を寄せている。

アンドリュー・ロスは説得的に日本の問題を分析した。彼の意見は事実を基礎として論理的に考え抜かれたものであり、傾聴に値する。彼は、日本人でさえも信じていないような神話に目を晦まされた旧派の日本専門家とは異なる、新たな日本研究者のグループの一員である。

これは、後述する『アメレジア』事件でロスが逮捕された直後に、ボルティモアのラティモア宅をゲラ刷りをもって訪れた際、ラティモアが書いたものであろう。[19] ラティモアの著書『アジアにおける解決』第二章の冒頭において、この神話（「聖なる牝牛」）の第一号が天皇信仰であり、それを信ずる旧派の日本専門家の代表がグルーであることが明言されている。[20]

ロスは九月号の『ネーション』誌で、獄中にある「民主主義の闘士たち」（champions of democracy）の釈放をよびかけた。[21] これを受けて府中刑務所を訪れ、徳田球一、志賀義雄、金天海などの釈放にあたった人々の中に、エマソンとハーバート・ノーマンがいた。ノーマンは日本の講座派マルクス主義の影響下で、江戸時代の百姓一揆から自由民権運動への流れの中に民主主義革命の可能性を認め、明治政府の本質を、これを抑圧するための反革命としてとらえた日本史家であり、獄中の「民主主義の闘士たち」を日本の革命的潮流の後身とみていた。ラティモアは、このノーマンを、日本人の日本論を鵜呑みにしない例外的な日本専門家であるとし、「この若きカナダ人は、日本語の文献を広く渉猟しており、若くして既に日本の経済・社会・政治について、現在の最も権威ある分析者である」と称揚している。[22] one of the most authoritative analystsではなく、the most authoritative analystとしているところに注意すべきである。ラティモアは敗戦と同時に日本に革命が起きることを予見し、グルーの対日政策はこの革命の抑圧を策するものと解していた。ラティモアは明治六年の徴兵令が農民革命抑圧のダムとして制定され、そのダムの吐け口として大陸侵略政策が不可避となったというノーマンの分析を援用し、[23] ロスは農民一揆と自由民権運動の民主革命的性格を強調した箇所でthe brilliant young Canadian scholarノーマンの著書を引用している。[24]

一九四五年一〇月一〇日、獄中の日本共産党指導者たちが釈放された直後の在日米軍の新聞『パシフィック・スターズ・アンド・ストライプス』（一〇月一三日）に次のような記事が出た。

> 作家で、戦時中のＯＷＩの一員だったハル・マツイ女史は、ニューヨーク市タウン・ホールにおける人民会議集会において、日本政府の中核は「釈放されたばかりの解放連盟以外にはない。現在の内閣には変革は期待できない。日本は手術なしには生命を保てない病人であり、そのために戦争はその犠牲に値するものだった」と語った。[25]

ハル・マツイ女史とは石垣綾子に他ならない。

（1）　ガンサー・スタイン『延安―一九四四年』（野原四郎訳、一九七六年）二八九頁。

（2）　"A New Far Eastern Policy? Japan versus China," *Amerasia*, Vol. 8, No. 12, June 9, 1944.

（3）　"Visitors to Yenan," *Amerasia*, Vol. 8, No. 14, July 1944, p. 213.

（4）　"Candidates for Post-war Leadership in Japan: Ozaki and Okano," *Amerasia*, Vol. 8, No. 15, Aug.

1944.

(5) International Secretariat, Institute of Pacific Relations, *Security in the Pacific*, *A Preliminary Report of the Ninth Conference of the Institute of Pacific Relations*, *Hot Springs*, *Virginia*, *January 6-17, 1945,* pp. 23-26.

(6) *The OSS Documents*, National Archives, Washington D.C.

(7) "Japanese Revolutionaries in Free China," *ibid*.

(8) Emmerson, *The Japanese Thread*, pp. 211-12.

(9) Emmerson, *op. cit.*, pp. 223-24.

(10) Emmerson, *op. cit.*, pp. 225-26.

(11) Emmerson, *op. cit.*, p. 228.

(12) 石垣綾子『さらばわがアメリカ』（一九七二年）二三二―三三頁。

(13) 石垣『回想のスメドレー』一四四頁。

(14) Emmerson, *op. cit.*, p. 230.

(15) Bisson, "Japan's Strategy of Revival," *The New Republic*, Vol. 113, No. 9, Aug. 27, 1945.

(16) Andrew Roth, *Dilemma in Japan*, 1945, pp. 5-6.

(17) Roth, *op. cit.*, pp. 270-71.

(18) Roth, *op. cit.*, p. 272.

(19) *Hearings on the Institute of Pacific Relations*, p. 3555. Cf. Lattimore, *Ordeal by Slander*, p. 79.

(20) Lattimore, *Solution in Asia*, pp. 27-29.

(21) Roth, "The Prisoners We Forgot," *The Nation*, Sept. 29, 1945, p. 306.

(22) Lattimore, *op. cit.*, p. 38.

(23) Lattimore, *ibid*.
(24) Roth, *Dilemma in Japan*, p. 172.
(25) *Pacific Stars and Stripes*, Oct. 13, 1945.

第三部　対日終戦

10　『アジアにおける解決』

ラティモアの新著

一九四五年において、ラティモアは最も著名な、また権威ある極東専門家の一人であった。延安を含むアジアの奥地への幾度もの旅行体験、中国語・モンゴル語・ウィグル語等々の能力、『パシフィック・アフェアーズ』編集長、蔣介石の政治顧問、OWI極東部主任という前歴などは、知見において、その有する情報において最高の極東専門家にのみ可能なものであり、その経綸もまた最高度の傾聴に値するものと思われた。OWIの公文書綴りの中にさえ、ラティモアへのファン・レターが混じっていたりするほどである。

このような中で、一九四五年早春、彼の極東問題についての分析と経綸を歯切れよく凝縮した『アジアにおける解決』が公刊された。日本でいえば新書版のような、小型で活字の大きい僅か二〇〇ページの小著で、二つの講演を基礎にしたreadableな書物である。当然極東問題の入門書として広く読まれ、また極東専門家の間にも大きな反響をまき起こした。トルーマン大統領が記者団に対して日本の降伏を発表した時、机上にガンサー『アジアの内幕』とラティモアの本書がおかれていたという話もある(1)。

本書は終戦後日本にやって来た占領軍の施政官たちの座右の書の一つであったといわれている。だが栄光と危険は背中合わせである。本書がなかったならば、彼が後にマッカーシズムの主要な標的となり、国民党支持者、「日本派」、反ソ派などの、憎悪にみちた集中攻撃の中心的標的となることもなかったであろう。

「中国派」と「日本派」

当時は「中国派」と「日本派」の対立がいよいよ頂点に達しようとしていた時期であった。一九四四年一二月、ジョセフ・グルーが国務次官に任命された時のことをロスは次のように記している。

　このグルー氏の任命は嵐のような騒ぎを惹起した。……グルー氏は騙され易い貴族主義者で、戦後日本において反民主的勢力を擁護し、侵略国家としての日本の再生に基盤を与えようとする保守的な国務省内「日本派」の代表者だというのがその批判であった。フィラデルフィア『レコード』紙の一二月六日版……は、グルー氏は「ヒロヒトと取引することを頻りに唱え、安定した平和的政権の中心はミカドだと主張している」と指摘し、『PM』紙は、日本で新聞記者、アルジェンチン領事を勤めたことのあるラモン・ラヴァル氏に論評を依頼した。同氏は一九四三年、祖国が連合国と協調しないことに抗議して領事を辞職した人物である。グルー氏任命の当日、同紙でラヴァル氏は、グルー前大使は「共産主義への防壁として敗戦日本に天皇制を維持しようとする英米保守派」の同類だと指摘した。その翌日の同紙で、ラヴァル氏は、グルー氏が「個人として誠実であること」は認めるが、国務次官への任命は「困ったことだ」と述べ、駐日大使時代の彼は日本に対し「宥和政策」をとり、「日本の貴族層の敵性を過小評価した」、

「その彼は今彼らの味方としての性格を過大評価している」と批判した。……

『ＰＭ』一二月一五日の論説で、Ｉ・Ｆ・ストーンは、グルー一派の思想に対し次のような痛烈な論評を加えた。……

「グルー任命への反撥は、彼が過去に過ちを犯したことだけによるのではない。上院外交委員会での彼の発言をみれば、彼が今でもその誤謬を擁護していることは明らかである。ヨーロッパにおけるチェンバレンと同様、彼は極東において、まさに日本の侵略を抑止すべきその時に、それに反対した。当時の英国の駐独大使ネヴィル・ヘンダソン卿がドイツで上層階級のみと交際したように、グルーも日本でそうした。グルーは『軍国主義者を強化しないため』『軍国主義者を抑制しようとしている（とグルーのいう）日本の財界人や天皇の立場を危うくしないため』と称しては、中日戦争における中国支援活動に反対した。これは神話であり、願望成就的思考である。

上院外交委員会におけるグルーは、この種の思考を変えていないことを示している。日本国教の核心・象徴であり、世界征服の企図の焦点である天皇を、彼は今でも『平和日本』のために用いようとしている。上院議員諸氏よ。こういう考えは、日本の支配層に、『平和的』でさえあれば、戦後も、我々の援助のもとで、権力を維持するために利用される危険な考え方ではないかどうか一考を願いたい。彼らが『平和的』であるのは、もう一度侵略できるほどの力を蓄えるまでのことかも知れないではないか」。……

グルー氏は、富裕なグロトン・ハーヴァード卒、貴族出身のアメリカ外交における代表者で

あり、今や大きな誤りの可能性が強い対日政策の象徴にして代表者である。(2)

一九四五年早々に、ヴィンセント国務省中国課長は、ラティモアを国務省顧問とする案をグルー次官に提出したが、グルーは「ラティモア氏のように多方面に意見を発表している人は、国務省にはふさわしくない」と述べて、この提案を却下した（ヴィンセントの趣旨は、新疆や外モンゴルに関する専門家が必要だというにあったという(3)）。この却下理由は名目であって、実際にはドゥーマン三省調整委員会（SWNCC）極東部会議長（*ref* p・259）が、「この数カ月あらゆる機会をとらえてグルー氏の信用を失墜させようとしている人物を、グルー氏のもとで雇傭するのは筋が通らない」と強硬に助言したからのようである。(4)

極東専門家批判

このような中で刊行された『アジアにおける解決』は、冒頭から激しいグルー攻撃である。第一章「戦争と政治におけるアジアの重要性」は、これまでの欧米の極東専門家は現地語も学ばず、旅行もせず、迎合的な現地人の英語の情報に依拠して、極東通の顔をするから間違いばかり犯すのだと指摘し、その第一の鋒先をグルーに向ける。

真珠湾攻撃まで二カ月もない一九四一年一〇月二〇日、我が国の東京駐在大使は、鈍行帝国主義者近衛公より超特急帝国主義者東条大将への政権移行について、米国の新聞やラジオが「ほとんど例外なくこの交替を日本のロシア攻撃その他日米衝突を不可避とするものと解している」ので、「そういう米国内の観測が正確でないことを示す幾つかの要因を、事実と妥当な推測

に基づいて指摘しておきたい」と考えた。その結論というのは――、

1　「近衛公爵辞職の合理的動機は、同公爵が、日米対話は、陸軍の指導者で、その支持を受けている者が首相になった方が、迅速に進展するであろうと考えたこと」。

2　「東条内閣の側でも対話を継続しようとしている徴候がみられる。この内閣を対米武力衝突政策のための軍事独裁政権と考えるのは早計である」と（*Ten Years in Japan*, pp. 459-460)。

真相は真珠湾攻撃のために約二カ月間時間をかせぐ必要があったのだという以上の論評は、今更無用であろう(5)。

グルー『滞日十年』のこの箇所は、「アメレジア・グループ」が繰り返し攻撃対象としたところで、ロスもいう。

『滞日十年』一九四一年一〇月二五日の記載は次のようなものである。

「ある信頼すべき日本人情報提供者が私に次のように述べた。近衛内閣辞職の直前に枢密顧問官と陸海軍の要人たちが天皇に招かれた、天皇は対米非戦を保障しうる方策如何を尋ねたが、陸海軍代表は答えなかった、そこで天皇は祖父明治天皇の進歩的政策に言及しながら、陸海軍に自分の希望に従うよう命じた、天皇のこの決然たる態度によって、陸軍を統制しうる立場の者、即ち東条が首相に任命されたのである、と」。……奇妙なのは、……彼の祖父明治天皇が、平和維持を促進するような「進歩的政策」をいつどこでとったのかである。明治天皇の治世は、対中・対露戦争において頂点に達する戦争また戦争の連続であり、戦間期は次の戦争の準備期

に過ぎなかったではないか。ヒロヒト天皇が、祖父の戦争につぐ戦争の統治を、戦争避止の根拠に援用した理由がわからない。しかしそれ以上にわからないのは、大使館の人々がこの理屈を鵜呑みにしたことである。(6)

ラティモアは、続いて中国専門家を槍玉に挙げる。

一九一一年の辛亥革命の頃は、欧米の中国専門家の大半は、「中国には共和政体は向かない、中国人は皇帝以外の統治者を知らない、中国の民衆が求めるのは家父長的で安定していて、法と秩序を保ち、税金の安い政府である」と教えた。軍閥袁世凱はこのような中国が求める、中国人に理解可能な強力な指導者とされ、孫文は愛すべきだが非実際的な理想主義者と解され、中には有害な幻想家とみなす者もあった。一九二八年の国民党政府の樹立までは、国民党は乱暴者の集団で、ボルシェヴィズムに浸潤され、外国企業を劫掠するのみで、自らは何物も創り出し得ないものとされていた。ところが国共分裂後国民党が外国企業と和解すると、今度は共産党が血に餓えた暴徒で、ロシアのいいなりになり、中国の土壌に根をもたず、中央政府に弾薬と飛行機を与えれば一朝にして絶滅しうるものと説かれた。ところが一朝どころか、この掃討作戦を一〇年繰り返して、一九三七年の国共合作に至ったのである。この一九三七年、日本は永年の侵略の「総決算」として、中国に全面攻撃をかけた。専門家の大部分は、三カ月以内に日本は欲するものをすべて手にするだろうと予測した。

これは余りにも要約し過ぎた歴史記述かも知れないが、一つ明らかなことは、アメリカの「専門家の意見」なるものは大体間違いで、大勢の一致した意見は常に間違いだということである。

……

しかしそれでも、中国専門家は日本専門家よりましなのだ。(7)

米国の世界政策批判

攻撃の鋒先は、さらに米国の世界政策に向う。

一九三一年の日本の満洲侵略からヒトラーの登場、イタリアのエチオピア征服、蘆溝橋事件と中日戦争、ファシズムのスペイン簒奪、チェコを裏切ったこと、第二次欧洲大戦の勃発から一九四一年の真珠湾攻撃まで、この十年間というもの、米国は間違いばかり犯してきた。分岐点ごとに我々は間違った途を選び、正しい途を選んだことは一度もない。(8)

その根源は、ヨーロッパ帝国主義の発想で、世界政策を決定したところにある。米国はヴェルサイユ会議において中国が提出した日本批判を無視した。米国の金科玉条とする「門戸開放」という対中政策は、中国の分割には反対したが、しかしその基本思想は西欧帝国主義と同一の基盤に立っている。

それは「俺にもよこせ」(me too) という原則である。……米国が中国分割に反対したのは、諸国が市場と投資対策を独占して自己の利益が害されることを恐れたからに過ぎない。……米国は各国の支配領域のこれ以上の拡大には反対したが、既存の領域を廃止しようとはしなかった。……それというのも米国人は他の外国人と同様の特権、治外法権をもって租界に住んだからである。確かに米国はこのような租界のこれ以上の拡大には反対したが、どこかの国がそのような特権を得れば、米国もそれと同一の特権を得ることを当然とみなした。我々は帝国主義時代の枠組の中で自由自在にふるまった。その態度は真珠湾まで続いた。グルー氏の報告や日記が明確に示すのは、我々の公的関心は、日本が中国から強取した権益が、米国の特権を減少させたり、米国の将来の機会を排除したりしないかどうかだけにあったことである。

……この「俺にもよこせ」という英米が採ってきた原則こそ、日本の中国侵略に反対する我々の主張の致命傷ともなる傷である。英米の対日抗議のうちの一つとして、日本の対中要求権に反対したものはない。我々はただ日本の獲得する権益が我々を排除することに反対したのである。[9]（傍点ラティモア）

門戸開放には、船で海から中国の海港に接近するという発想が潜んでいる。これは大航海時代につくられた中国像であり、欧米人は沿海都市の租界より外に滅多に出ないから、この中国観が固定している。陸の奥から出てこようとするロシアを、日本という無害な番犬によって抑止しようとする思想が、セオドア・ルーズヴェルトの日露戦争調停、満洲への日本の特権を承認した石井・ランシング協定などをもたらした。しかし中国は沿海都市の点在する海岸であるよりも、巨大な大陸である。そしてその向うに、共産主義ロシアとの長大な国境線がある。アジア大陸の大陸性、ソヴィエト・ロシアの存在、この二つを度外視したアジア像は、片面的な、浅薄なアジア像である。

もとよりマルクス主義的民主主義などというものはありえないという人もある。しかしソ連型社会形態をどう個人的に評価しようと、それが自分たちを植民地支配する勢力でなく、団結の相手方である民主勢力だと考えている人々が存在するという事実を否定することはできない。一世紀以上に亘って我々は資本主義的思考を文明的思考と同視してきた。植民地化を免れた諸国は、我々の思想に同調し、資本主義の思想と制度を導入して、その上に自尊心を築いた。植民地諸国すら、支配民族の企業の進出のみならず、被支配民族の間に資本主義的思考が普及したか否かをもって、進歩と繁栄の尺度としている。

ところがこうした資本主義の進歩はもはや唯一絶対のものではない。マルクス主義思想は今はブリアート・モンゴル、カザク、ウズベク、タジクなどの言葉で、ロシア語やウクライナ語に劣らず淀みなく語られ、説得力をもって受け容れられている。なぜならマルクス主義思想は、これらの諸民族の人心に、ロシア人やウクライナ人の心におけると同様に深く根差しているからである。マルクス主義思想を単なる「破壊的プロパガンダ」として律し去ることは到底できない。それは今や破壊的ではなく競争的なものである。……ソ連が強大な国家に成長するにつれて、マルクス主義思想は急速に威信を高めている。

中国やその他のアジア諸国の工業化の問題を論ずることが現在流行である。この問題を考察するに当っては、工業化を資本主義的思考の威信のみを前提として考えることはできない。ソ連の工場で造られた武器が勝利をもたらすたびごとに、ソ連の工業力の威信が高まり、それとともにそのような製品をつくり出す生産体制そのものの威信も高まってくる。アジア内陸の国境地帯では、従来欧米の技術者が専ら指導にあたっていたところで、ソ連の技術者の指導が求められている。今に彼らは機械のデザインや工場の設計のみならず、生産の組織や運営をも諮問されるようになるだろう。(10)

アメリカは植民地・半植民地のアジアで、このようなソ連と人心への魅力を競わなければならない、と。

日本専門家批判

第二章「安売り帝国主義の体現者日本」は「神秘な日本」に対する偶像崇拝（彼はこれをヒンズー教徒の牝牛崇拝に喩えている）と、その祭司としての日本専門家の仮面を剝奪し、日本の真実を明らかにしようとする。

我が国の安手の日本専門の祭司《ブラーミン》たちは牝牛を崇めている。牝牛がなければ祭司は崇拝されず、祭司がいなければ牝牛は神聖でない。祭司の権威を認める限りは牝牛を牝牛として扱うことはできないし、牝牛は牝牛で何も神聖なところはないという率直な認識を固守すれば、祭司の権威は揺らぐ。(11)

この偶像第一号（The Sacred Cow Number One）は天皇である。日本専門家たちは「日本人にしかわからない独自の天皇信仰」という「いかさま信仰」（emperor hoax）を売りつけているが、(12) 率直に事実をみる者には天皇制の仕組みは単純である。

明治新政府を形成した外様諸藩の武士たちは「幕府的権力に反対したのではなく、その権力を奪取しようとしたのである」(13)。それというのも商工業の相対的に発達した譜代諸藩に比べて、外様諸藩は封建制が強固で、「明治の『新』日本の創設者たちは旧日本の封建的心性を最も強くもった人々であった」からである。明治維新は革命といわれるが、実は征服者による反革命である。彼らは「無害で見棄てられた状態（innocuous desuetudo）にあった天皇を発掘し」、忠誠の対象を自分たちの側に横領するとともに、「新幕府」創設の主導権をめぐって争いあう薩長両藩の対立の調整にこれを用いた。他方で彼らは徴兵令によって農民を武装させ、武装農民をして非武装農民を抑圧せしめて、封建的特権を擁護せしめた。こうして大名たちは大地主として存続しえた。徴兵令は農民革命抑止のダムであり、そのダムの水吐け口として対外膨脹が必至となった（としてノーマンを引用する）[14]。

対外膨脹には、軍事力と工業力の両輪が必要である。しかしそれは支配体制内の亀裂の危険をもたらす。この危険を避けるために、支配者たちはこの両者を融合させた。封建的支配層の中から、官営事業の経営者を任じ、公金をもって殖産工業を奨励し、支配層の一体を維持したのである。天皇もまた皇室財産をこのような企業に投資し、こうして封建体制のイデオロギー的支柱であるとともに、新たな資本主義体制内の既得権の支柱の一つともなった。

日本は重工業や軍備の原料たる石炭・石油・鉄などの資源に乏しく、これらを輸入してなお国際収支の均衡を保つためには、工業製品を極端な低賃金労働によって安く生産しなければならない。従って農民を貧しくして、その子弟を低賃金の労働者の供給源としなければならない。そうなると彼らの購買能力は低く、国内市場は狭く、市場もまた海外に求められる。こうして「日本を征服した日本人たち」（the Japanese who conquered Japan）は、高度にカルテル化された工業と封建的農業との二重構造を創り出した。農民を封建的に搾取して得た収益は、農業でなく、工業に投資される。「反当り収穫の増大は百姓一人当りの苦痛の増大に比例する」（The way to increase per acre is to increase the aches per cropper.）。

日本の「目覚ましき進歩」は外国の日本崇拝者の嘆賞おく能わざるところだが、この「進歩」

の牽引者は農民という畜牛である。彼らを従順に保つために、様々な工夫が考案された。徴兵期間の強度のイデオロギー教育もその一つである。彼らは軍服を着て武器や機械を操縦しうる限度では近代的に教育されるが、その物の観方は封建的なままに保たれ、徴兵期間が終ると元どおりの農漁民に戻る。その手法は大衆操縦術の好箇の研究対象である。平時には学生や都市労働者を徴兵せず、陸軍の農村的気風を温存するというようなやり方も用いられている。

女性たちは工場の兵営ともいうべきものによって管理される。紡績工場の少女は、賃金を両親に前払いされた上で何年か年季奉公させられる。彼らはこの「兵営」の中で、都市文化から隔離され、病気をしない程度の食事と保護、仕事の能率を高める限度での教育を施される[15]。

孫科「ミカドよ去れ」

このような日本を、敗戦後に民主化することが可能だろうか。日本人は外来思想を受け容れないとか、東洋は不変だとかと、専門家諸氏はいう。しかし一六世紀にはキリスト教が日本に急激に普及したではないか。日本には潜在的な民主勢力がある。「一九三一年以降、対外危機の前には必ず民衆の側の民主化・反戦の動きがみられた。軍国主義者は彼らの先手を取ってその動きを抑え込もうとして外で事を構えたのである。そういう事があるごとに、彼らは天皇の名を持ち出す。天皇は民主的傾向を抑圧するために持ち出される伝家の宝刀となっている。日本の民主的可能性を開花させるためには、孫科のいうように、『ミカドの神話を打破せねばならぬ[16]』」。

孫科（一八九五―一九七三）は孫文の長子、青年時代米国に留学した。国民党左派の代表者で当時は立法院長。ここでラティモアは『フォリン・アフェアーズ』（一九四四年一〇月号）に掲載された論文「ミカドよ去れ」(Mikado Must Go) を引用している。[17] 同論文は近時、米国政府内で、グルーを中心に天皇制存置論が有力となって来ていることに危惧の念を表明し、グルーも前任地トルコで君主制がケマル・アタテュルクの共和制に変じて、大いなる進歩を示したことを目撃したはずではないかと批判している。孫科の前提は「日本人は自らの政体を選ぶ自由をもつが、米英中ソの青年たちがその根絶のために命を棄てたファシスト・武士道権力の復活は許容しえない」という原則で、終戦が日本軍国主義の終末と日本民主主義の出発を画すべきであるならば、「ミカドは去らねばならぬ」という。

孫科によれば、帝国の観念は日本の侵略政策の本質であり、天皇制は古来の信仰ではなく、明治国家が創造したもので、天皇はその侵略的対外政策の本質である。そもそも天皇に神性を認めるなどということは子供騙しの神話であり、日本の民衆がそれを信じているからそれを容認しようなどというグルーの政策は甘やかし政策であるばかりでなく、最も有害なイデオロギーに対する宥和政策である。天皇を戦後政策に「利用」するという思想もあるが、こうして「利用」のために温存された天皇はやがて反動派に「利用」されるだろう。さらに占領軍のもとで、天皇が天照大神の霊の前で軍国主義者を退陣させ、勅語を発して新体制をつくったとしたならば、これは明治維新の繰り返しであるばかりか、天皇は神聖不可侵で敵軍さえ手をふれることができないというような神話と狂信者の復讐心を助長するだけである。

中国人は幾世紀にも亘って「天命」の支配を信じてきたが、孫文の革命がそのような神話を一掃した。民主的日本も七十六年前に封建的家臣が捏造した神話を一掃するところから始めねばならない。そのためには大衆に催眠術をかけた政治上・教育上・軍事上の仕組みそのものを一掃せねばならず、何よりミカドの神話を打破せねばならぬ（とここで、ラティモアの引用した一節が出てくる）。この天皇制打倒の担い手となるのが「自由と真理への献身の故に現在獄中にある」「進歩的・民主的人士」である。

孫科はまた、戦後日本経済について、カイロ宣言に従って一切の占領地から追放して、本土にその版図を限局し、重工業と化学工業は連合国の統制下におき、軽工業をも一定期間監視下におく、農地改革によって国内市場を拡大し、工業も国内資源で調達しうる限度に原則として縮減し、日中貿易は日本が民主化された後、貿易収支の均衡を維持しうる限度で許容する、など原則的自給自足体制をとらしむべきことを提唱している。

彼はまた戦犯への峻厳な処罰を提唱し、「天皇が戦争犯罪者の一人である明確な証拠がある」という。またいわゆる「愛国団体」の抑圧、秘密警察の解散、教育改革などを唱え、天皇制を除去しなければこれらの改革は不可能だとしている。

最後に孫科は、天皇制の存置は、ナチスとヒトラーを存置するに等しく、またそれは中国に反作用して中国の反動派を助長するという注目すべき見解を述べている。なぜなら天皇制の維持は明治維新に始まった軍国主義体制の維持であり、日本の再侵略の危険に対処するため、中国の中の軍事優先派の擡頭を招く恐れがあるからだという。このような意味で、天皇制の廃止は日本ばかりでなく、極東の民主主義にとっても必要不可欠である、と。

ラティモアの日本分析

ラティモアは、日本人の民主的可能性の例証として、日系米人たちが「最善のアメリカ人」でありうることを身をもって実証したことを挙げ、西海岸でもハワイでも日系人のサボタージュなど全くなく、真珠湾の復旧にも献身的に協力し、イタリアに派遣された日系人部隊は最も勲章を多くとった部隊で、太平洋に配属された日系人も英雄的に戦ったと指摘して、日系人隔離政策を非難している。

しかしこのような日本国内の民主的可能性を開花させるためには、日本の社会体制の根本的変革が不可欠である。社会体制をそのままにして「自由派」に戦後日本を委ねようとするグルーの政策は根本的誤謬である。まさしくこの「自由派」信仰こそ「神聖な牝牛第二号」とよぶべきものである。「軍国主義者」と「自由派」との対立は侵略のタイミングの対立に過ぎず、一方は豚はもう肥ったから屠殺しようといい、他方はもっと肥るまで待とうと言い争っているに過ぎない。ラティモアは、ノーマンを引用しつつ、明治初期の征韓論争は、今剣で韓国を侵略するか、後に鉄砲でそうするかの対立に過ぎなかったと指摘している。天皇は、経済的には大株主として「自由派」と結び、軍事的には士気の儀礼的源泉として軍国主義者と結び、社会的には民衆を労働と戦争に駆り立てる支配体制の頂点にあって双方に属している、という(ラティモアはここで、天皇が日本郵船、三井銀行、勧銀、王子製紙、満鉄、台糖などの大株主で、大山林地主であり、農地も所有していることを統計で示している)。

日本の天皇制問題を解決しうるのは革命のみである。問題は制度であり、個々の天皇の性格や性向など重要でない。日本が改革によって「民主的君主制」を実現しうるなどという考えは誤りである。とかく我々米国人は英国の民主的君主制の事例につられて、それが可能なように考えがちだが、……英国が王をもちつつ民主的でありうるのは、英国民がかつて英国王の首を刎ねたという事実によるのである。日本国民が同様に進歩的なことをするまでは(何が現在この首刎ねに相当するかは別に考えるとして)、日本は世界における不快の根源であり続けるであろう。中途半端な改革は無益である。[18]

ここでラティモアは、日独のファシズムを比較する。

日本社会は本質的にファシスト的性格をもっている。……日本はドイツの真似をしているだけだとして、日本ファシズムは外見上のものに過ぎないとかドイツの二番煎じだとかという者もあるが、誤りである。実際は、日本ファシズムの方が、ドイツ・ファシズムより根が深い。日本社会は中世の頭脳が二〇世紀の手を動かす畸形児であり、「近代化」は人々の中世的心性を温存しつつ、その手に近代的技術を習得させた。ここに日本社会の根源的・本質的なファシズム的性格がある。それに対しドイツは、二〇世紀の技術を保持しつつ、人々の精神を中世に逆行させるという、日本と全く逆方向の努力をしなければならなかった。[19]

必要なのは天皇制廃止をその一環とする政治的・経済的・社会的・精神的革命である、というのが、ラティモアの戦後日本に対する処方箋である。

ロシア革命と中国

第三章「中国における革命とナショナリズム」、第四章「中国の党争と抗日戦争」および第五章「戦争、威信、政治」の前半は中国論である。彼は、清朝および軍閥が中国ナショナリズムの統合者となりえなかったこと、李鴻章や袁世凱のようなstrong manに内部を統一させ利権要求の窓口としようとした欧米列強のもくろみは、彼らと欧米列強の双方からの解放を求める革命運動を不可避的に抬頭させたこと、帝国主義者たちは孫文の革命運動を「過激派」「夢想家」として律し去ろうとしたが、実はこれこそ半植民地的状態にあって苦悩する中国の広汎な民衆、西洋列強に支配される民族資本家から農民・労働者までを包摂した連合勢力であったこと、ロシア革命は彼らに巨大な啓示を与えたことを述べ、次のようにいう。

……ロシア革命の影響は全アジアの人心を揺るがした。我々米国人にはその影響がいかなるものかよくわからず、ロシアの影響といえば、平地に波瀾を起こすように、日頃おとなしい民衆を煽動して騒ぎに駆り立てることと思いがちである。そういう愚かで単純なとらえ方では、昨日のアジアも今日のアジアも、また明日のアジアも全く理解できない。情況を直視してみよう。アジアの民衆は、誰でも多かれ少なかれ、一九世紀の帝国主義によって自由を破壊され、あるいは侵害された人々である。彼らはロシア革命の報に接して驚愕し、その胸に希望の、期待の、否、政治的白昼夢の火が点じられた。多様な民族、多様な集団が各々の仕方でこれに反応した。奇跡待望の心情をこれに託する者もあり、行動の契機をこれに見出す者もあった。

……彼らは自分たちとロシア人の間に利益の共通性を認めた。彼らは、植民地解放に反対する諸国はロシアにも敵対的であることの故に、ロシアを友とみた。ロシアとの共同行動を求める者もいたし、棚ぼた式にロシアに起った奇蹟が自分たちにも起ることを期待した者もいた。こうしたことはロシア人の働きかけがほとんどないままに生じた。ロシア人の煽動もなくはなかったが、彼らの成功は、それを受け容れる土壌が既にあったからである、騒擾は「ボルシェヴィキの煽動家」の煽動がなくとも、起るべくして起ったものなのである。

資本主義大国の経済支配を排除しようとして苦闘していた中国は、同じ資本主義諸国によって政治的・経済的に封鎖されているロシアとは当然利害の共通性があった。列国は中国に革命が勃発することを抑止しようとし、ロシアにおいては既に生じた革命を失敗に終らせようと努めていた。ロシアは孫文と協定を結んで、中国の完全な独立と平等の達成を支持することを声明した。やがては相当の人員と物資の援助を与え、しかもその対価を要求しなかった。……

欧米人はこれをロシアの世界革命工作の一環とみた。孫文による共産党員の国民党加入政策はそれを裏書きしたように思われた。ロシア人の一部も同様の観方をした。ロシア共産党の主流は、やがてスターリンの「一国社会主義論」に流れ込む、ロシア革命の完成を第一とする政策をとったが、当時はまだトロツキーの世界革命論も有力で、……中国共産党にもトロツキストやブハリニストがいた。……だがロシアにおけると同様中国においても、自国固有の問題の重要性の故に、自己流のマルクス主義解釈、それに基づく政策、その指導者が抬頭した。スターリンが亡命者集団からではなく、ロシアの地下運動の中から抬頭したように、毛沢東も外国留学の体験をもたず、国内の運動の中から抬頭した。

一九二七年には、国民党は共産党をも内に含む広汎な連合勢力で、華南から揚子江に至る軍事的・政治的拡大は目覚ましかった。農民蜂起は北伐軍の前進を助け、軍閥の首領たちも、麾下の軍団が革命軍に投ずるのをみて、やむを得ず国民党に加入した。鉱山労働者・工業労働者も革命に参加し、外国企業と競争関係に立つ資本家たちも、自発的に運動に参加した。外国の権益と結合している資本家も、革命軍から自己の企業を救うために参加した。革命軍は、中国の心臓部における外国利権の堡塁であった漢口の英国租界を接収し、外国利権最大の堡塁たる上海租界を包囲した。国民党軍のために租界の門を開いたのは、組織され部分的には武装した工業労働者であった[20]。

この段階で、軍閥・地主・資本家は、革命の過激化を恐れ始め、革命連合は分裂した。蒋介石の反共クーデタである。この段階におけるラティモアの蒋介石評価は微妙である。蒋介石のクーデタについて、彼は次のような婉曲極まる叙述をしている。

この危機の中で、古き連合に代って新たな連合が形成された。この新連合は、旧連合に比べて、結集した勢力は広汎でないが、力の集中には適していた。これを形成したのは、事態の行き過ぎを憂慮し、これ以上進んで外国勢力に敗北を喫する危険を冒すよりも、これまで獲得したものを確保することが先決問題だと考えた人々で、その主要メンバーは銀行家、工業家、雇傭者、地主、および軍事指導者であった。軍事指導者の多くは、資本家と縁故があるか、地主と縁故があるか、その両方かであったから、彼らがこの新連合の連結者の役割を果たした[21]。

この多様な諸勢力の均衡の上に立った指導者が蒋介石である。彼は独裁者でもファシストでもなく、調停者であり、「天才的連合政治家」(coalition statesman of genius)[22]である。彼は欧米列強の、彼を李鴻章・袁世凱型の人物に仕立てようとする圧力に抗して中国の独立を守り、国運を賭して日本侵略者との戦争に踏み切った。そしてあくまで屈服を拒否して、重慶に遷都して持久戦を続けている。

重慶に移った蔣介石が、保守派の何応欽らと革新派の陳誠らを統合し、やがて共産党との連合政権によって内戦を避止することへの期待が、ラティモアの蔣介石への肯定的評価を支えている。農業地帯重慶に移って、国民党は農業党となることを余儀なくされたが、なお地主勢力と貧農・小作農の利益とを統合することは、不可能でないはずである。一九四三年一月のテーラー宛の書翰においては、そのような期待を強く表明していた彼も、その後徐々に失望を深めていった。本書の基礎をなす一九四四年春の講演と、本書刊行時（一九四五年初頭）までの書き加え部分の区分は明確でないが、一九四四年夏のスタインらの延安訪問の成果を引用して次のように述べているところは、明らかに後の書き加えである。

共産党は民衆を力で制圧したのではなく、民衆の支持を得て存立し、版図を拡大した。共産地区は国民党支配地区より衣食の状態がよい。共産地区の方が徴兵や租税が公平である。進歩的で教養ある中産階級の中国人で封鎖線を越えて共産地区に逃げ込んだ者は多いが、その逆は少ない。統治構造はより民主的で、代議機関は選挙で選ばれ、共産党は議員の三分の一以下に抑えられている。それに対し国民党支配地区では、国民党員でない者が公職に就くことがいよいよ困難となっている。(23)

しかしなお、共産党は自ら新中国の支配者となるほど強力ではなく、連立政権が必至であり、蔣介石が諸政党によって大統領に選ばれるであろう。(24) しかし——

日本を放逐した後、諸勢力がどういう政策をとるかは死活の重大事である。政治結社の自由、少なくとも主要な諸勢力の連合という政策が採用されなければ、恐るべき幻滅と政治的混乱が生ずるだろう。その際国民党は地主政党となり、小作農の統制を欲して彼らに代表権を認めず、孤立して弱体化するであろう。他方共産党は連合勢力的性格を強めつつあり、国民党軍と並んで日本占領地区に進駐する時、より広い支持を求めうるであろう(25)。

蔣介石については、次のようにいう。

国民党・地主・右翼勢力対共産党・民主派・統一戦線・左翼勢力の均衡は、蔣介石本人にも危機をもたらす。彼は国民党が地主党となる傾向を抑止しうるだろうか。もう一度国民党を、かつてその構成要素だった諸勢力の力を復活強化することにより、連立党に復帰せしめうるだろうか(26)。

この問いがなお疑問符つきで提出されている間は、ラティモアもまだ蔣介石を見放していない、ということになる。なぜなら、大多数の中国人は統一を求めており、当時の国民党政府の内閣改組は、これからなされるであろう決断への慎重な布石であり、特に新軍政部長陳誠将軍は、「一九二六年以来の国家統一の伝統に最も忠実な将軍たちと軍団の代表者である」からである(27)。

ソ連とアジア

第五章後半、第六章「諸国の魅力」および第七章「安全保障の政治的性格」は極東の全体的状況を分析している。この中で彼が何よりも強調することは、アジアの民衆にとって、ソ連は魅力と威信にみちた国だということである。朝鮮、モンゴル、ウィグル、キルギス、カザクなど、ソ連と隣接する諸民族にとって、ソ連は「軍事的保障、経済的繁栄、技術的進歩、奇跡のような薬品、無償の教育、機会の平等、そして民主主義」を具象化したものである。ソ連が反民主主義だという俗説は、アメリカ的民主主義を民主主義そのものと取り違えている。訪ソしたウェンデル・ウィルキーが、「貴方だちには自由がない」と述べたところ、ソ連の技術者は激しく喰ってかかり、「我々は父や祖父より自由をもっている。彼らは土に繋がれ、病気になっても医者にかかれぬ文盲の農夫だったが、私はソヴィエト制度によって教育を受け、向上の機会を与えられた。これが私の自由なのだ」といったという。このウィルキーの著作を引用した彼は、さらに中国内のウィグル人について、次のように述べている。

ウィグル人が村長になることはある。だが同輩の選挙でなく、中国官憲の任命によって。中国官憲が学校を開くことはある。しかし中国語を教えるために。ブロパガンダが許されることもある。「自分はウィグル人でなく中国人だと思え、中国人の行動様式を身につけよ」というプロパガンダが。村には医者はいない。取られた税金の見返りは何もない。

このウィグル人が、その人種的近親であるソ連のウズベク人の、貧民の子は無償で就学でき、自民族の歴史と文化に誇りを与えられ、大学に行って医者にでも技術者にでもなれ、選挙で選ばれればロシア人を指図することもできる（ウズベク人とロシア人は平等で、人種でなく地位が命令権の基礎であるから）と知ったならば、ウズベク人は自由と民主主義を有していると思うだろう。そして遠くのアメリカ人が「ソ連には自由も民主主義もない」といっているときかされても、肩をすくめるだけだろう。(28)

隣接民族にこのような自由と民主主義を施した最適の事例として外モンゴルがある。この事例はきっと朝鮮人を強く惹きつけるに相違ない、という。

次に中国について、日本は敗戦後、植民地を失って「三流工業国」[29]となり、中国はやがてその資源を背景として、日本以上の豊かで均斉のとれた工業国となるだろう。中国は極東の大国となり、アジアの嚮導者となるだろう。「中国の向うところにアジアも向う」（As China goes, so goes Asia.）[30]という。

そこで重要なのは、国民党が自己変革して民主中国を創造しうるか否かである。

中国のとる方向は、幾十年間にわたって日本の運命をも決定するだろう。民主的・進歩的中国が生まれれば、日本における民主主義の発展も比較的容易であろうが、政治的後進状態が続き、経済も進歩せず、農村は貧しく、農民が不満をもち続ければ、英米などの連合国は日本民主化の実験にも消極的となり、長期に亘って日本を権威主義的・半植民地的に統治せざるを得なくなるだろう[31]。

朝鮮については、戦後の政治的空白に、亡命集団のどれかを恣意的に支配者としておしつけるべきでなく、ましてや「我々が穏健派とよび、現地住民が反動とよぶような人物」に金を注ぎ込むべきではない。ソ連は朝鮮共産党や「共産党の後押しする穏健な政策より、米国が後押しする穏やかでない保守的政策を恐れる」進歩的グループを後援するであろうが、「我々は今後共産主義が永続的要素となる世界に生きざるをえないこと、朝鮮は米国から遠いこと、朝鮮は共産主義が高い威信をもっている地域に近いこと」を考え、「ソ連即ち共産主義」と協力して「穏健だが明確に進歩的な政策」をとり、朝鮮人民自身に可能な限り速やかに政権を委譲すべきだ、としている[32]。

ラティモアの対日政策提言

最終章「米国の対アジア政策要綱」は、現在結成中の国際連合を中心とする世界平和を説き、その国際連合は米ソの緊密な協力によって運営さるべきことを説いている。対日政策については次のようにいう。

ドイツと同様、日本も侵略能力を剝奪さるべきである。幸いドイツと異なり、日本は本土に資源をもたず、日本の工業は、ドイツ工業と違って自足不可能でバランスがとれていないし、技術にも偏りがある。カイロ宣言によって中国は東北地区（満洲）、台湾、澎湖諸島を回復する。七五〇〇万の日本の人々は、一五万平方マイルほどの島国(カリフォルニアほどもない)に住まねばならない。終戦以前にその保有する軍艦・商船のほとんど、重工業の相当部分を破壊されるであろう。

軍事のみの見地からすれば、安全保障の問題は比較的簡単である。日本は南方の米軍基地、北方のソ連軍基地、西方の中国軍基地から常時監視される。最も重要な問題は、連合国相互間の競争の避止であり、それ故カイロ宣言にふれられていない現日本領で、日本より奪取さるべき地域(太平洋諸島、千島、南樺太)は一国による奪取という形でなく、連合国の合意に委ねられるべきである。日本の上空と沿岸の哨戒は必要な限り続けらるべきで、その基地についてはダンバートン・オークス会議で決定される国連軍を日本に近接する島に駐留させるか、米英露中が基地協定を結んで四箇国領のどこかを監視基地とするかであろう。前者の方式の方が好ましい。

一層重要なのは工業の脱軍事化、将来秘密の軍事工業を育成することの予防である。hard peaceかsoft peaceかという論議はこれに関わっている。このような言葉は現実を離れて感情論に陥る危険があり、いずれにせよ我々は「敗戦そのものが日本に苛酷な平和（hard peace）を課することになるのだ」という基本的事実を忘れるべきではない。日本は産業帝国主義者と軍事帝国主義者が相携えて国外の資源と市場を統制するシステムを築いて来たが、征服した海外領土を失えば、このシステムは自動的に崩壊する。そうなれば七五〇〇万の人口の四〇パーセントは農民となろうが、それでも食糧の自給は困難であろう。残りの六〇パーセントは破壊された工業に就業するであろう。この工業の原材料の獲得および海外市場への販売は、連合国の合意ある場合にのみ許容される。

工業の脱軍事化は脱工業化とは違う。日本を脱工業化すれば、幾百万の餓死者が出るだろう（工業化以前の日本の人口は約三〇〇〇万で、飢饉と堕胎と嬰児殺によって人口増加が抑制されていた）。我々にとって日本人ほど憎むべき敵はいない（We have never hated an enemy as we hate the Japanese.）。しかし幾百万の者を飢えて死なせるほどではない。日本にも一定の工業を容認する他ない。しかし日本の実業家たちに、陸軍が焼土戦術をとって東北〔満洲〕や朝鮮の工業施設を焼き払うならば、その施設は日本本土のもので補充することを警告しておくのが賢明な政策である。イデオロギー的宣伝よりも、こういう脅迫の方が財界人と軍人を離間するのに有効であろう。このような軍事的措置に加えて、自動車や航空機のエンジンの製造を禁じ、軍事工場、軍艦の造船所を取りこわし、残余の日本工業は生かしておくのが賢明な策である。ただし残しておいても世界市場の競争に生き残れるか否かは別問題であろう。日本は資源がないから、生産量・輸出量に徴して原材料の輸入量を監視すれば、軍事産業用資材の備蓄を予防しうる。

日本が侵略によって破壊した地域の復興のために、日本の工業製品を供給することも、必要な限り続けるべきである。これは賠償の一環となる。中国・朝鮮にある日本資産はすべて中国・朝鮮に引き渡す。しかし日本国内の資産を差押さえることは不可能で、また日本人を侵略による荒廃地域復興のため徴用するという案も、それらの地域で労働力不足がみられないから、実際的でない。しかし日本人は、その生産物で自己の生存を維持する（be kept alive）と同時に、アジア全体の経済的必要に奉仕しなければならない。この奉仕の評価が、将来、国際組織への加入の許否の一判断材料となる。

日本工業の所有と経営の問題は、政治問題に連なっている。少数の家族が支配する巨大なコンバイン即ち財閥のことは、よく知られている。これらの諸家族は、国家に強大な支配力をもち、軍事行動に駆り立てるエネルギーの大部分の供給者であった。彼らの国家支配権を打破するためには、国家に彼等を支配する力を与えねばならぬ。銀行、保険業、造船等の大会社や工業に対する彼らの持株は、経済省・大蔵省の管轄下におき、必要な期間、連合国監視委員会の監視下におくべきである。天皇や皇室の有する膨大な持株に対しても同様の態度をとる。

この措置はやがて新世代に、国家に忠実な技術者、行政官、職員をつくり出すという政治的効果を生むであろう。日本にいつ経済的自主権の回復を認めるかについては、このような新たな層がどの位ふえて、どの位支配力をもつかが一つの判断基準となるだろう。このような職務の担当者からは、財閥内の忠実な雇い人は排除される。財閥は抜擢した雇員たちに封建的献身と忠誠を奨励してきた。しかし財閥の中でも薄給の専門技術者などには、国家公務員の、業績《メリット》に応じた昇進制度の方に身を投ずる者も少なくないであろう。

新たな人生のチャンスを得る者のみが新たな忠誠心をもつことができる。新たな忠誠を創り出すためには、制度の変化とともに象徴の変化が必要である。天皇の問題を解く鍵はここにある。ところで現在アメリカの専門家たちは、我々が天皇制を廃止したり存置したりしたというように日本人の眼に映ることは避けるべきだという点で一致しているように見える。しかしこの一致は外見上のものに過ぎず、一皮むけばその裏に非常に違った様々な主張が潜んでいる。一方には日本人は放っておけば自分たち自身の手で天皇制を廃止するであろうから、介入すべきでないという者もあり、他方には放っておけば天皇制は存置されるだろうから、今の天皇かその代りの者を利用して、我々が日本国民に課する条件を日本国民に向って命令する口金(mouthpiece) とすればよいという者もある。

政治的予測の問題としては、私は我々が妨害しなければ、日本国民が天皇制を打倒するだろうという見解に賛成する。政治原理の問題としては、今の天皇ないしその後継者を我々の目的のために利用しようとするのは、可能な限り最悪の誤謬 (the worst possible mistake) であると考える。実権を有する者が、天皇を使って言いたいことを言わせるのは日本古来の習慣である。軍国主義者もこの習慣に従った。それ故この習慣は打破されねばならぬ。こういう仕方で天皇を利用する必要をもたない権力も存在することを示すことによって、それを打破せねばならぬ。

我々が天皇を利用すれば、我々の撤退後に改めて天皇を利用する勢力が民主派であるはずがない。軍国主義者が再びこれを利用することになるであろうことは明らかである。

敗戦後の日本において、黒竜会的テロリストや軍国主義者たちは地下に潜行するだろう。天皇が外見上の力を保持し、天皇の声が権威の声であり続けるならば、彼らは、現在旧体制はお存続しており、これを全面的に復活させようとの主張を民衆に説得しうるであろう。それに対し、もし我々が、新たな活動に挺身し、新たな忠誠を奉ずる者を援助し、彼らの思想の転換を助長するならば、地下のテロリストや軍国主義者も追随者・後継者を見出しえず、立枯れるであろう。化学・プラスティック・エレクトロニクス・成層圏航空の時代に、天皇の神性などという観念の場はない。強引なインドクトリネーションのみが、それを存続させうる。もし我々が占領期にこのインドクトリネーションに手を貸すならば、我々が去った後にそれを用いる者は、未来に向って進歩する人々でなく、過去に向って退歩しようとする人々であろう（T.A. Bisson, "The Price of Peace for Japan," *Pacific Affairs*, March 1944はこの点を指摘した最善の文献の一つである）（同論文の中でビッソンは「日本国民が天皇に叛逆して廃位せしめれば、我々はその行為を賞讃し、支持すべきである。もし彼らがそれをしなければ、彼らが占領軍の命令に当然のこととして服従している間に、彼らに代って我々が天皇制を廃止すべきである。『天皇制は最もデリケートな問題であり、天皇崇拝は日本人の意識に深く根差したものであるから、連合国がそういう政策をとるのは賢明でない』という反論もあろうが、……天皇を軍国主義者と切り離し、日本国民の間に合理主義を自由に成長させるための条件は、終戦後直ちに整備されねばならない。……ドイツ人へのナチ・イデオロギーの宣伝は禁止されるのに、日本でそれに対応するものが何故許されるのか？　……それに国家制度として天皇を崇拝する諸々の道具立ては、昔からあるものではなく、そう遠くない過去に考案され、明治の支配者によって意図的に導入されたものである。例えば天皇の肖像画に頭を下げる慣行は一八九一年に導入された」といっている」。

日本人が天皇なしでやって行こうと決意するのであれば、それはまことに結構なことだ。さもなくば、我々は、今や軍国主義は徹底的に打倒され、今更勝者たる我々は天皇を利用する必要などないということを示すべきである。我々は天皇およびその後継者となりうるすべての皇族男子を監禁すべきである。場所は中国がよいだろう。そして我々の連帯責任を強調するために、連合国委員会の監視下に置くとよい。土地（皇室用地）は、財閥や軍国主義者の要人の土地とともに、農地改革の対象とすべきである。もとより天皇の裁可など求めず、連合国の命令によってそうすべきだ。天皇が死に、公務員制度、財政制度、産業の改革が成功した暁には、残った皇族たちは、行きたいところに行くことを許可される。その頃には新たな既得権が確立して、君主制の復活を阻止するだろう。

未来の日本は共和制となるだろう。それは可能である。日本の教育水準は、アジアの他のどの国より高い。その日本がこれまで民主的政府をつくり得なかったのは、国民が政治的に愚かだからではなく、憲法が悪く、軍国主義者やテロリストの組織が抑制されなかったからである。あらゆる弾圧にもかかわらず、一九三六年の選挙は軍国主義的冒険主義に対する強い反対の意志を示したではないか。占領初期の過渡期政府には、投獄や政治的ギャングによる迫害、暗殺の脅迫などを受けた政治指導者、議会指導者で生き残りえた人々を登用すべきである。彼らをテロルから衛るためには、黒竜会的な団体に参加していた連中（役人も民間人も含めて）を戦犯として、少なくとも追放ないし監禁すべきである。彼らを逮捕することは困難でない。「秘密」結社は名目上秘密なだけで、彼らは大手を振ってのさばってきた。

他方、羽織袴をまとったいわゆる「自由派」にも甘い態度をとるべきではない。近衛公爵以下、彼らは大使館員たちに極上のもてなしをし、ウォール街や美術蒐集家やガーデン・クラブの面々に比類なき好印象を与えたが、彼らはドイツでシャハトを生み出した社会層の日本版に属している。彼らは掠奪的軍国主義と掠奪的大企業の連結者である。戦後日本人が政治的進歩を示すならば、その指導者には中道より左の者、少なくとも親ソ的な程度には自由主義的な者を期待すべきである。民主的日本にとって、親ソ親中であることは、親米的であることに劣らず重要である。[33]

最後に彼は、中国については、国民党軍を一党の軍隊から政府軍に改編することを提案し[34]、また極東政策・世界政策においてソ連との協調の必要を繰り返し力説して本書を終る。

本書はエドガー・スノウが『ニューヨーク・タイムズ』で書評したのを初め、多くの書評によって賞讃された。時はルーズヴェルトがソ連に対日参戦を慫慂したヤルタ協定の時期であり、いよいよ対日戦において死傷者が増大しつつあった戦末期でもあったから、本書の親ソ的言辞も、日本の支配層に対する十把一からげの憎悪の言葉も喝采を浴びた。本書の邦訳者春木猛氏によると、占領初期に、対日賠償調査団の団員の一人アーサー・クーンズ、ラティモアの後任のOWI極東部主任で戦略爆撃調査団の一員クロード・バス、ロサンゼルス・タイムズ特派員ウォルド・ドレークらがこもごも本書を、戦時中における米国の極東関係の諸著作中「第一位的著述の一つ」として、その翻訳を推奨したという（同書四頁）。本書が極東問題入門書として広く読まれたことを示す一つの資料といえよう。

（1）ラティモア『アジアの解決』（春木猛訳、一九七〇年）一八二頁。
（2）Roth, *Dilemma in Japan*, pp. 34-37.
（3）*Hearings on the Institute of Pacific Relations*, p. 1739.
（4）*Hearings*, pp. 704-05.
（5）Lattimore, *Solution in Asia*, pp. 5-6.
（6）Roth, *op. cit.*, pp. 55-58.
（7）Lattimore, *op. cit.*, pp. 7-9.
（8）Lattimore, *op. cit.*, pp. 12-13.
（9）Lattimore, *op. cit.*, pp. 14-17.
（10）Lattimore, *op. cit.*, pp. 23-24.
（11）Lattimore, *op. cit.*, p. 29.
（12）Lattimore, *op. cit.*, p. 30.
（13）Lattimore, *op. cit.*, p. 31.
（14）Lattimore, *op. cit.*, pp. 36-38.
（15）Lattimore, *op. cit.*, pp. 41-42.
（16）Lattimore, *op. cit.*, pp. 44-45.

(17) Sun Fo, "Mikado Must Go," *Foreign Affairs*, Oct. 1944.
(18) Lattimore, *op. cit.*, pp. 48-49.
(19) Lattimore, *op. cit.*, pp. 49-50.
(20) Lattimore, *op. cit.*, pp. 67-76.
(21) Lattimore, *op. cit.*, pp. 77-78.
(22) Lattimore, *op. cit.*, p. 84.
(23) Lattimore, *op. cit.*, p. 120.
(24) Lattimore, *op. cit.*, p. 122.
(25) Lattimore, *op. cit.*, p. 110.
(26) Lattimore, *op. cit.*, pp. 118-19.
(27) Lattimore, *op. cit.*, pp. 123-24.
(28) Lattimore, *op. cit.*, pp. 140-41.
(29) Lattimore, *op. cit.*, p. 164.
(30) Lattimore, *op. cit.*, p. 170.
(31) Lattimore, *op. cit.*, p. 171.
(32) Lattimore, *op. cit.*, p. 177.
(33) Lattimore, *op. cit.*, pp. 182-92.
(34) Lattimore, *op. cit.*, p. 197.

11　グルーとポツダム宣言

戦時中のグルー

ポツダム宣言の成立経過や、それに果たしたグルーの役割などに関しては、多くの文献がある。ここではまず、戦時におけるグルーの行動についての、ロスのコメントを紹介しよう。

一九四二年八月、グルー氏は日本での抑留後、スウェーデンの交換船グリプショルム号で帰国した。その時大勢の人々が彼の見解を聴こうと欲した。多くの米国人は、真珠湾の裏切りばかりでなく、あの弱体な経済的基盤の国家が、太平洋全域で驚くべき戦果をあげえたことに衝撃と困惑を感じていたからである。もっと専門的に極東に関心をもつ人々は、日本対米開戦が国務省の日本観をどの程度変化させたかを知りたいと思った。

帰国後一年半ばかり、この前大使はラジオを通じてくりかえし、その経験したことや、日本人は「最後の一発、最後の一兵まで」狂信的に戦うであろうという警告を、その深い自信に満ちた声で語った。そんなに日本人が狂信的確信をもって対米戦争をするというなら、一九四一年一〇月、日本が戦争をしかけるはずはないなどと安閑としていたのは不思議である。彼がラジオを通じて米国民に訴えようとしたことは、「日本は弱く弱点をもっているという根拠のない先入観」を是正するためだ、と彼はいう。

刊行された彼の演説集『東京報告』の中には、日本人の強さ・能力・狂信が鮮明に描き出されていて、恐らくリスボン経由で同書を入手した日本のプロパガンダ当局は、「グルーも日本の強さをこんなに高く評価している」としてこれを引用した。ただ「狂信」のところは「愛国心」といいかえた。当時のグルーの地位は「国務長官顧問」というものだったが、これは専任のない名誉職であった。彼はだんだん戦意昂揚の演説者、戦時公債のセールスマンとして献身するようになり、やがて対日戦後政策にも些か口出しするようになった。

一九四二年八月二八日、平和組織研究会後援のラジオ放送で、彼は日本の非武装化、侵略政策責任者・残虐行為責任者の処罰、軍国主義崇拝の根絶、日本人の再教育を提唱したが、この演説の一番重要な部分は次の箇所であろう。曰く、

「古い大樹を根から掘り返せば再生しえない。しかし健全な根幹を残せば、注意深く枝葉を再生させることができる。腐った枝は容赦なく切りはらい、日本という国家の中の健全部分を残さねばならぬ。……戦後世界の形成には、熟練が必要である」と。

この演説が物議をかもさなかったため、グルー氏や国務省内日本専門家たちは大胆になったようだ。実際にこれが物議をかもさなかったのは、尻尾をつかまれないように比喩で語られたからであろう。日本の「健全」な部分を「熟練」した人々の手で残し、「腐った」部分を「容赦なく」切り取れという主張には、反対のしようがない。問題は日本の中の何が健全で何が腐っているかである。

これへの国務省の回答は、一九四三年一二月に刊行された『米国外交・日本編一九三一―四

一年』と題する二巻本の中である程度示されている。この一七〇〇ページ以上にのぼる大冊には数百の文書が掲載されているが、そのうち国務省が公開した文書は唯一つ、一九四一年一〇月、天皇が陸海軍に米英攻撃を禁じた旨の文書である。翌日の新聞記事の表題は「ヒロヒトは平和を欲した」「ハル、ヒロヒトが戦争を禁止した事実を公開」というもので、その示唆する方向は、ウィルフレッド・フライシャーの「ヒロヒトの一九四一年における平和の呼びかけは、彼を救うかも知れぬ——連合国は彼を皇位に留めるか」と題する『ヘラルド・トリビューン』の論説に示されている。このフライシャーの解釈は大いに注目を惹いた。第一に国務省自身がこの厚い二巻本の中でこの文書に注目を集めようとしており、それればかりでなく第二に、フライシャーは東京在勤中より国務省内日本専門家の面々と親しく、以前から彼の論説は彼らの意向を反映するものとみられていたからである。『PM』所掲I・F・ストーンの論説「国務省はヒロヒトをジャップのペタンに仕立てようとするのか」は、このフライシャーの解説が一部の人々に惹起した危惧の念を示している。

国務省の天皇免責論、この間接的示唆の巻き起した危惧の念は、一九四三年一二月二九日、グルー氏のシカゴにおけるイリノイ教育協会での演説への嵐のような反響によってかき消された。その演説の中で彼は「これは私見で、政府の立場を反映するものではない」と断ったが、しかしこの演説を掲載した文書をいつものように国務省内に配布した。ところが新聞記者に公開する直前になって、天皇を讃美した部分が問題となって回収され、その部分の一五〇語ばかりを謄写刷り第一一ページから削除して再発行された。しかしこの間際の削除は不徹底で、残った次の二箇所を併せ読めば、グルー氏が天皇制の擁護者であることが判明する。曰く「天皇を含む日本最高の政治家たちの多くが、対米英開戦を避けるために、軍国主義者を抑制するため真摯な努力を傾けたが空しかった」と。また曰く「神道は天皇崇拝を一教義としている、……日本が軍国主義者の支配を脱した平和愛好的統治者の保護下に立つことになれば、神道のこの側面もまた日本再建の負債でなく資産となろう」と。

単純でセンセーショナルな話を求める記者たちは、この二箇所をつなぎ合わせて、グルー氏は戦後ヒロヒトを利用しようとしていると結論し、報道した。もとよりこの部分は、行間のつまった一六ページの演説の全体ではないが、しかし最もニューズ性のある部分である。しかも別に全体の基調に反しているわけではない。

直ちに轟々たる批判が起った。批判者が大勢いたばかりでなく、いろいろなところから批判が出た。建国の父孫文の遺児、中国立法院長孫科は、グルーの名指しは避けたが鋭い批判文を著し、中国政府はこれを広く配布した。……いつもは国務省の支持者である『ニューヨーク・タイムズ』が社説において、グルー氏は「専制的神権政治のスポンサーになろうとしている。それは人民自治の基礎に立つ真の民主主義発展を不可能にし、天皇を操縦する集団に日本の支配を委ねようとするものだ」、「日本人の人種的優越性という観念の基礎をなすのも天皇崇拝である。それは我々がその根絶のために闘っているナチズムやファシズムと同様に危険で、それ以上に根絶困難なものなのに」と痛烈に批判した。

この非難の大洪水をみて、ハル国務長官はグルーに対し、一九四四年一月、国務省が天皇支持という不人気な政策をとるものであるかの如く思われることを避けるため、対日戦後政策について語ることを禁止した。このハル長官の叱責は奇妙な後日談を伴っている。一九四四年二月二日の『ニューヨーク・タイムズ』とのインタヴューにおいて、バートラム・ヒューレンの質問に答えて、グルー氏は「私は戦後ヒロヒト天皇を皇位に留めるか否かについて、公的にも私的にも一度も発言したことはない。率直にいって、戦勝後の日本の政治構造如何の問題に、まだ決定的なことをいう段階でないと思う」と述べた。国務省日本専門家中、最も口数の多いこのグルー氏が、世論の前で前言を翻したのである。

シカゴ演説への広汎な批判とハル長官の不興によって、一九四四年初めには、グルー氏の前途は灰色にみえた。同年一月一五日、国務省は組織改革を行い、極東部（Office of Far Eastern Affairs）が設置されたが、その部長には、一六年間極東問題についての「長官顧問」であったスタンリー・ホーンベック博士が任命された。先輩のグルーを差しおいてホーンベック博士がこの要職に任じられたことは、グルーの棚上げ、国務省内「中国派」の勝利と一般に解された。

長年にわたって国務省極東部では、中国との外交経験を主とする「中国派」（China Crowd）と日本専門家からなる「日本派」（Japan Crowd）の対立が続いてきた。その対立は政策面にも及び、「中国派」は中国こそ極東問題の中心であるとし、中国の発展、対中貿易の重要性を強調した。それに対し「日本派」は、日米貿易は日中貿易より遥かに巨額であり、中国が日本の地位を奪うほど強大となることなどありえないと冷笑していた。

ところでホーンベック博士と「中国派」の勝利は短命であった。偶発事件によって彼が免職されたからである。彼の下僚たちが彼に対し叛乱を起したのである。叛乱の理由は、極東政策の対立などという高級なことではなく、「ホーンベック博士の性格的欠陥」に関わるとかいわれている。下僚たちは、ホーンベック博士の判断の不適切さ、下僚の活動に必要な情報を流さないこと、上からの指示に従わないことなどを列挙した強烈で詳細なメモを作成し、「こんな人の下では働けない」とまで述べた。叛乱は成功し、彼は更迭された。こうして一九四四年五月一日、グルー前駐日大使が国務省三階のだだっ広い極東部長室の主となった。

グルーが極東部長に任命された時、『タイム』誌にウィルフレッド・フライシャーは特ダネとして、「東京の米大使館が国務省極東部を占領した」と書いた。グルー氏に加えて東京の米大使館書記官ジョセフ・バランタインが次長、大使館一等書記官だったアール・ディコーヴァーが日本課長、少し後に開戦時大使館参事官だったユージン・H・ドゥーマンがグルーの特別顧問に任命され、ドゥーマンは戦後極東政策立案の各省間委員会で主導的役割を果たすことになった。まさに「日本派」の独壇場である。

これらの人事は一般に極東政策の変更と解釈された。『タイム』は、極東部の新陣容は「政府の戦後日本の問題への新しい態度を知る重要な鍵である」と論評し、『アメレジア』(二週間毎に発行される極東論の雑誌。発行部数は少ないが、極東専門家に広汎な影響力をもつ)は新人事のもつ意味について「新たな極東政策か」と題する特集号を編集した。同誌は、これまで中国が戦後当然「極東の指導勢力となる」と考えられてきたが、今や「軍国主義者だけを追放し、経済力は温存した『信頼しうる日本』に戦後極東の指導勢力としての地位を維持させ、これを『安定要因』として、政治上・経済上の過激な変化の抑止力に用いようとする論者たち」の地位が強化された、と指摘した。

国務省内「日本派」が中国より日本を重視し、また軍国主義、封建制、財閥の経済支配から解放された新日本の建設よりも、旧日本の復活を是とする傾向をもつことは疑いない。この点で最も興味深くまた重要な人物はドゥーマンである。彼は「日本派」中最も精力的で知識も豊富な人物である。ドゥーマン氏の評価については、二つの異なった観方がある。その一つはグルー氏のもので、グルー氏は「ジーン・ドゥーマン〔ジーンはユージンの愛称〕は米国中随一の知日派」だと事あるごとに述べ、一九三九年五月にグルー大使が一時帰国した時は、留守をドゥーマン氏に委ねた。その時のことを『滞日十年』の中で、「彼の判断力・分析力には私は全幅の信頼をおいている。彼の政策や手続についての考えは、私の考えに非常に近い」と述べている。同書の序文においても「ドゥーマン氏の長い在日体験、円熟した助言、政治的事象についての犀利な判断は、本書中に示した私の考えを形成する大きな支えとなった」という。

他方には、例えば『ネーション』誌に「パシフィカス」のペンネームで執筆している匿名の筆者の評価がある。同氏によれば、「ドゥーマン氏の能力など全然信用がおけない。彼は一九四一年一〇月の東条内閣成立について、これは何ら米国への脅威ではないなどと、最低の判断ミスを犯した張本人であり、危険な専門家である」。

もとより両説ともに多少偏っているであろう。ドゥーマン氏が日本、日本語、日本の支配層について広い知識の持主であることは疑いない。彼は日本に生れ、若き日を日本で過ごし、また彼の三三年間の国務省勤務のうち一六年は日本で過ごした。この間彼は学生通訳から逐次上昇して参事官にまで出世し、大使館におけるグルー氏の右腕となった。

他方、駐日米人外交官は、日本人の中のきわめて限られた人々とのみ交際する傾向があることも疑いのない事実である。日本における米国人のコミュニティは、一般に孤立しているが、外交官はなおさらで、つきあう相手といえば外務省の高官、対米貿易に当っている大会社の人々、貴族層の「親米派」、中流上層の米英留学体験者位のものである。生涯のほとんどをこのようなサークルの中で過ごしたドゥーマン氏のような人物が、かつての日本人たちと同じように判断したり行動したりすることもまた自然の成行きである。ところが不幸なことに、こういう交際に慣らされているというこの事実の故に、国務省中の「日本派」は、戦後日本における旧勢力（Old Gang）の支援者となりがちなのである。「日本派」の人々の多くは、この「旧勢力」以外のいかなる集団にも統治能力がないと考えている。『アメレジア』によると、ドゥーマン氏は近衛公爵が戦後日本の首相として適任だと考えているらしい！

一九四四年一二月の、グルー氏の国務次官任命をめぐる上院公聴会における、同氏の演説の意義は、上記のような背景に徴してみるとき明白となる。

一見グルー氏の演説は外交的でどの立場にもコミットしないもののように見えるが、仔細にみると、グルー氏は「旧勢力」温存を、控え目ながら明確に主張している。演説の主題をなすものは二つあり、その一つは「我々は日本の将来について今断定すべきでない」という主張である。「現状では評価困難な要因が色々あるから、問題は流動的なままにして」「形勢観望（wait and see）の態度をとるべきだ」、「我々が東京に着くまでこの問題の合理的処理は待たねばならないだろう」という。ところがこうして他人に判断停止を求めながら、彼がその部長である国務省極東部ではフルスピードで、自分たちには予見能力があるという想定のもとに、戦後の対日政策の立案を推進しているのである！　これでは、この「形勢観望」族は日本の将来の決定を「日本派」の「熟練した専門家」だけで行おうとする試みの、欺瞞的な表明に他ならないではないか。

　グルー氏の演説の第二点は、「秩序」と「安定」の強調である。彼によれば、占領当初には、占領軍の任務を容易にするために「秩序」が必要であり、占領終了時には「安定」が必要である。この「秩序」と「安定」のために、即ち「七〇〇〇万人以上の解体した社会を無期限に維持・統制する任務」を負うことを避けるために、天皇を支持することもやむをえないというのが、その言外の意味であろう。このグルー氏が求めてやまぬ完全な「秩序」と「安定」のためには、権威主義的官僚機構、反民主的警察、さらには天皇を温存することも必要となろう。「安定」や「秩序」が標語となるとき、我々はほとんど必然的に旧秩序、旧勢力の番犬に堕するのである。

　一つの社会を浄化するためには、一定の混乱と不安定は不可避である。そして日本は浄化するべきなのだ。アメリカ独立革命は多くの「混乱」と「アナキー」を随伴したではないか。植民地支配の隷従の「安定」を民主的自由と取引きしようなどと唱えたアメリカの愛国者がいただろうか[1]。

ロスとグルー

このロスとグルーの関係については、次のようなことがある。一九四五年二月、ＯＳＳ（Office of Strategic Services、ＣＩＡの前身）の南アジア課長ケネス・ウェルズが『アメレジア』（一九四五年一月二六日号）所掲論文「タイの場合」（The Case of Thailand）に眼を通していた時、ＯＳＳ機密文書が引用されていることに気がついた。そこでＯＳＳは極秘裡に捜査を開始し、三月一一日（日曜）深夜に、捜索令状なく違法にニューヨークの『アメレジア』事務所に立入って書類を押収し、また同誌ジャッフェ編集長がワシントンに赴いて国務省職員エマニュエル・ラーセン、海軍諜報部員アンドリュー・ロス中尉、および（ハーリー大使より命令されて）四月一五日に中国から帰国したばかりのジョン・Ｓ・サーヴィスらと接触したこと、またニューヨークで新聞・雑誌記者マーク・ゲインと頻繁に接触していることを探知した。ドノヴァンＯＳＳ長官はこれをステティニアス国務長官に伝え、ＦＢＩに捜査を依頼することを決定した。ＦＢＩは六月六日、右の五名および『アメレジア』編集委員のケート・ミッチェルの六名を逮捕、また今度は令状を得て事務所を捜索し、多数の書類を押収した。大陪審はジャッフェとラーセンを一四対六で起訴に決定、ロスは一三対七で辛うじて起訴を免れ、他の三人はゲイン五対一五、ミッチェル二対一八、サーヴィス〇対二〇で不起訴となった。結局ジャッフェは二〇〇〇ドル、ラーセンは五〇〇ドルの罰金刑を一一月に受けた。罪名は公文書横領罪。

グルーの回想によると、彼はホームズ国務次官補からこの件についての国務省の態度をきかれ、これは司法問題だから司直の手に委ねるのが相当であるという趣旨のことを述べた、その時は問題の人物の名を知らず、後にその中に国務省関係者（サーヴィスのこと）がいることを知って驚いた、という。[2] グルーの主観的意図がどうであったかはともかく、彼がゴー・サインを出したことは、彼の『アメレジア』グループに対する報復というニュアンスをもって受け取られたことは当然であり、米国共産党はこれを「民主主義への敵対行為」としてとらえ、「国務省内ファシスト」追放キャンペインを開始した。米国共産党機関誌*Political Affairs*七月号に、六月二〇日全国委員会決定の次のような決議案が掲載されている。

ヨーロッパにおける真の民主主義と反ファシズム勢力に敵対する反動派の敵対行為が近時我が国にも抬頭しつつあり、国務省の最近の行動にそのことが反映している。ワシントンおよびロンドンは、強力な統一民主中国の樹立を妨害する危険な政策を遂行しつつあり、反動的で無能な蔣介石政権を強化し、また日本を極東における反動の堡に仕立て上げるために、ミカドとの妥協を試みている。……大資本家たちの間に、そして国務省の中にも、中国その他の極東諸国民の犠牲の下に、ソ同盟に敵対して、戦後もミカドの権力を維持する妥協の平和を求めつつある者がある。また資本家・官僚層の中に、対日勝利を、反動的傀儡政権たる蔣政権を維持し、極東における米帝国主義の支配を実現しようという帝国主義的目的に利用しようとする有力な集団がある。……されば国務省から、すべての親ファシスト的・反動的官僚を追放せよ！[3]

グルーの対中政策

グルーが国務次官に就任した一九四四年一二月は、中国においてはスティルウェル解任の直後で、ハーリーの対延安接近策が失敗し、ハーリー新大使による大使館内親延安派粛清が端緒についたところであった。極東部長としてのグルーは、対日政策をこえて、対中政策の責任者ともなっており、更に国務次官となった後は全世界政策の責任者でもあった。このグルーは、対中国政策には主導力を発揮することはなかったように思われるが、一九四五年六月一四日にトルーマンが宋子文外相と会見した時のことを回顧して次のように述べている。

トルーマン大統領は宋子文氏に、スターリン元帥はモスクワにおけるハリー・ホプキンズとの会談において、「私は中国に対していかなる領土要求もするつもりはない、また蔣介石こそ中国に統一をもたらしうる唯一の中国指導者であり、蔣介石と協力するつもりである。共産党指導者には中国統一の能力はない。ソ連は中国統一を援助する用意がある。ソ連軍が満洲その他に進駐した場合、その解放地域に中央政府代表を招いて、中国政府の施政機関を設立させる用意がある」と述べた、と伝えた。宋博士はこれをきいて満足の意を表明した。

国共合作が全く実現不可能であることが明らかになると（実際その直後に明らかになったのだが）、その地位に留まっていたとしても、私がその後の政府の対中政策（国共合作のためにマーシャル元帥を派遣するなど）を支持したり、否容認さえもしたとは思えない。なぜなら私は蔣介石を支持すべきだと固く信じていたからだ、後になって賢くなることは易しい。ともあれ当時は中国内戦の恐怖が我々をとらえ、当時我々が有していたすべての資料をもとにして、可否はともかく一応内戦防止策を講じてみようということになった。そしてそれは失敗した。私は八月に引退し、この状況に影響力を行使する機会はすべて失われたのである。(4)（傍点長尾）

抗日のために中国共産党を利用するか、反共のために戦後日本を利用するかという政策上の選択を促したのは、一九四五年五月のハリマン駐ソ大使の帰国であった。彼はトルーマン以下の政府首脳に、東欧を占領したソ連が、占領地に傀儡政権を樹立し、仮借なく共産化・衛星国化しつつある実情を報告し、世界共産化の危険を訴えるとともに、蔣介石の力を殺《そ》いで中国共産党を援助する政策の誤りである所以を力説した。

トルーマンは直ちにはこの勧告に従わなかったが、ハリマンの主張を最も強い共鳴をもって受け容れたのがグルーであった。五月一九日早朝五時、不眠に悩まされたグルーは、起き上り、洋服に着替えて机に向い、次のようなメモを認《したた》めた。

この戦争が我が国にもたらしたものは、独日の侵略の阻止のみである。我々はこの目的のために戦わざるを得なかった。さもなくば我が国家そのものが最悪の危機に陥ったであろう。この戦争はやむを得ずして立った自衛戦争であった。

しかしこの戦争は「戦争をなくすための戦争」とはなりえず、ただ全体主義的独裁を独日からソ連に移すだけではないか。ソ連の我々に対する危険は、枢軸諸国に劣らないのではないか。

平和と安全保障のための世界組織の樹立が、今サンフランシスコで進行しているが、それは平和と安全保障の機関となりえないだろう。ヤルタ協定は、この機関の紛争時の実力行使に対し、当事国たる大国に拒否権を与えることを承認した。従ってこの組織は将来の確実な敵国であるソ連に対し何の措置もとりえない。こんな機関になど何の信頼もおけない。これで将来の世界戦争を防止しようなどと考えるのは放恣な夢想である。

ポーランド、ルーマニア、ブルガリア、ハンガリー、オーストリア、チェコ、ユーゴ、これらの諸国においてソ連がなしつつあることは、ロシアがこれからなそうとしていること、創り出そうとしている未来が何であるかを我々に示している。ロシアはこれらの諸国の喉首をしめつけ、更に版図を拡大して、遠からぬ将来にヨーロッパ全域を逐次支配下に置くかも知れぬ。近東も極東も、同様のことになるかも知れぬ。ロシアが対日参戦すれば、やがてモンゴル、満洲、朝鮮はロシアの支配地域に入り、更には中国、ひょっとして日本も入るかも知れぬ。……

　将来の対ソ戦は必至であり、幾年も経ない内に起こるかも知れない。それに備えて力を蓄え、自由世界諸国との関係の緊密化に全力を傾注せねばならぬ。[5]

グルーの終戦工作

　この切迫感が対日終戦を急がせた。五月二六日の東京大空襲の直後に、無条件降伏方針を修正する条件を鈴木「穏健派」内閣に示し、終戦に誘おうと考え、五月二八日にトルーマン大統領を訪問してその構想を述べ基本的な諒承をえた。翌二九日には、大統領の示唆に従って陸海軍長官、参謀総長にその案を示した。彼らは基本思想には同意しながらも、今それを出すことは自分らの弱気のように受け取られる可能性があるとして、もう少し（恐らくは沖縄戦まで）待つことを主張した。グルー原案の一二条「前記諸目的カ達成セラレ且日本国国民ノ自由ニ表明セル意思ニ従ヒ平和的傾向ヲ有シ且ツ責任アル政府カ樹立セラルルニ於テハ連合国ノ占領軍ハ直ニ日本国ヨリ撤収セラルヘシ、コノ政府ニハ現皇統下ノ立憲君主制ヲ含ム云々」のうち傍点部分は、国務省政策委員会（Policy Committee）におけるアチソン、マクリーシュ国務次官補の強硬な反対に遭遇した。

アチソンについては、後にドゥーマンが次のように述べている。

一九四五年春、国務・陸・海三省調整委員会（SWNCC=State, War, Navy Coordinating Committee）が開かれ、司会者はジョン・マクロイ陸軍次官であった。委員会はまず私の担当でないヨーロッパ問題を討議していたので、私はその討議が終ったところで入室した。出席者の中にディーン・アチソン氏がいた。彼はヨーロッパ問題の討議のために呼ばれたもので、これから私が論ずる日本の政治体制は所管外のはずなのに、彼は退席しなかった。彼は当時議会対策担当国務次官補で、この事項は全く所管外であった。私の報告の後、マクロイ議長はアチソンに向い、「ディーン、貴方は極東問題の大家（a great authority）だが、今我々が聞いたことをどう思うか」と訊ねた。アチソンはそれに対し「アジア専門家は叩き売りできるほど沢山いて（a penny a dozen）、どんな思いつきでもそれを支持する専門家がどこかにいる。私個人に関しては今の話には全く反対で、私の信用する専門家は別にある」と答えた。その後で彼の述べた見解はほとんどラティモア『アジアにおける解決』の逐語的引用で、日本国民は叛乱を起して君主制を廃止するだろうとか、天皇制は国民党内のファシスト・グループが米国の権威を笠にきて手を貸す場合にのみ存続するだろうとかと述べた(6)。

デヴィッド・マクレラン『アチソン伝』は、アチソンによるグルーのポツダム宣言原案に対する反対について、次のように述べている。

グルーが無条件降伏方針を修正して天皇制を容認する案を提出した時、「アチソン氏とマクリーシュ氏とは猛然と反対した」。……アチソンは「天皇制などというものは時代錯誤の封建的制度であり、日本国内の時代錯誤的・封建的心性をもったグループに利用されるだけのものだ」と指摘し、ヒロヒトを天皇として存続させるという方針は議会の強い反対を招くであろうと述べた。(7)

もっとも政策委員会の議論は諮問的なもので、グルーはアチソン、マクリーシュの反対にもかかわらず、自分の属する国務省の支持を欠いたままで、宣言案採択の工作を続けた。だが七月一日に就任したばかりのバーンズ新国務長官がコーデル・ハル元国務長官に電話で意見を打診したところ、ハルは天皇制の公然たる容認は「宥和的に過ぎ」(too much like appeasement)、国内の政治的反響は恐るべきものになろう、と述べた。これで一二条後半は削除された。

ちょうどこの七月三日午前一一時半に、ラティモアが大統領を訪問した。しかもホワイト・ハウスの控え室でグルーとバッタリ出会った。グルーは彼をみて近寄り、「ラティモアさん、貴方は日本に多少とも長期間滞在されたことがありますか」ときいた。「ノー」と答えると、グルーは「そうだと思った」(I thought so.)といった。(8) 評論家ドルー・ピアソンはラジオで、「ラティモアはグルーを極東問題顧問に登用しないように助言しにいったのだ」と報じたという。

ラティモアのトルーマン訪問

ラティモアとトルーマンとの接触は、同年六月一〇日付ラティモアの大統領宛書翰に始まる。

ハリー・S・トルーマン大統領殿

拝啓　私は、一九四一年、故ルーズヴェルト大統領の御推薦を受け、蔣介石総統の政治顧問に任命されました。当時の我が国の政策は、統一中国を支持する政策でありました。ところがこの政策が大きく変更されつつあるように思います。そしてこの政策変更は、やがて中国の政治的分裂、さらには領土的分裂さえ招きかねず、また米ソの対立抗争をも惹起しかねないものと存じます。

ごく最近まで、我が国は中国が一国家として統一することを援助することを基本政策とし、中国内の一勢力のみを一方的に支援するように解釈される行為は慎重に避けてまいりました。ところが今この政策は根本的に変更されたように見えます。我が国の中国政策のスポークスマンとみられる人々は、一党派のみを中国政府と見做していること、そして他の諸勢力を抑圧してその党派のみの存続を図っていることを、中国人たちに信じさせようとするかの如き発言を、敢えて繰り返しています。

中国人がこう考えるようになれば、ロシア人もまた「米国が中国内の一党を支持するなら、我々も別の一党を支持しよう」という気になるのは当然でしょう。そうなれば重要地域の制圧をめぐって対立が激化し、やがては米ソ対立の途へと直進することにならざるをえません。多くの人々は、このような遣り方を、長く中国の政治的・領土的統一の支持者であった我が国が、今や中国を政治的・軍事的に分裂させる政策をとり始めたものとみています。

大統領閣下、私はこのような深刻な危機を前にして、中国やロシアを政治的に操作しようとすることで、この危機を避止することは不可能であり、問題解決の第一歩は我が国の政策の現在の急変を是正することであるという私の意見を開陳することが、一国民としての義務であると感じました。

ここに我が国の対中国政策を、現在その立案・執行に当っている人々以外の助言者により、公正に再検討すべきことを衷心より提言致します。

敬具

一九四五年六月一〇日

オーウェン・ラティモア[9]

これに対するトルーマンの返書(六月一四日)[10]は、やや人を喰ったもので、「お便り拝見、中国情勢は大変うまく進捗しており、中国人にもその政策は明確に伝えております。英ソ両国とも、中国への最善の利益になるよう合意が成立しています。気が向かれれば、一度会って話し合いましょう」という返事に、七月三日の会見を提案する秘書の手紙が附されている。七月三日、彼は大統領に面会するとともに、その主張を左記の文書にして提出した。その主張は対日政策をも包摂していて注目される。

1　対中国政策との関連における対日政策

日本は現在、復活と次の戦争を可能にするような講和条件を獲得することにすべての希望を繋いでいます。「白人打倒」という人種主義的スローガンでアジア人連合の盟主となって、復活しようというのです。ドイツにおいては、ナチはドイツ国内にしか潜伏しませんが、日本の地下組織はアジア全体に潜伏する可能性があります。その鍵を握るのは中国です。

またドイツと同様、日本は西側とロシアを対立させようと画策するでしょう。この点でも鍵を握るのは中国です。

それ故中国の未来にとっては、日本に勝つことそのものよりも、いかに勝つかが一層重要です。日本は既に戦後中国を政治的・領土的に分裂させるような敗け方を工夫しています。共産ゲリラのいるところでは、蔣介石軍に有利で、共産ゲリラに不利な撤退をしようとし、共産軍のいないところでは、今度はその土地の軍閥に有利に、蔣介石に不利なように撤退し、こうして領土が統一されないように図っているのです。こうして中国の中で地主と小作人、地方と中央政府が相せめぎ合っている間に国力を回復しようというわけです。

こういう日本の策謀に対処するためには、我が国の対中国政策は、中国の平和、統一、政治の近代化を一貫して追求すべきだと思います。

日本はまたロシアの脅威を口実として、英米を「反革命的」な日本の大企業に対し「柔かい」態度に導こうとし、また日本の大企業が軍国主義者以上に軍国主義的であることに対し、見て見ぬふりをしてくれることを望んでいます。

現局面における我が国の政策の運営に当っては、日本でなく中国こそが極東全体にとっての鍵であるという事実に即して、政策を調整することが必要と存じます。かつて日本が中国より「大国」であったという理由だけで、現在は中国専門家より日本専門家が政策決定の要職におります。

2　対中国政策

二つの選択肢があります。

第一　中国の蔣介石と共産党への分裂。蔣にとっては、この政策は、米国にその欲するものを与えて、その代り永続的に米国の支持を得る政策を意味し、共産党にとっては、ロシアと同様の関係に立つことを意味するでしょう。それはほとんど米ソ戦争を不可避とするでしょう。

第二　中国統一政策、統一のためには国共調停と米ソ英三国間の合意が不可欠です。共産党は長期的に少数派としての地位に甘んじざるをえず、しかし蔣は共産党に、連合政権内での一定の（彼らの実力に相応した）実権を与えねばなりません。

要するに、蔣がその版図中で独裁権をもちつつ、我が国の道具となる分割された中国と、蔣介石の権力縮減など大きな改革を伴う統一中国の何れを選ぶかです。我が国の政策が毅然としていなければ、蔣は大版図の中で制限された権力をもつより、小版図の中で絶対権をもつことの方を選ぶでしょう。蔣は今でも我が国は形勢観望中だとみており、ただ彼が時機を選んで「ボルシェヴィズムの脅威」に対抗する内戦を起こせば、対ソ対抗上我が国を彼の支援に引き込むことが可能だと考えています。彼の助言者たちは、「米国では共和党が力を増し、保守的潮流へと向いつつある」と彼を説きつけています。そういう趣旨のヘンリー・ルース、ウォルター・ジャッドなどの予測を信じているのです。

第一と第二の選択肢の中で、後者こそが我が国の基本的利益に適うものです。しかも成功の見通しもあります。蔣は頑固ですが、過去の行動をみると譲るべき時期を心得ています。米ソが英国の支持を得て、審判官の役割を果たそうとしていることが明白になれば、彼も改革に取り組むでしょう。蔣に共産党に対して実質的な譲歩を伴う妥協をさせるためには、彼を騙したり脅したりするだけでは足りません。ワシントンとモスクワが合意すれば、重慶と延安はその合意を実行するでしょう[11]。

ラティモアの気負いにもかかわらず、トルーマンには全く彼の所説を傾聴する熱意はなく、会見は約三分間で終った[12]。しかしこの書面の中の国務省人事についての発言が後に問題とされる。

ポツダム宣言をめぐって

七月七日午前六時、大統領一行は巡洋艦オーガスタ号で、ヴァージニア州ニューポートニューズ港を出港し、ポツダムに向った。随行者はバーンズ国務長官、ソ連専門家のチャールズ・ボーレン東欧課長など。ポツダム宣言、即ち天皇制存置政策の推進者スティムソン陸軍長官とグルー国務次官は参加していない。スティムソンは満洲事変直後の一九三二年に、日本の侵略の成果を一切否認する原理主義的な『スティムソン・ドクトリン』を発表した国務長官であるが、七七歳の一九四五年には、戦争の早期終結のために無条件降伏方針を修正することを是認する現実政治家として、グルーを強力に(most vigorously)支持していた[13]。彼もまたソ連の世界政策に警戒心を深め、ソ連の対日参戦以前に戦争を終結することを主張していた。船が出発した後、グルーは、チャールズ・ボーレンなどの随行者が妨害するのではないかという危惧の念を、フォレスタル海軍長官に洩らしたという[14]。

スティムソンは、遂にたまりかねて、「招かれざる客」として、原爆実験成功の報告をもってポツダムに飛んだ(七月一六―二五日滞在)。彼が一二条後半の復活をバーンズやトルーマンに説いて容れられなかった経緯を、チャールズ・L・ミーは次のように描いている。

〔七月一七日、火曜日〕　火曜日早朝、彼はジミー・バーンズのところを、昼食時にはチャーチルのところを原爆実験成功の最高機密電信をもって訪れた。彼はバーンズに、①原爆について日本に強い警告を発すること、②天皇の存置を確約すること、の二点の説得を試みた。バーンズは両案とも却下した。彼は大統領の権威をもって語っているようにみえた。スティムソンは、彼の二案とも敗れたことを悟って、満洲その他に関する無難な主題に話題を転じた。

〔七月二四日、火曜日〕　トルーマンがポツダム宣言に言及した時、スティムソンは、天皇制存置を日本人に知らせる案を再び持ち出した。「私はこの条項の削除に一時賛成しましたが、やはり考え直してみて、やった方がいいと思いました。宣言案を今から改訂するのは遅過ぎるかもしれませんが、大統領も事態を注視され、この点だけが日本の受け容れを阻害している唯一の点だと見極められた時点で、外交ルートを使って口頭のメッセージを送られたら如何でしょう」と。これに対しトルーマンは、「仰せの通り事態を注視し、いい時期があれば仰せのようにしましょう」と答えて、スティムソンを追い返した。スティムソンは、大統領は自分の意見など聴く意志がないことを悟った。[15]

この一二条後半抜きのポツダム宣言が七月二六日に発表され、鈴木貫太郎首相の「黙殺」演説が拒否と解されて、原爆投下、ソ連の参戦を招いた経緯はよく知られている。ところで日本の同宣言受諾に際して発せられた詔勅が、『アメレジア』グループの激しい攻撃対象となった。ビッソンは、『ニュー・リパブリック』誌八月二七日号で次のように述べた。

ヒロヒト天皇の発した勅語は唖然とする他ないもので、敗戦国の支配者の発した声明としては前代未聞のものである。……まずこの文書は厚顔にも日本の侵略戦争を「曩ニ米英二国ニ宣戦セル所以モ亦実ニ帝国ノ自存ト東亜ノ安定ヲ庶幾スルニ出テ他国ノ主権ヲ排シ領土ヲ侵スカ如キハ固ヨリ朕カ志ニアラス」などと正当化している。「盟邦」への訣別の書においても東亜「解放」のスローガンをくりかえし、「朕ハ帝国ト共ニ終始東亜ノ解放ニ協力セル諸盟邦ニ対シ遺憾ノ意」を表している。敗戦原因として原爆に言及しているくだりは、他の日本指導者によって附加的説明が加えられ、敗戦は大和魂の欠陥の故でなく、敵の科学技術の優越性の故であったというキャンペインの基礎となされようとしている。

訳文が幾種類か出ていることからもわかるように、英訳は完璧でない。例えばニューヨーク『ポスト』の訳によれば、天皇が「(連合国) 回答によって天皇の主権が認められ」といったことになっている(「茲ニ国体ヲ護持シ得テ」の箇所)。この勅語の本質を最もよく暴露したこの箇所を、『ニューヨーク・タイムズ』も『ヘラルド・トリビューン』も訳出していない。この箇所は、国民の前に連合国の力を借りて自らの地位を強化しようとしている。我々は戦争中天皇への攻撃を避ける政策を細心に取り続けてきた。その政策のお蔭で、天皇は今、敗戦下でその国民に、連合国がその主権を認めてくれたと語り得るのである。言わぬ事でないとはこの事だ。

この点についての文献上の典拠は、連合国側で信じさせられているほど明確ではない。八月一〇日に日本の降伏申入れがなされ、翌一一日に連合国がそれに次のように回答した。曰く、「最終的ノ日本国ノ政府ノ形態ハ『ポツダム』宣言ニ遵ヒ日本国国民ノ自由ニ表明スル意思ニ依リ決定セラルヘキモノトス」と。ところがポツダム宣言自体の中には日本の最終的政体について明示的に言及した条項は存在しない。それに最も近いものは第一二条で、「日本国国民ノ自由ニ表明セル意思ニ従ヒ平和的傾向ヲ有シ且責任アル政府カ樹立セラルル」時連合国の占領軍は撤退するというものである。「平和的傾向ヲ有シ且責任アル政府」の樹立が即ち「最終的ノ日本国ノ政府ノ形態」の選択に当るのであろうか。

日本の当局は、この問題を自分の都合のいいように処理した。八月一四日日本政府回答は、用心深く八月一一日回答のいう窮極的政体の問題を無視しつつ、ポツダム宣言の条件は受け容れると称した。詔勅は「最終的ノ日本国ノ政府ノ形態」に変化が生じうるという想定を、明言をもって否定した。連合国国民はそれが変るはずだと信じているというのに、どちらが正しいのか？　できるだけ穏和な表現を用いても、ここに曖昧さがあるといわざるをえない。国務省は連合国の代表として行動しているのであるから、直ちにこの点を明確にする責任がある。この問題が至重の問題であることはいうまでもない。何故なら、これこそ復讐戦を企てるであろう勢力から権力を奪うに足りるほどの変革を行うか否かの岐路なのだから。

連合国が仮に日本国民に政体変革の機会を与えるとして（国務省がヒロヒト天皇の先の解釈をはっきり否定しない限りそんなことはありえないが）、その機会をいかにして、いかなる条件下で与えるかが問題となる。選挙を茶番劇に終らせるべきでないならば、真に日本の寡頭支配体制に反対する民主諸政党の出現を可能にするだけの自由が与えられなければならない。独立の連合国軍事政府が日本に樹立されるならば、そのような政党が擡頭してくることは疑いない。しかし権力が天皇と寡頭支配者たちの掌中にある限りは、彼らがマッカーサー元帥の指揮下に立つにしても、状況は全く異なったものとなるだろう。天皇や寡頭支配者たちは、マッカーサーの指令を忠実に執行して、自己の打倒を目指す諸政党を興隆させるだろうか。天皇の下《もと》にあり、寡頭支配層の代表者によって構成される内閣が選挙制度を定めてそれを実行したとして、それが日本の「政府ノ形態」を変革しうるだろうか。どういうやり方をとろうと、行きつく先は無駄骨折りということになるのではあるまいか。要するに、ヒロヒト天皇と寡頭支配層は、彼らの権力を温存しつつ、マッカーサーの傀儡として軍事的降伏に伴う措置を実施するだけで、政治的に自己を破壊するようなことは決してしないだろう。

ところで実際に連合国はどうしようとしているのか。答えは明確で、かつ芳しからぬものである。実際には旧体制を一掃するに足る革新的で強力な民衆運動を育成するための真剣な努力などしないだろう（延安で日本人民解放連盟を指導している岡野進の再入国をどの位早く認めるか、注目に値する）。むしろ占領軍はヒロヒト天皇下の内閣を頂点とする「法の秩序」の擁護に専心するだろう。天皇が詔勅で国民に告げたように、天皇制は維持され、この天皇制の基礎となる一八八九年憲法も維持されるだろう。日本人民がヴァイマール憲法のようなものを起草するということもないだろう。せいぜいヒロヒト天皇が、誰かの示唆によって、小さな重要性の乏しい憲法改正を行う程度であろう。日本の政治改革という根本問題は、この名目的憲法改正にすり替えられるだろう。この憲法改正によっては、寡頭支配者は権力の座から微動だにしないだろう。

この対日勝利後二週間の出来事に徴してポツダム宣言を再読してみると、上述の結論を驚くべき仕方で確認していることがわかる。その最善の条項においてさえ、侵略戦争について、天皇と財閥に軍国主義者と同等の責任があることを認めていない。第四条は「我儘ナル軍国主義的助言者ニ依リ日本国カ引続キ統御セラルヘキカ」を「決定スヘキ時期ハ到来セリ」といっている。悪いのは天皇に「悪い」助言をした軍部だけというわけである。格調高い第六条にも同様の疑いがある。曰く「吾等ハ無責任ナル軍国主義カ世界ヨリ駆逐セラルルニ至ル迄ハ平和、安全及正義ノ新秩序カ生シ得サルコトヲ主張スルモノナルヲ以テ日本国国民ヲ欺瞞シ之ヲシテ世界征服ノ挙ニ出ツルノ過誤ヲ犯サシメタル者ノ権力及勢力ハ永久ニ除去セラレサルヘカラス」と。問題は「無責任ナル軍国主義」という言葉にある。日本は「無責任な」将軍たちが「穏健な」天皇に従わなかったから戦争したのだろうか。日本侵略主義への治療は、その主導力、方法についてのこのような浅薄な診断によって可能となるはずがない。そして第一〇条は「日本国政府ハ日本国国民ノ間ニ於ケル民主主義的傾向ノ復活強化ニ対スル一切ノ障礙ヲ除去スヘシ」という。なぜ連合国軍でなく日本国政府なのか。それはそうさ、ヒロヒトがやるのさ。ポツダム宣言を受け容れたとき、天皇制寡頭支配者たちは、このことを十二分に知っていたのである。[16]

ラティモアも、九月四日に記者会見して次のように述べた。

日本に民主主義が育成さるべきであるならば、日本を財閥の支配から解放せねばならぬ。日本を支配して侵略を推進したのは軍閥・財閥一体の支配層であり、第一次的には軍閥より文民たる財閥の方が主導的であった。軍閥と財閥はタコのように、巨大な吸盤によってすべてを支配下におく。天皇は彼らの道具であり『看板』である。天皇もまた大株主と大地主であったし、今でもそうだ。天皇や財閥が軍国主義者を今声高に非難しているが、騙されてはならない。天皇と財閥を温存することは、日本を侵略国家としてそっくり保存することである。財界と軍部と天皇の間に利害対立があるなどと考えるのは最大の誤解であり、唯一の相違は、財界は漸進的侵略派、軍部は性急侵略派で、天皇はその両方だということだけである。財界の絞めつけを打破して後初めて真の自発的な、日本人自身による改革が実現されうる。その改革によって天皇制は廃止され、真の共和国が実現されるだろう。(17)

（1）Roth, *Dilemma in Japan*, pp. 58–70.
（2）Joseph C. Grew, *Turbulent Era: A Diplomatic Record of Forty Years, 1904-1945*, 1952, p. 1452.
（3）*Hearings on the Institute of Pacific Relations*, p. 706.
（4）Grew, *op. cit.*, p. 1451.
（5）Grew, *op. cit.*, pp. 1445–46.
（6）*Hearings on the Institute of Pacific Relations*, p. 723.
（7）David S. McLellan, *Dean Acheson, The State Department Years*, 1946, p. 52.
（8）*Hearings*, pp. 3369–70.
（9）*Hearings*, p. 3087.
（10）*Hearings*, p. 3387.
（11）*Hearings*, pp. 3387–88.
（12）*Hearings*, p. 3388.
（13）*The Forrestal Diaries*, ed. by Walter Millis, 1951, p. 69.
（14）*op. cit.*, p. 74.

(15) Charles L. Mee, *Meetings at Potsdam*, 1975, pp. 70, 167-68.
(16) Bisson, "Japan's Strategy of Revival," *The New Republic*, Vol. 113, No. 9, Aug. 27, 1945.
(17) *New York Times*, Sept. 5, 1945.

12　マッカーサーと占領

グルー国務次官の辞任

一九四五年八月一五日、グルーはトルーマン大統領に対して次のような辞表を提出した。

　昨年一二月、ルーズヴェルト大統領とステティニアス国務長官が、私に国務次官の職を申入れられた時、私は感謝の念を以て、しかし戦争の継続する限りにおいてという期限を切って、お受けしました。その後私は、貴方が大統領に就任された際に、辞表を提出しました。戦争が終った現在、その辞表を改めてお受け下さるようお願い申上げます。四一年間国に御奉公した現在、齢《よわい》〔当時六五歳〕はもはや外交官の停年年齢を過ぎております。今や公職を去るべき時が来たと存じます。……[1]

グルーの後任には、早くよりラティモアも下馬評に上っていた。[2] 実際に後任に任ぜられたのは、ディーン・アチソンであった。直ちに国務省極東部の陣営は、「日本派」より「中国派」に総入れ替えされた。セオドア・コーエンのいう「日本派」の「ドミノ的な崩壊現象」である。[3] ドゥーマン、バランタイン、ディコーヴァーなどの「日本派」は退陣し、極東部長はジョン・カーター・ヴィンセント中国課長がドゥーマンの後任となった。

もっともこの「中国派」の新首脳が対日報復政策に乗り出そうとした時には、もうドゥーマンのもとで立案された『初期対日方針』が決定していた（『初期対日方針』は、ドゥーマンの思想などよりは遙かに革新的なもので、これには陸軍、特にジョン・F・ヒルドリングの果たした役割が大きいことを、コーエンが指摘している）[4]。それは占領の目的として「平和的且責任アル政府ヲ究極ニ於テ樹立スルコト、米国ハ斯ル政府ガ出来得ル限リ民主主義的自治ノ原則ニ合致スルコトヲ希望（desire）スルモ自由ニ表示セラレタル国民ノ意思ニ支援セラレザル如何ナル政治形態ヲモ日本国ニ強要（impose upon）スルコトハ連合国ノ責任ニ非ズ」と定め、軍国主義者の権力・影響力は強権を以て一掃するが、それ以外の改革は「奨励」（encourage）するに留めることとしている。また「最高司令官ハ米国ノ目的達成ヲ満足ニ促進スル限リニ於テハ天皇ヲ含ム日本政府機構及諸機関ヲ通ジテ其権限ヲ行使スベシ」と、間接統治の原則を定めている。確かに「封建的及権威主義的傾向ヲ修正セントスル政治形態ノ変更ハ日本国政府ニ依ルト日本国国民ニ依ルトヲ問ハズ許容セラレ且支援セラルベシ」と、ラティモア流の戦後改革論を容れた条項も見られるが、政体に関する限りは全体としてグルー、ドゥーマン派の主張を骨子としたものである。

「中国派」を中心とした国務省新執行部の発した「連合国最高司令官の権限に関する通達」（一九四五・九・六）は、グルーの無条件降伏原則修正に激しく反撥した「中国派」新執行部の自己主張の現われとみることができよう。曰く、

一　天皇及び日本政府の国家統治の権限は、連合国最高司令官としての貴官に従属する。貴官は、貴官の使命を実行するため貴官が適当と認めるところに従って貴官の権限を行使する。われわれと日本との関係は、契約的基礎の上に立っているのではなく、無条件降伏を基礎とするものである。貴官の権限は最高であるから、貴官は、その範囲に関しては日本側からのいかなる異論をも受け付けない。

二　日本の管理は、日本政府を通じて行われるが、これは、このような措置が満足な成果を挙げる限度内においてである。このことは、必要があれば直接に行動する貴官の権利を妨げるものではない。貴官は、実力の行使を含む貴官が必要と認めるような措置を執ることによって、貴官の発した命令を強制することができる。

三　ポツダム宣言に含まれている意向の声明は、完全に実行される。しかし、それは、われわれがその文書の結果として日本との契約的関係に拘束されていると考えるからではない。それは、ポツダム宣言が、日本に関して、又極東における平和及び安全に関して、誠意をもって示されているわれわれの政策の一部をなすものであるから、尊重され且つ実行されるのである。

占領軍司令官としてマッカーサーがどのように行動するかは、全く未知数であった。先に引用したビッソンの終戦詔勅非難論文の掲載された『ニュー・リパブリック』八月二七日号の、匿名筆者による巻頭論文は「バーンズ国務長官の新人事は、ジョセフ・グルーをディーン・アチソンに更迭したが、これは賢明な決定（wise decision）のようだ。但しグルー氏が、マッカーサー元帥の政治顧問のような要職に転ずるのでない限り」と述べている(5)。実際にはその筆者の危惧した通り、バーンズ国務長官は、グルーにそのポスト、即ちマッカーサーの政治顧問のポストを受け容れるか否かの意向を打診したのである。グルーは回想の中で次のようにいっている。

私は三つの理由でこの申出を断った。第一にマッカーサーは人の助言など聴く耳を持たぬ人物であること、そして私は、自分の賛成しない政策が、自分にも責任のあるような仕方で遂行されるのを甘受せざるをえないような職に就きたくないこと。第二には私は日本の旧友たちと征服者としてまみえたくないこと、第三には日本では胆石の養生が難しく、いつまた発病するかわからぬこと、である。第一と第二の理由は或いは努力次第で何とかなるかも知れないが、第三の理由はどうにもならない。バーンズは直ちに「成程それはもっともだ」といった。何れにせよ私は、マッカーサーが助言者など求めたことはないことを知っていた。(6)

婉曲ではあるが、マッカーサーがグルーの賛成しない強硬な報復策をとり、彼の旧友たる「穏健派」のエリートたちを圧迫することへの危惧の念が表明されている。

ミズーリ艦上のマッカーサー演説

ところがマッカーサーはそのような報復主義者ではなかった。八月二四日、フィリピンの聖トマス大学で名誉法学博士号を授与された時、彼は「寛容と相互理解を基調とする社会秩序を目指す政治哲学」を説き、「キリスト教、民主主義、および西洋文化の本質をなすものを我々は救い出すことに成功した。我々がこの戦争において擁護しようとしたのは、一層高次の人間の尊厳であり、東洋は今やこの開化の時代を迎えつつある」と述べた。(7)彼はこのような第二次大戦観、「政治哲学」をもって日本に臨もうとしたのである。九月二日、ミズーリ艦上における米国民向け演説において、彼は次のように説いた。

同胞たちよ。今日ここに銃声は終った。大いなる悲劇は幕を閉じた。偉大な勝利が我々のものとなった。もはや空より死をもたらす弾丸の雨は降らず、海上には商船のみが往来し、今世界の人々は陽光の下《もと》を堂々と闊歩する。全世界は平和で静かである。今や聖なる使命は完遂された。諸君、私はこのことを、幾千の英霊、密林や海岸や太平洋の深海に眠る人々に代って、また未来を惨禍から救った幾百万の戦士たちに代って報告するのである。

私は今、全世界が恐怖に包まれ、全世界において民主主義が守勢に立ち、近代文明が存亡の危機に立っていたあの時、バターンとコレヒドールのあの陰惨な日々に始まる苦難の日々を回顧している。そして、勝利にまで我々を導いた信仰・勇気・力を我々に与え給うた神に感謝する。

我々はまず敗北の辛苦を、そして勝利の歓喜を知った。そしてこの敗北と勝利の体験から、我々は不退転の決意をもった。我々は戦争において得た平和を保持するために、前進せねばならぬ。

我々は新時代を迎えた。この勝利でさえも、未来の安全保障と文明の存続についての深い危惧を伴わざるをえない。科学の進歩は武器の破壊力を増大させ、今や伝統的戦争観念の変革を余儀なくされる時が至った。

人類はその発祥以来平和を求めて来た。各時代は各々国際紛争を予防・調停する方法を考案した。個人間の紛争の予防・調停については、古来有効な手段が存在したが、国際紛争についての有効な方法は未だない。軍事同盟、勢力均衡、国際連盟という諸方法は順番に失敗した。そうなれば戦争という坩堝に一切を委ねる他ないように見える。

ところが現在、戦争は徹底的に破壊的となり、戦争の坩堝はもはや選択しえなくなった。現在が最後の機会である。我々が何らかのより偉大な、より公正な方法を考案しない限り、世界の終末《アルマゲドン》は眼前に迫っている。問題は本質的に神学的なものである。我々は過去二千年間の科学・芸術・文学等々、あらゆる物心両面の進歩にみあう精神の再生（spiritual recrudescence）と人間性の改善を要求されている。肉体を救おうとする者は霊的なものでなければならない。

我々は今東京に在って、九十二年前にここに立った同胞ペリー提督を想い出す。彼は日本の孤立のヴェールを揚げて世界との友好・貿易・通商への途を開き、日本に啓蒙と進歩の時代をもたらそうとした。ところが残念ながら、こうして得られた西洋の科学知識は、抑圧と隷従の道具に改鋳された。自由な教育が抑圧され、迷信と暴力によって表現・行動・思想の自由が否定された。

我々はポツダム宣言によって、日本国民を隷従状態より解放することを委託されている。私は軍隊の武装解除・軍備の廃止と並行して、この委託に応えたいと思う。日本国民のエネルギーは、正しく導くならば、水平でなく垂直に発展するだろう。この民族の能力が、建設的な方向に転換されるならば、やがては日本は現在の悲惨から脱却し、尊厳ある地位に到達するであろう。

太平洋には新たな解放された世界への展望が開けた。今や自由は攻勢に転じ、民主主義は前進を開始した。ヨーロッパにおいてもアジアにおいても、桎梏を解かれた人々は自由の甘さを味わい、恐怖よりの解放を享受している。

我が国は、フィリピンにおいて、この自由な新アジアの模範をつくり出してきた。フィリピンにおいて、我が国は東方と西方の諸民族が相互の尊敬と互助のもとに共に歩みうることを証明したのである。我が国のフィリピン支配の歴史は、アジア諸国民の信頼を得ている。

そこで、同胞たちよ。本日私は、貴方方の子女が、神話にのみ基礎をもつ敵の狂信とは対照的に、古き良き米国の陸海軍人にふさわしく平静に、思慮深く、かつ断固として戦ったことを、またこの勝利は彼らの精神力の賜《たまもの》であることを諸君に報告したい。彼らは今帰国の途にある。彼らを暖く迎えられんことを。[8]（傍点長尾）

この中で注目すべきことの一つは、ポツダム宣言には、占領軍に日本国民を隷従から解放することを委託するような条項は実際には存在しないことである。第八条にカイロ宣言の条項の遵守が謳われ、そのカイロ宣言には「三大国ハ朝鮮ノ人民ノ奴隷状態ニ留意シ軈テ朝鮮ヲ自由且独立ノモノタラシムルノ決意ヲ有ス」とあるが、まさかマッカーサーが朝鮮人民と日本人民を混同したわけではあるまい。第一〇条は「吾等ハ日本人ヲ民族トシテ奴隷化セントシ又ハ国民トシテ滅亡セシメントスルノ意図ヲ有スルモノニ非」ずとしているが、連合国の奴隷としないことと日本の支配者への隷従状態から解放することとは全く異なる。一九四四年九月九日戦時情報局（ＯＷＩ）日本課長ジャック・フィールズは、対日放送において、この戦争は軍国主義者から日本国民を解放する戦争だと宣伝することの可否

について の照会に対し、この戦争において「連合国は日本国民のためではなく、連合国その他の友邦の安全保障のために戦っていると考えられる。日本軍国主義が絶滅されれば、日本国民は自由を獲得するかも知れないが、それは副産物に過ぎない。我々は国内の抑圧でなく、対外侵略に対して戦っているのである。もし国内的抑圧が我々の敵であるならば、どうしてスペイン、アルジェンチン等々に戦いを挑まないのだろうか」と答えている。占領軍に「解放軍」的色彩を与えたのは、マッカーサーの創案である。

このマッカーサーの演説は、ペリーが着手した米国人の手による日本近代化の事業を、正道に引き戻しつつ推進するというもので、一種の慈恵的専制主義を含意し、その点で日本の国内改革を強要しないという「日本派」の占領政策よりも、「中国派」に近いところがある。日本の悪の根源を軍国主義者のみとするか、日本支配層一般とするかという「日本派」と「中国派」の対立に関しては、この演説においては何れにも左袒していない。他方、憎悪や復讐心を感じさせない点で、「中国派」とも異なっている。

初期のマッカーサーの占領政策の性格は、一方において「日本派」の意図した内政改革非強要の原則を、独自の判断に基づいて蹂躙し、かつ「中国派」に代表される報復主義の情念を、日本人民の解放という積極的方向に転轍したところにある。

マッカーサーの変身

一九四五年一〇月に賠償使節団の一員として日本を訪問したラティモアは後に、「アメリカでは政治的に極端な保守派とみられていたマッカーサーが、ルーズベルトのニュー・ディールが当のアメリカでやったどんな措置をも超える過激な政策を実施していること」「国務省の慎重な連中なら自分から進んで絶対にしないようなこと」をどんどん推進していることに人々は驚いた、と回想している。[9]このマッカーサーの変身は、彼の神学の変化に関わっている。保守派は人間性の性悪論者であり、「この人間性が変らない以上は、改革は無意味だ」と考える。革新派は人間性改革の可能性を信じ、従って新たな人間による新たな社会の可能性を信ずる。一九三五年、マッカーサーは平和主義者を攻撃して次のように述べた。

　人間性が、多少ともキリスト教の精神に反する動機によって支配されるものである以上、我が国もまた自分の実力を誇る者の攻撃対象となりうる。表向きはどういう美名を唱えようと、嫉妬心、情欲、被害妄想などの悪しき衝動につき動かされるのである。それ故あらゆる国家は、攻撃や侵略に対し、守るべきものを守るよう備える義務がある。自分ばかりでなく、弱き他人を防衛することも人たるものの道である。言葉や行動によって「何が何でも平和を」と唱える連中は、守るべき価値あるものを持たないか、自らの保護下にある者を保護する義務、弱き者を保護する義務を忘れているのだ。

　神は全知にして慈愛にみちているが、自分の防衛を理由なく怠る者を守り給わない。神はその理性と能力の限りを尽くして、自らを助ける者のみを助け給う。友よ、これが基本的な神学である。[10]

これ即ち性悪説の神学、保守主義の政治哲学である。ところが彼は、苛烈な戦争の終末、核兵器による人類滅亡の危機に直面して、「精神の再生と人間性の改善」への信仰に帰依したのである。第九条の非戦条項を含む日本国憲法の制定について、一九四六年四月四日、対日理事会においてマッカーサーは次のように述べている。

良い憲法を紙に書いたからといって、民主主義が樹立されるものではない。民主主義は何よりも精神の問題である。憲法は国民生活の構造的変化、精神の変化をもたらそうとする試みであり、それなしにはこのような根本的改革は全く不可能である。……

日本政府は戦争放棄をその憲法案の中で提案している。日本政府は、国家の政策手段として戦争が全く不能であることを今や熟知している国民の政府である。この提案は、今や人類史発展の一段高次の段階に立ち至ったとの認識に立っている。即ち諸国は相互に戦争を防止しあい、国際的・社会的・政治的道徳の一層高次の法則を育てようとしているのである。現在我々が直面しているのは、世界がこのような新たな国家間関係への一歩を進めるか、大量殺戮を伴うべき全面破壊戦争を再現するかの二者択一である。

文明の発展と存続が、このような前進の絶対的必要性の認識に、また全世界の国家が国際紛争の解決を力に訴えることが全く実りなきものであることを認識することに、即ち国際関係から猜疑・不信・憎悪を除去することに……依存していることは明らかである。それにはまさしく、戦争を嫌悪する民衆、戦争の惨禍の第一の被害者である民衆の意志を実現しようとするだけの道徳的勇気をもった世界的指導者が必要である。そしてまた日本のような国がこの高次の法に安んじてその安全を委ねうるような世界秩序の形成が不可欠である。……ここに恒久平和の鍵がある。

それ故私は、日本の戦争放棄の提案を、全世界の人々の考慮に供したい。それはとるべき唯一の途を指し示している。国際連合の意図は賞讃すべきものであり、その目的は崇高なものであるが、今日本が一方的にこの憲法によって提案している主権的権利としての戦争の放棄を全世界の諸国民が受け容れなければ、その意図も目的も実現不可能である。このような戦争放棄は同時的・普遍的なものでなければならない。すべてか無かである。(11)

やがて冷戦体制の中で、このマッカーサーの人間性の改善（*ref*. p. 171 最終行）という終末論的信仰は色あせる。中国への原爆投下を主張してトルーマン大統領に罷免されたマッカーサーは、帰国後テキサス州議会で次のように演説した。

一九四五年九月二日、日本の降伏を受け容れた後に、私は「我々は科学・芸術・文学等々、あらゆる物心両面の進歩にみあう精神の再生と人間性の改善を要求されている」と述べた。だがそのような改善の歩調はのろい。却って全自由世界には、道徳性低下の徴候がはっきり窺われる。(12)

こうしてマッカーサーは保守主義者に戻った。日本占領は、保守主義者マッカーサーの生涯の中で、革新的情熱が燃え上った一時期に相当したのである。

対日占領政策と『アメレジア』グループ

ウィリアム・ノイマンは、終戦直前の「中国派」対「日本派」の対立を略述したあと、次のように述べている。

両派とも占領政策に大きな影響を与えることは全くなかった。マッカーサー元帥とその輩下の人々は、日本や極東について専門的知識をもつ者を疑いの眼でみた。元帥は連合国の極東委員会をほとんど完全に無視し、ワシントンから送られてくる助言者も指令もほとんど無視した。彼は戦場で鍛えられ、政治より軍事に経験をもつ人々を信頼し、もっぱら彼らの助けを得て日本民主化事業を遂行した。占領軍が指針とした包括的な理論なるものが仮にあったとすれば、それはただ「アメリカに良いものは日本にも良いはずだ」という命題のみであった(13)。

だが『アメレジア』グループが占領政策に全く影響力をもたなかったかというとそうではない。第一に、改革を強制するというマッカーサーの態度の中に、彼らと共通のものがあったことは前述した。第二に、ビッソンなど『アメレジア』グループのメンバーで占領に関与した者もいた。第三に、本国から派遣されてきた「ニューディーラー」たちは、多少とも彼らの思想的友軍であった。そして第四に、ラティモア、ロス、ノーマン、ビッソンなどの著書が、彼らの日本研究の入門書・教科書として広く読まれた。

第一点については、マッカーサーは当初間接統治でなく直接統治を構想していた可能性がある。この点については岡崎勝男の回想がある。

昭和二〇年九月二日のことだった。その日われわれは未明から起きて、横浜沖のミズリー号上の降伏文書調印式に臨み、無事調印が終り、ほっとして東京に戻ったのは午後三時頃でもあったろうか。ところが午後六時過ぎ、横浜終連事務局から私のもとに急使がやって来た。それは連合軍当局が明三日の朝、「日本国民に告ぐ」という布告を全国各地で出す予定だといって、その布告の写しを届けて来たのだった。

みると三枚の布告文で、第一は天皇は連合軍最高司令官の指揮の下に置かれるというもの、第二はこれからは日本紙幣の通用を禁じ、国民は米軍軍票を使用すべしというもの、第三は日本の裁判所を閉鎖し、米軍軍事法廷で一切の裁判を行うというものだった。

私は当時終戦連絡中央事務局長官という長い名前の役をしていたので、この知らせをまず受けたのだが、事態容易ならずと見てすぐ重光外相に報告した。その夜開かれた臨時閣議では、東久邇宮総理を中心にあれこれと対策を協議したらしい。やがて十時近く、私は呼ばれたので総理官邸に行くと、宮様はじめ近衛、重光その他の閣僚の居並んだところで、緒方書記官長から「こんな布告を出されては政府は一日もやってゆけない。君、御苦労だがすぐ横浜に行って、布告をやめるように交渉して来てくれ」といわれた。

ところが時はもう夜の十時を過ぎている。これから出掛けても、責任者をつかまえることはむつかしいし、ましてそれから交渉して、既に手配済みの布告を急にとりやめさせることが出来ようとは思えない。自分はその任でないから、外務大臣が出掛けられるようにと、極力辞退した。しかし外相は腰を上げず、私は不幸にして終連長官という役目柄、無理に交渉の責任を押付けられてしまった。

仕方がないから自動車で横浜に行ったが、着いた時は真夜中を過ぎていて、司令部には当直しかいない。そこから参謀長らの宿舎のニュー・グランドに駆けつけた。ここは警戒が厳重で、歩哨線を突破するのに苦労したが、二世のふりなどして兎に角なかに入り、帳場で参謀長の居室を探してもらった。階段を上がって目指す部屋に行って見ると、夏のことゆえドアが半開きになっていた。なかをのぞくと手前に応接間があり、奥に寝室があり、そこの白い蚊帳の中に誰か寝ているのが月の光で見えた。そこで勇を鼓してなかに入り、電気をつけてから、蚊帳の中の人間を起した。眠むそうにぶつぶつ言っているのを応接間に連れ出して、さてと話を切り出してからよく見ると、参謀長とは似てもつかぬ知らない男だった。

最初は大変怒られたが、こちらも一言もない。平謝りに謝って、実は事情はこうこうだと説明すると、そこはアメリカ人のことだからすぐ釈然として、それは大変だろう自分が探してやろうと、いま怒ったのも忘れて無暗にほうぼうに電話をかけてくれた。結局参謀長は見つからなかった。参謀次長のマーシャル少将をつかまえてくれた。

やがてこれも眠むそうな顔をしたマーシャル少将が現われたので、応接間を借りて、日本政府の苦衷を訴えて一世一代の弁を振るった。先方は私の話に感心したかどうか疑問だが、真夜中にやって来た熱心さに事の重大性を認識したのであろう。

「よし。それでは自分限りで、この布告をあす出すことは取り止めよう。しかしあとでマ元帥や参謀長が何と言うかわからないから、その後のことは保証しないよ」と断られた。しかしすぐ電信官を呼んで、日本各地の部隊に、予定変更をラジオで指令してくれた。これで兎に角この朝布告が出ることだけは防げたので、私も一応の使命を達し、夏の夜明けを東京に帰っていった。

東京に着くとすぐ重光外相を起して経過を説明した。重光さんも喜んでくれたが、これだけではまだ心細いから、すぐ二人で横浜に行きマ元帥に会おうという訳で、朝食もそこそこにして、また車を飛ばした。もっともあらかじめ面会を申入れると断られるかも知れないからというので、直接司令部に行き、マ元帥登庁をまって面会を求めた。この日マ元帥はわれわれに大変愛想がよく、すぐ重光さんを部屋に招じて話をきいてくれた。日本の閣僚がマ元帥に会ったのはこれが最初のことである。そして結局マ元帥も、あの三つの布告をとり止めにすることに同意したのであった。

この話は当時表面に出なかったが、もしわれわれが国内で軍票を使わされたり、米国の軍事法廷で裁判をされたりしたら、どんなことになっていただろうか。思えばあぶないところだった。お蔭で私は、前の日はミズリー号の調印式のためほとんど寝ず、この日は全然寝られず、随分ねむい目にあった(14)。

アチソン、サーヴィス、ノーマン

第二点については、例えばビッソンの妻に宛てた一九四五年一〇月二八日付書翰に次のような記述がある。

数日前のことだが、ジャックが夕食会を催したことがあった。同席者にはジャックの上司ジョージ・アチェソン、ジョン・K・エマソン（米大使館付）、ビル・ホランド（重慶・上海からニューヨークへ帰る途中だった）、ハーブ・ノーマン、それにスピンクスがいた。これは実にいい食事で、帝国ホテルの個室ダイニング・ルームを使い、中国や日本のことについての議論は緊張して熱のこもったものになった。(15)

この中のジャックはジョン・S・サーヴィスの愛称で、スティルウェル将軍の輩下として周恩来と接触し、早くより中国共産党との接触の重要性を強調し続け、ディクシー・ミッションの一員として延安を訪れ、やがてハーリー大使によって本国帰還を命ぜられ、『アメレジア』事件で逮捕された人物である。彼は国務省から派遣された政治顧問部の職員、即ち占領下における駐日大使館員のような地位にあった。

彼の上司ジョージ・アチソンは、一九三七年一二月、日本軍が揚子江上で米艦パネー号を撃沈した時同艦上にいた人物で、重慶で代理大使を勤めた「中国派」である。国民党に批判的で、ハーリーに対してデーヴィス、サーヴィスらを陰に陽にかばった。彼の任命の経緯について、エマソンはいう。

この地位は最初バーンズ国務長官がグルー前大使に申し入れたもので、グルーに断られたものである。……グルーはその代りに国務省内の日本専門家、即ちユージン・ドゥーマンかジョセフ・バランタインを推薦した。しかしグルーの後任ディーン・アチソン国務次官は、マッカーサーの政治顧問として、ジョージ・アチソンを任命したいという案をバランタインに示して意見をきいた。バランタインの回想するところでは、彼が「アチソン氏は有能な外交官だが、日本に経験のない中国専門家ですからね」と答えたところ、ディーン・アチソンは「そうなんだ。有能な外交官で日本に縁のない人物こそいいのだ」と大喜びであった。(16)

このアチソンは、一〇月四日マッカーサーが東久邇内閣近衛国務大臣に憲法改正の必要を示唆した時にも同席し、さらに一〇月八日、近衛（および高木八尺、松本重治、牛場友彦）と会見して憲法改正の基本原則を示した。このアチソンの改憲作業を補助したのが、エマソンである。

そしてこの近衛の戦争責任を暴露して、内大臣府の憲法改正作業を挫折させ、内大臣府の廃止、近衛の逮捕・自殺の起爆剤となったのが、ハーバート・ノーマンがマッカーサーに提出したメモであった。その中で彼は、近衛は日中戦争・対米開戦に総理大臣として決定を下し、常に侵略と抑圧の味方であり、戦犯としての強い容疑があり、「近衛が要職にある限りは、彼は日本の潜在的自由化・民主化を遅滞させ、破壊するだろう。彼が改憲作業に関与する限りは、民主的憲法を起草しようとする真摯な試みをすべて台無しにするだろう」と痛論している。彼はカナダ外交部の代表者で、エマソンとともに、府中刑務所から徳田球一らを釈放するのに尽力したことは先に述べた。彼は江戸時代における農民一揆や安藤昌益のような思想家の中に民主革命の萌芽を認め、明治維新をそれへの反革命としてとらえた歴史家であり、昭和の「穏健派」もそのような反革命勢力の延長線上にあるととらえて、近衛でなく徳田に戦後改革の期待を寄せたのは当然である。

なお、ウィリアム・ホランドは太平洋問題調査会（IPR）の事務局長で、「ラティモアのような派手さもフィールドのような左翼的言動もなく、もっぱら鋭い知性と強い義務感をもって公の職務に専念した」（J・N・トマス）[17]といわれる人物である。

ビッソン

そしてこの書翰の執筆者ビッソンは外交政策協会会員、『アメレジア』編集者として、中国共産党の支持、痛烈な日本の財閥攻撃などを説き続けて来た論客であり、一九四五年戦略爆撃調査団の一員として訪日、一一月一一日には近衛に対する厳しい尋問的インタヴューに参加している。いったん帰国して日本に戻り、一九四六年春より一年余り日本に滞在して、民政局でホィットニーの下で財閥解体・農地改革などに関与した。一九四六年九月二日ウィリアム・ホランド宛書翰は、その活動の一端を伝えている。

アンドリュー〔グラジダンゼフ〕と私は先週、国会で審議中の農地改革法案の検討に相当の時間をかけた。多少欠陥もないわけではないが、全体としてはラデジンスキーは非常によくやった。財閥解体より地主制廃止の方が希望がもてそうだ。

エレノア・ハドリーは、占領に関するほとんどすべての問題、特に財閥や経済統制にあたる諸機関について、私と緊密に協力している。彼女はすぐれた経済専門家で、大人物（a grand person）で、日本をよく知っている（彼女は一九三八年より四〇年まで日本にいた）。[18]

この中のグラジダンゼフは、IPR刊行物として*Statistics of Japanese Agriculture*という書物を一九四一年に刊行した日本農業の専門家で、ビッソンと協力して農地改革法案の立案に貢献した。ラデジンスキーはロシア生れの農業専門家で、米国農務省から派遣されて農地改革を推進した。その後台湾、インド、南ヴェトナムなどの農地改革の試みに協力している。エレノア・ハドリーは「『財閥を解体した美人』として偶像視され、伝説化されている」[19]人物で、江戸英雄氏の回想録『往時茫々——三井財閥について』に次のように記されている女性である。

ハドレー女史は当時、司令部のガバメント・セクションにあって、日本経済民主化のことを担当していた。美貌のうわさ高い人であったが、ニューディール左派に属する理論家で、左翼の財閥論を真っ向からふりかざして、施策の徹底的な実行を推進した人である。彼女のために分割をまぬがれなかった会社や、追放の厄にあった人は少なくなかった[20]。

彼らのいずれもがウィロビーの迫害にあっている。

ビッソンが在日時代にしたことの一つに、太平洋問題調査会（IPR）日本部会の再発足がある。旧IPRは日米開戦とともに解散されていた。ビッソンはミリアム・ファーリー（IPR理事、司令部労働課員）、ノーマン、ハロルド・クィグリー（ミネソタ大教授、GII所属）らと図り、保守的な旧メンバーに代えてメンバーの大刷新を実施した。高木八尺は天皇制の支持者で、高柳賢三は東京裁判で戦犯を弁護しているなどとして彼らを遠ざけ、会長高野岩三郎、書記長大内兵衛、理事矢内原忠雄、横田喜三郎、末川博、羽仁もと子、小池厚之助、西園寺公一とした[21]。

もっともビッソンが占領史に果たした役割は、そう大きいわけではない。中立的な証人ではないが、民政局国会課長だったジャスティン・ウィリアムズは次のように言う。

ビッソンの影響は、ワシントンで基本的な占領政策の指令の立案に当っていた人々にはみられたかもしれないが、日本では大したことはなかった。彼はケーディスの指示に従ってワシントンより命令された経済追放の実施に当った。また自分の判断で一九四七年の二・一ゼネストに司令部の支持を取りつけようとした。後年経済科学局セオドア・コーエン労働課長は「ビッソンはゼネスト許容論者の一人だったが、その決定には関与していない。誰も彼に意見を徴そうとはしなかったし、決定にも参加させなかった。一九四六年一二月、私が彼と『親しく』話しあった際、『君は頭が狂っているよ。支配を続けながらゼネストを許そうだなんて』といってやった。……私のみるところ、彼はスターリン信奉者であった。……彼は労働政策の立案にも全然関与していない」と回顧している。(22)

この他にもＩＰＲや『アメレジア』の関係者で、占領初期に日本に滞在した人々は少なくない。ビッソンは「毎日毎日、古い友人や知人がどんどん東京にやってくる」(23)といっている。その中で最も重要なのはオーウェン・ラティモアである。

ポーリー報告書

ラティモアはポーリー使節団の一員として、日本よりの賠償徴収についての勧告案を大統領に提出するため、大統領に任命されて来日した。一行の中にはＩＰＲ理事ジェンキンズもいた。一一月一六日のビッソンの妻宛て書翰には、ラティモア、ジェンキンズ、ノーマン、ビッソンらが学士会館、帝国ホテルで、世界情勢について大いに論じあった旨記されている。(24)滞日中ラティモアは徳田球一にもインタヴューしている。(25)

ポーリーは、もともと石油業者・不動産業者で、一九四四年の大統領選挙の際、副大統領候補をウォレスからトルーマンに更迭するに際して功績があり、トルーマンの側近の一人となる。対独勝利後直ちにドイツの賠償問題の調査及び対ソ交渉のため大使待遇という資格でドイツに赴き、ソ連が「人的賠償」としてドイツ人を大量にシベリアの奴隷労働に連行している問題の解決に尽力、続いて対日賠償問題の調査のために一九四五年一一月に来日した。

ラティモアは、ポーリー団長の右腕として、賠償案を起草したが、その大綱は次のようなものである。

1　日本の経済の最低限度を維持するに必要でないすべてのものを取り除く。最低限度とは、日本が侵略した諸国の生活水準よりも高くないこと。

2　軍事生産に役立った機械・器具はすべて除去または破壊される。もしこの除去した機械・器具が賠償受納の権利ある諸国に使途があればこれら諸国にこれを与える。

3　賠償取立の対象となりうるものについては、賠償に先立ち二つの方法でまずこれを賦課する。第一は占領費、第二は日本の必須の輸入を行うに当りその代金として必要な総額に相当する通常輸出をまず日本に賦課する。必須輸入とは日本国民の生活維持に必要なりと連合国司令部が認めたもの[26]。

これによって賠償対象に指定されたものは、航空機工場全部、陸海軍工廠全部、工作機械工場の製作能力の半分、軸承工場の球および軸承生産設備の全部、二九の現有造船所のうち二〇、鉄鋼業は生産一五〇〇万トンを超える鋼材生産能力の全部、硫酸工場は接触法硫酸工場全部、電解カセイソーダ工場四一中二〇工場、火力発電所の半分、アルミニウム、マグネシウムの生産能力の全部、軽金属の圧延設備全部など。

『報告書』は、財閥の息の根をとめるという激しい情熱を吐露している。曰く、

財閥は軍閥に劣らず日本軍国主義の責任者であるばかりでなく、軍国主義よりの莫大な受益者でもある。敗戦後の現在においても彼らは独占的地位を強めている。幾万の小企業が空襲で

壊滅したのに対し、財閥の工場は比較的損害が少なかった。小企業者たちは、戦災を受けた上に、財閥に大きな負債を負った。財閥解体なしには、日本人が自由人として自らを治めることは期待できない。財閥が存続する限り、日本は財閥の日本である。

財閥の頂点にある個人も家族も、いかなる補償をも受けるべきでない。……財閥の財産は、差し押えた上一品ごとにせり売りすべきである。但し財閥の一員が競落人となることは許されない。(27)

一九四五年の記者会見においてポーリーは、「我々の賠償政策は厳格ではあるが公正なものである。もちろん我々は一九四一年一二月七日の真珠湾攻撃を忘れることは出来ない」と語った。(28)

この報告書の執筆者ラティモアは、後にその基本方針を次のように要約している。

日本の戦後復興を厳格な監視下におき、他のアジア諸国の経済発展を促進する。財閥は解体すべく、日本が戦後市場で機先を制することを防止する。軍事工業は全面的に撤去ないし破壊し、一定の生活水準以上の産業の余剰は取り上げて近隣諸国に割り当てる。厖大な機械の余剰は他のアジア諸国に配分される。……

米国の占領は永久ではありえず、遠距離から日本を有効に統制することは困難だから、近隣諸国を強化して監視役とする。近隣諸国が強ければ、日本も再侵略はできないだろう。(29)

このような思想に立ったポーリー報告書は、まずマッカーサー司令部が実施を渋り、やがて一九四八年二月に提出されたストライク使節団の報告書によって反古にされた。後にポーリー報告書は「血ぬられた平和」を意図した復讐の政策として非難の対象となったが、ラティモアはこれに答えて、次のように述べた。

ポーリー使節団も私個人も、日本の非工業化を主張したことはない。一九四五年末、同使節団員として、私は日本を訪れ、賠償に関する報告書の起草に主要な役割を果たした。しかしそれは使節団中の技術専門家の評価を基礎とし、マッカーサー元帥の司令部が提供してくれた資料を検討し、ポーリー氏と緊密に協議した上で作成したものである。この報告書は懲罰的文書とか「血ぬられた平和」を目的としたとかいうものでは全くない。内容を読めば、このような愚かなお伽噺は氷解するはずである。この報告書はただ、日本の過剰な軍事施設を、日本に劫掠されたアジア諸国の工業化を援助するために用いるべきこと、日本がアジア経済を支配することを防止し、そして日本も貿易によって、必要な輸入品だけは確保しうるようにすることを助言したに過ぎない(30)。

この使節団について、経済学者のジョン・K・ガルブレイスは、その回想記において、次のように述べている。

ポーリーは自主的判断能力を欠いていて、その輩下の人々の強い懲罰的気分のいいなりになった。その報告案は日本の工業施設を根こそぎにすることを提案していた。爆弾で破壊し尽くされ、荒廃した日本の都市を眼にして、その上こんな懲罰を加えることは堪え難いと感じた。ポーリーを一つの方向に説得する者がいるならば、私はその反対の方向に説得しようと思い、報告案起草の数日間、私は毎日彼を訪問して、賠償対象から色々な工業施設をはずすよう主張した。日本人も何かを着なければならないから、繊維工業は除外しましょう、といい、次に石

油を、そしてまた次に肥料工場も、というように。(31)

マーク・ゲイン『ニッポン日記』

当時日本にいて、ビッソンと親交を結んでいた一人にジャーナリストのマーク・ゲインがいる。ハルビン生れ、極東専門家のジャーナリストとして活躍していた。『シカゴ・サン』紙の特派員として、一九四五年一二月来日、日本でベストセラーとなった『ニッポン日記』は、「穏健派」攻撃、財閥攻撃、天皇攻撃、親共産党的態度、親中国的態度など、紛れもない『アメレジア』路線を基軸としている。一九四五年一二月七日の記載は、NHKの番組「真相はこうだ」(Now It Can Be Told)について、次のように論評している。

　この番組で私を困惑させた唯一のことは、その政治的立場である。彼等は、臆病者の幣原喜重郎首相を軍国主義と勇敢に戦った闘士として描き、攻撃対象を軍人にしぼって、明白な戦犯である天皇と財閥指導者を免罪している。こうして彼等は日本近代史に素朴な解釈、否歪曲を加えているのだ。(32)

彼によれば、日本の二大保守政党は、進歩党は非進歩的(unprogressive)で、自由党は非自由(illiberal)であって、ともに東条の翼賛議会議員を中心とする軍国主義協力者の集団である。(33)

一二月二〇日夜、国務省や司令部の人々数人と夕食をともにしたが、その出席者のほとんど全員が「改革を経ていない日本政府〔幣原内閣〕を通じて支配していることの誤り」を指摘し、「天皇の神話こそ我々が破壊しようとしている古き、封建的日本の結節点であるのに、ヒロヒト天皇を在位させているのは甚だしい誤謬である」と説く者もあった[34]（当時上海発行の*Pacific Stars and Stripes*中国版は、連日天皇制廃止のキャンペーンを張っていた）。

一二月二四日の記事には、かつてスティルウェル将軍の指示のもとで（最近の新聞報道によるとルーズヴェルト大統領の同意をえて）、蔣介石暗殺計画（未遂）に従事したフランク・ドーン大佐が登場する。彼は当時准将となって仙台におり、ゲインに「日本は全然変っていない。官僚たちは表向きの協力だけして、程なく我々が帰国したら、敗戦の日と同様の人と制度を復活させようとしているのだ」といった[35]。そしてゲイン自身も、「一世代後の日本の復讐戦」の可能性を信じている[36]。

一九四六年元旦に発せられた天皇の『人間宣言』についていう。

日本に何も起らなかったかのように、天皇はそのメッセージの冒頭で、明治天皇の五箇条誓文を長々と引用し、これを「国是」であると称する。そしてこの、八十年前に発せられた誓文こそが、万機公論に決し、上下経綸を行う真の民主体制を定めたものだという。司令部の者なら誰でも知っていることだが、明治天皇は日本における戦闘的国家主義の支柱・象徴となっており、彼の発した勅語の文句がどうなっていようと、彼の四十五年間の統治下で民主政治などは行われたことがなかったし、その気もなかった。この明治天皇の治下で、日本は中国及びロシアと戦い、台湾を奪い、朝鮮に侵入して併合し、満州に「特殊権益」を確立した。現代日本を狭い封建的鋳型にはめ込んだのは、明治天皇の発した諸々の詔勅であった。ところが今、民主化を要する国として世界より注目されている日本国の天皇ヒロヒトは、この民主国日本を導くべき指導原理を、一九世紀への回顧に求めているのである[37]。

彼は長野で林百郎らに会った。彼は「彼等は我々が持ち込んだ民主主義の理想に火のように燃えている。純粋な、かがやく光である。…私はある国務省の人物が『日本で最善の人々は、牢獄体験者たちだ』と呟いたのを思い出した」と記した。[38]

この彼は、一九四七年春に中国を訪れた。

一世紀にわたって、中国は我が国の外交政策の基軸の一つであった。ところがその地位が今や日本に移りつつある。…中国はこの米国の政策転換を感知し、自国の地位が低下しつつあるのに、日本がいよいよ強くなりつつあること——しかも我が国の援助によって強くなりつつあることを、痛切に感じている。私は国民党・共産党双方に属する、数百人の中国人と、日本のことを話した。彼等の政治的傾向の如何を問わず、彼等は同じ問題、同じ不安の種である問題について質問し、そしてそれについての予測について語った。その問題、その予測とは、即ち十年後に日本が再侵略してくるのではないかという不安である。中国人たちは、米国が日本を「甘やかしている」ことを責めた。彼等は、他の米国人に対しては示すことのないような嫌悪感をマッカーサーに対して示した。[39]

日記の結末において彼はいう。

この一世紀半、アメリカは自由と進歩思想の象徴であった。先の戦争中には、この象徴はアジアにおいて空前の耀きをみせた。ところがそれから三年もたたない内に、我々はこの善意の宝物を浪費し尽くし、今やアメリカのイメージは、反動と連合し、中道より左のすべての大衆運動を（共産党であれ、社会党であれ、単に不正・腐敗・抑圧に抗議するだけの運動であれ）弾圧すべく決意した、強く、金持で、貪欲な国家でしかなくなっている。力や抑圧は、不安定に対する解決策ではありえない。解決策は開化された社会改革である。我々が社会改革をもたらせば、共産主義の恐怖もロシアの恐怖もない。初期対日方針の起案者たちはそれを知っていた。ワシントンにおけるその後継者たち、〔東京での〕その執行者たちがそれを理解しなかったのだ。

その結果として、我々は中国や朝鮮において失敗したように、日本においても失敗したのである。(40)

ニューディーラーたち

このような『アメレジア』グループの周辺には、日本については無知な、しかし思想的には一九三〇—四〇年代米国の革新思想の潮流の洗礼を受けた「ニューディーラー」が多くいた。ラティモアは占領初期における彼らの活動について、次のように述べている。

この時期〔一九四五年八月—一九四六年〕に米国流ニューディールが日本で実施された。マッカーサー元帥は古風な共和党流儀に父親的神秘主義の風味を加え、司令部全体にニューディーラーの味つけをした。確かに頂点にはニューディーラーは余りいなかったが、官僚機構の中で最も重要である中層には非常に多かった。特に彼らは政策立案に大きな影響力をもち、その結果当時においても、政策は宣言されたものの方が実施されたものより進歩的でニューディール的であるのが常であった。

これらのニューディーラーたちの一部は戦時中任命された公務員で、一部は東京の司令部が人材不足に喘いでトルーマン大統領に人員の派遣を懇願したのに応えて、ワシントンから直接送られて来た人々であった。時恰もトルーマン大統領が「統一」の名のもとで共和党を懐柔しようとして、ニューディーラーたちに対し冷遇によるいびり出しに専心していた時であった。こうして大勢の人員がワシントンから東京に移住してきたが、それは米国が屑鉄を日本に輸出し過ぎて、自国の屑鉄の不足を来たした時のことを思い出させた。(41)

吉田茂の側からみると、これは次のようにみえる。

民政局を始め、一体に参謀部以外の部局の比較的若い職員の間に、いわゆるニューディーラーと呼ばれる革新分子が、特に占領の初期の頃に多く入り込んできていた形跡があった。これらの人々は…理念派の典型的な連中であって、彼等が日頃抱懐する進歩的な革新論を実行してみる試験場として、占領中の日本を利用した傾きがあったのである。中には可成り過激な分子もおったようで、後にも説くように、わが国の左翼の連中とも往来し、甚しきに至っては、これらを利用し、且つ煽動したことさえあったと聞いている。(42)

やがて「占領政策の反動化」とともに、彼らは今度は東京からいびり出された。もとより生活条件の悪い戦後日本のことで、単身赴任者も多かったから、里心がついていた者もあり、「栄転」した者もあり、学歴・見識において自らに劣ると信じた軍人の風下に立つことを好まないというような、思想外的な理由から帰国した者も多いから、「ニューディーラー」の帰国すべてが本人の意に反した「粛清」かどうかわからない。ともあれ――

一九四六年二月、政治顧問ジョン・K・エマソンに帰国命令が出される。…ソープ准将も、エマソンの後を追うように四月、帰国する。……同じころ、参謀長サザランド中将が失脚(一二月)してアーモンド少将に代わり、経済科学局(ESS)の初代労働課長として、コスタンチーノと組んで活躍したW・カルピンスキー少佐も帰国(三月)する。……このころ注目される動きの一つとして、GHQが手を焼いていた特派員記者の追放開始がある。まず、かねて進歩派のリーダーシップをとっていた『星条旗』紙のバーナード・ルービン記者の沖縄追放が四月。これは、JCSが禁じていたといわれる天皇戦犯論をとなえ、ヒロヒト退位を迫る主張をしたのが直接の理由とされる。…つづいてマーク・ゲイン事件が起こり、新聞記者擁護委員会を結成して特派員による抵抗が試みられるが、結局はSCAPの強い意思で先鋭分子はつぎつぎと帰国させられる。……

四六年五月、占領政策の転換がはっきり示される時点で、民間情報教育局(CIE)では大異動が行なわれる。局長ケン・ダイク准将は、民政局(GS)のチャールス・ケーディス次長につぐ大物と評価されるが、この年の二月に休暇で帰国、戻ると同時に追放にあう。後任は、GIIの息のかかっているドナルド・ニュージェント大佐で、新聞課長もロバート・バーコフから反共のインボデン中佐に代わる。さらに夏にかけては教育行政官ロバート・キング・ホール、映画課長デヴィッド・コンデ大佐がクビになり、コンデは九月一〇日、ロイター通信の記者となったものの翌年、無許可滞日で追放という追打をかけられる。こうして四七年九月、財閥解体に活躍したエリノア・ハドリーの帰国、四八年一二月のケーディス帰国(四九年五月三日、ワシントンで解任）となる。

ニューディーラー追放劇はここまでに一段落するわけで、大筋として、一九四六年二月のエマソンにはじまり、四八年末のケーディスに終わる。[43]『アメレジア』グループの初期占領軍への影響として無視できないのは、彼らの書物が「ニューディーラー」らに広く読まれたことである。ジョン・ダワーはいう。

戦争直後の米国の対日政策は、ノーマン、ラティモア、ロスなど、戦前の日本国家について批判的分析を加えた著者たちから多大の影響を受けた。例えば新憲法起草に指導的役割を果たした民政局のチャールズ・ケーディス大佐は後に、「私の日本理解の多くはノーマンの著書を読むことから得られた」といっている。……ロスの『日本のディレンマ』は、占領初期の米人占領関係者の間で「バイブル」として知られていた。[44]

だが一九五〇年一月、『ネーション』誌が特派員としてこのロスを日本に入国させようとした時、司令部はその入国を拒否した。[45]

（1）Grew, *Turbulent Era*, p. 1525.
（2）*New York Times*, Aug. 6, 1945.
（3）セオドア・コーエン『日本占領革命―GHQからの証言』上（大前正臣訳、一九八三年）八一頁。
（4）同上、三八頁以下。
（5）"Are the Japanese Stalling ?" *The New Republic*, Aug. 27, 1945.
（6）Grew, *Turbulent Era*, pp. 1522-23.
（7）Douglas MacArthur, *Selected Speeches*, 1964, p. 7.

(8) MacArthur, *op. cit.*, pp. 8-10.
(9) ラティモア「歴史としての太平洋問題調査会」(『思想』一九七七年四月号) 四三頁。
(10) MacArthur, *op. cit.*, p. 3.
(11) MacArthur, *op. cit.*, pp. 13-14.
(12) MacArthur, *op. cit.*, p. 24.
(13) William L. Neuman, *America Encounters Japan, From Perry to MacArthur*, 1963, pp. 295-96.
(14) 岡崎勝男「寝込みを襲った話」(吉田茂『回想十年』第一巻 (一九五七年)) 七七—七九頁。
(15) トマス・ビッソン『日本占領回想記』(中村政則・三浦陽一訳、一九八三年) 一九頁。
(16) Emmerson, *The Japanese Thread*, pp. 251-52.
(17) Thomas, *The Institute of Pacific Relatians*, p.10.
(18) *Hearings on the Institute of Pacific Relations*, p. 4263.
(19) 週刊新潮編集部『マッカーサーの日本』(一九七〇年) 二六〇頁。
(20) 同上、二五九頁。
(21) *Hearings*, pp. 4263-64.
(22) Justin Williams, Sr., *Japan's Political Revolution under MacArthur*, *A Participant's Account*, 1979, p. 171.
(23) ビッソン、前掲書、三一頁。
(24) 同上、三四—三五頁。
(25) *Hearings*, p. 3567.
(26) 『毎日年鑑』(一九四七年) 一八三頁。
(27) Edwin W. Pauley, *Report of Japanese Reparations to the President of the United States*, pp. 39-41.

(28) 『朝日年鑑』（一九四六年）八〇頁。
(29) Lattimore, *Situation in Asia*, pp. 118-19.
(30) *Hearings*, p. 3054.
(31) John Kenneth Galbraith, *A Life in Our Times, Memoirs*, 1981, p. 248.
(32) Mark Gayn, *Japan Diary*, 1948, p. 7.
(33) Gayn. *op. cit.*, p. 16.
(34) Gayn. *op. cit.*, p. 41.
(35) Gayn. *op. cit.*, p. 57.
(36) Gayn. *op. cit.*, p. 68.
(37) Gayn. *op. cit.*, p. 93.
(38) Gayn. *op. cit.*, p. 110.
(39) Gayn. *op. cit.*, p. 487.
(40) Gayn. *op. cit.*, pp. 509-10.
(41) Lattimore, *op. cit.*, p. 105.
(42) 吉田茂『回想十年』一〇九頁。
(43) 渡辺喜蔵「ニューディーラーの退場」（思想の科学研究会『共同研究日本占領』（一九七二年）四三四—三五頁。
(44) John W. Dower, "E.H. Norman and the Use of History," in *Origins of the Modern Japanese State, Selected Writings of E.H. Norman*, 1975, pp. 39-40.
(45) Robert B. Textor, *Failure in Japan, with Keystones for a Positive Policy*, 1951, p. 99.

13　日本民主化の「失敗」

ビッソン『日本における民主主義の展望』

ウィロビーらはビッソンを「占領軍内の赤色分子」とみて、調査を、さらには追い出し工作を開始したと思われる。ビッソンはそれを察知して、一九四七年五月に帰国した。(1) 帰国後『日本における民主主義の展望』という著書を、IPR出版物の一つとして刊行した。以下同書の要旨。

旧日本は軍部・財閥・官僚・政党・大地主という五大集団の支配する「独裁的寡頭制」(dictatorial oligarchy) の国である。議会制は名目で、政党指導者は財閥の代弁者で、「一貫した巧妙な民主主義の裏切者」であった。支配者たちは、敗戦が必至となるや、旧体制維持のための準備をした。軍部を悪玉に仕立て、官僚の人事を更迭して、占領軍の眼をごまかそうとした。敗戦後占領軍到着までの二週間には、厖大な国費が「戦時補償」と称して財閥に注入され、陸海軍も大量の軍事物資を、各地の財閥の倉庫に移転した。

占領軍は天皇を含む既存の政府機構を用いることとした。これは軍事上の降伏の実施という点では有効な方法であったが、その結果は旧体制の維持を助長することになった。(2) 一九四五年中は天皇処罰論が米国内で強かったが、やがて関心が薄れ、天皇も「用心深く抜け目なく立ち廻って」その地位を保持した。新憲法の象徴天皇制も「旧体制の柱石 (cornerstone) を保存し、寡頭支配者たちの権力保持の努力を容易にした(3)。」占領軍が天皇を通じて支配したこと自体、天皇制維持に手を貸した行為である。憲法が公布された一九四六年一一月三日、皇居前広場に集まった群衆は、新憲法でなく天皇に万歳を叫んだが、これは反動勢力が新体制の中で権力を確立する徴候である。厖大な費用をかけて行われた天皇巡幸は、天皇信仰を新たに補強した。

占領下の日本人民は、驚くべき速さと精力をもって、主体的民主化運動を推進し、労働組合を結成し、社共両党に結集した。これに脅威を感じた旧勢力（Old Guard）は「進歩党」とか「自由党」とかという欺瞞的名目のもとで旧勢力の結集を企てた。進歩党首幣原喜重郎は岩崎家の女婿であり、自由党首吉田茂は侵略の首謀者田中義一大将の内閣で外務次官を勤め、中国侵略政策を唱道した。この両党はともに改革を最低限にとどめ、財閥解体を不発に終らせることに全力を尽した。

この旧勢力の努力には、米国内保守派という味方が現われた。国際情勢の変化は米国の対日政策を変化させ、特にポーリー使節団の賠償案を白紙還元させたストライク使節団と、日本の工業復活を加速すべきことを答申したドレーパー使節団の答申が出揃った一九四八年五月は「改革期」（reform era）の終末を画した。両使節団は、米国軍部と財界の意向を承けて、占領政策の手直し、特に財閥解体政策の後退を助言したのである。

米国は初期対日方針の示した戦後改革を日本で実施することに失敗した。日本の旧勢力による政府を通じてそれを実施しようとしたからである。マッカーサー司令部は、米国の対日支出の縮減のために、日本の貿易を振興させようと考えているようだが、それは幻想である。日本の財界指導者は貿易でなく国内の闇市から暴利をむさぼることに専心するようになったからだ。なすべきことは、旧勢力でなく、真に新しく、民主的精神をもった指導者を政治・経済の両面で育成することだったのに、〔米国の〕軍部と財界はその逆の誤った途を選んだ。このままでは財閥支配の旧経済体制が復活するだけだ。米国資本もこの財閥と協力して日本経済の支配者となるところで、過去の経済体制と多少異なるにせよ、ドレーパー使節団の近視眼性は、特に中国、フィリピン、オーストラリアなど、日本軍国主義の被害を受けた諸国の日本の未来に対する深刻な危惧の念を顧慮していないところにある。来たるべき講和交渉の過程で、これらの諸国は批判の声を挙げるに相違ない[4]、と。

テクスター『日本における失敗』

このビッソンの占領批判のモティーフを承継して、その二年後に占領軍による民主化を「失敗」と断定した書物がロバート・テクスター『日本における失敗』である。

日本に来るまでのテクスターについては、週刊新潮編集部編『マッカーサーの日本』に次のように紹介されている。

> 進歩的な名門といわれるオハイオ州アンチオーク大学で政治学をやっていたテクスター青年は、戦争の真っ最中、『戦争終結後の日本再建』という課題論文に取っ組んだ時から、軍政官の仕事に興味を持ち出した。陸軍の語学校にはいり、日本語の特訓を受けたのち、自らワシントンに出向いて、「ぜひ民間人として日本へ行かせてくれ」と志願した。軍人ぎらいというより

は、「生れついての民間人なのだ」と自己規定したわけだ。そして昭和二十一年四月、初の民間人占領職員として日本に着いた。(5)

日本における職歴については、『日本における失敗』の邦訳に、次のように記されている。

　ロバート・B・テクスターは、日本占領軍の民間人職員として二十六ケ月日本で生活した。京都第一軍団の民間教育情報官としての十七ケ月の間に彼はGHQの政策の展開を注意深く見守った。彼は、主として、西日本地区でこれらの政策の再教育面、教育面の実施に従事した。その後、和歌山県軍政部の民間教育情報官になった。

　帰国後コーネル大学東南アジア研究所で東洋研究を続け、やがてタイに赴いて仏教を学び、僧侶の資格をとり、仏教研究で博士号をとり、スタンフォード大学の人類学教授となった。(6)

『日本における失敗』の日本分析の基本概念も、ビッソンと同じく「旧勢力」(Old Guard) である。その政治的中心勢力民主自由党は「民主の正反対、自由の正反対の超保守 (ultraconservative)」で、終始占領改革に反対してきた。彼らの物の観方は戦前侵略戦争の潤滑油となった勢力の観方と同様で、その指導者の多くは旧体制 (old régime) でも要職にあり、旧体制の受益者で、旧体制を可能な限り占領改革から救い出そうとしている。前党首鳩山一郎は親ファシズム、親ヒトラーで、ファシズム讃美の著書さえ著した人物として追放されたが、その後継者吉田茂も、天皇の側近牧野伸顕の娘〔雪子〕を妻とし、娘〔和子〕の夫は炭鉱経営者である〔麻生多賀吉〕。この吉田は田中義一内閣の外務次官として対アジア侵略政策を唱道した、という。

　ここでテクスターは、日本政治の社会学的分析を試みる。

アメリカ的基準からすれば、日本の政治権力の在り方はグロテスクである。官民ともにルールを守り、西洋よりの影響で法もあれば選挙もあるが、しかしある宣教師は一九五〇年にこう書いている。

「法的ルールの他に、もう一つの権力の在り方がある。その基礎をなすものは個人の有する何らかの力（strength）である。その力は、組織の性質に応じて、物理力でも知力でも社会力でもある。この個人的力のシステムは、法的権力のシステムとは独立して作用し、大ていの場合前者は後者より強い…」と。

日本における真の権力は大てい不可視である。ジョン・マキがいうように、明治新政府の創始者たちは「人民の干渉を最小に押える支配体制を構想した。日本の近代国家の創造者たちはその権力哲学において反動的であり、封建制下における彼らの先輩たちと同様に、権力基盤の拡大を渋った」。現在もこの権力哲学が本質的には支配している。

なぜこのような封建的寡頭制が権力を保持し続けたのかの理由は甚だ複雑だが、その根源は日本文化の核心の中にある。人類学者故ルース・ベネディクト女史の『菊と刀』は、日本文化理解の重要文献であるが、その中でいう。

「記録のある限りの日本史において、カストは社会生活の原理であった。あらゆる主権国家の中で、日本ほどあらゆる生活のはしばしまで位置と地位が定められている国はない。法と秩序がこのような秩序の中に極度の厳格さではめ込まれていた二世紀の間に〔江戸時代のこと〕、日本人たちはこの細部に亘って定められたヒエラルヒーのどこに自分が属するかをやすやすと知ることができるようになった。既知の枠組の中で、既知の義務を果している限りは、彼らは安心して生きていける。

明治維新以後、世論を無視しうる上からの支配が成立し、権力はヒエラルヒーの頂点にある者が独占した。彼らは全く選挙とも民意とも無縁の存在である。一九四〇年の政府の頂点にある人々は、天皇に『接見権』を有する顧問や内大臣から成立している」。

この昨日の封建的寡頭体制は現在でも大体存続している。この体制の頂点にある寡頭支配層は、実力者たる保守的・反動的分子を通じてその権力を行使する。この寡頭支配層とその権力の行使の手先となる分子の集団を併せて、これを「旧勢力」(Old Guard) とよぶことにする。(7)

米国人の一部には、この「旧勢力」を反共の防壁に使おうという考えもある。確かに一九五〇年現在では彼らは誰にとっても軍事的脅威ではないが、既にアジア諸国にとっての経済的脅威として再抬頭している。一九七〇年に至っても、仮に彼らがなお権力を維持し続けているとすれば、軍事的脅威ともなろう。米国にとって最も重要なのは、アジア諸国を友人とすることであり、米国が「旧勢力」に加担すれば、長い間苦労して築いてきた米国のアジア諸国との友好が反古と化するであろう。それに日本の民主勢力は急速に抬頭しつつあり、「旧勢力」の支配は、そう長持ちはしない。占領軍が「旧勢力」と同じ穴のムジナと見られるならば、「抑圧され、幻滅した理想主義者たち——特に都市労働者、知識層、学生、青年層」は共産党に投ずるだろう。(8) それを望まないならばせめて、あらゆる占領改革をサボタージュすることはないと思われる国民協同党とか労農党を支持すべきであろう。しかし最も望ましいのは中道左派の社会民主主義勢力を支持することである。

そして実際社会党片山内閣が一九四七年三月に成立した。同内閣はその直後の世論調査では国民の六八パーセントの支持を得た。この内閣が短命だった理由には、司令部の非協力、隠微な妨害がある。特に以前の超保守派内閣から引き継いだインフレに対して、マッカーサーが何の抑制策もとらなかったことが、片山内閣の早期退陣を促進した。ライシャワーも、占領軍が右傾化した時に政権を担当したのは社会主義政党にとって不幸だったという趣旨のことをいっている(9)。

そのうちに、天下分け目の一九四九年一月二三日の選挙となり、民主自由党が一党で衆議院の過半数を制した。これこそ占領政策の最終的失敗を刻印した事件である。ところが、一九四七年の選挙の結果について「日本国民は断固として〔極左の〕支配を排斥し、左右の両極端から充分の距離をとって、自由を保障し、個人の尊厳を高める中道勢力を選択した」と述べたマッカーサーが、一九四九年の超保守派の勝利に対して次のように述べた。

自由世界のすべての国民は、このアジア史の決定的な瞬間に、この日本の熱狂的な、しかも秩序ある選挙が、保守的政治哲学に明確で決定的な支持を与えたことに満足するであろう(10)、と。

財閥については、テクスターは、ポーリー報告書、ノーマンらの著作を引用しつつ、「財閥の支配力を破砕せよ、さもなくば日本に民主主義は不可能である」とその中心テーゼを述べる(11)。占領軍の財閥解体政策は、健全な出発を遂げたが、直ちに財閥、「旧勢力」そして「騙されやすく、餌につられやすいアメリカ人たち」によって骨抜きにされ、ドレーパー使節団報告書は「最も驚くべき」(most astounding) 仕方で、この財閥解体政策を撤回した(12)。このような動きの背後には、日本経済を支配しようとする米国企業の策謀がある。『ロンドン・サンデー・タイムズ』東京電によれば、米国のゴム、電力、重工業、化学、鉱山、石油などの大企業が日本の大企業への投資の交渉を始めた、東亜燃料はその株式の五一パーセントをスタンダード・ヴァキュアムに譲渡しようとし、日本軽金属もその株式の半分をレイノルズ社に、日本電機はその五〇パーセントの株式をインターナショナル・スタンダード・エレクトリックに譲渡しようとしている。その他、デュポン、ジェネラル・エレクトリック、USフェロ・エナメル、コネクティカット鉱山会社、モンサント化学なども日本に資本進出しようとしていると報じられている。こうした米国「財閥」の利益が、日本経済の民主化を阻害しているのだ、という。(13)

人権の領域においても、日本の「旧勢力」と占領軍の保守派の協力による逆流が生じている。占領軍の検閲、学生運動への弾圧、共産党幹部の追放等々。公務員よりの団体交渉権剝奪に抗議して解任されたジェームズ・キレン前労働課長は「こういうやり方は共産党の影響力を弱めるどころか、彼らの反占領軍宣伝に燃料を供給するようなものである。彼らはいよいよ米国政府の反労働者的性格を攻撃するだろう」と語った。(14) 経済再建に何の関係もない教師のストライキを禁止したことも、却って日教組の過激化を招いている。

このような状況にもかかわらず、米本国では、「日本におけるマッカーサーの成功」が神話として流布している。これは、アメリカから「視察」に来る人々が、お茶に日本舞踊、漆器に陶器に日本人形、宴会に観光旅行といった歓迎を受けて、何も見ずに帰るからである。(15) しかしそれ以上に、司令部による報道統制、特に特派員の統制の悪影響が大きい。一九四六年一二月一日、マッカーサーは陸軍省に次のような意見を送った。

米国記者団の日本派遣の案件、私は依然その有益さに疑問をもっていますが、陸軍省がそこまで主張されるのなら反対は取り下げましょう。ただ招待状を発する前に、人選案を点検させていただきたいと思います。人選は、個人名ではなく、出版社ないし編集者の名を挙げるにとどめていただきたいのですが、占領軍に敵対的なことで知られている新聞は除外してほしいと存じます。『クリスチャン・サイエンス・モニター』『ヘラルド・トリビューン』『シカゴ・サン』『サンフランシスコ・クロニクル』『ＰＭ』『デイリー・ワーカー』などの記事や論説は偏向している、否直截にいかさまで嘘だといってもいい程です。

『クリスチャン・サイエンス・モニター』の特派員はゴードン・ウォーカー、『ヘラルド・トリビューン』は著名な中国専門家Ａ・Ｔ・スティール、『シカゴ・サン』はマーク・ゲインであった。一九五〇年一月『ネーション』誌は『日本のディレンマ』の著者アンドリュー・ロスを日本に派遣しようとして拒否された。テクスターは「ロスほどの適任者はいないのに。彼は年季の入った極東問題の良心的研究者で、すぐれた日本論の著者である」と憤慨している。占領軍に批判的な記事を送り続けた『ロンドン・デイリー・ヘラルド』のヒュー・ティルトマン、ＣＢＳ放送のウィリアム・コステロなどもいびり出された。（ロンドン）『タイムズ』のフランク・ホーリーも「好ましからざる人物」として排除された(16)。

だがこうして帰国した人々、あるいはウィロビーの迫害でいびり出された人々などのうちの識者たちで、日本論を著した人々の論説は、いずれも日本民主化の失敗を痛論している。

『エコノミスト』は英国の冷静な雑誌だが、一九四九年に「マッカーサー元帥は確信にみちた大声で、日本人に見出だされた叡知を讃美しているが、基本的には日本の大衆は戦前と変らぬ政治的後進国民であるようにみえる」といい、一九四七年のニュージーランド外務省の見解も「日本人は占領軍に一見自発的に完全に服従しているように見え、民主主義に情熱的に帰依しているように見えるが、専門家のほとんどは、これが永続的変化だとは信じていない」といっている。

著名な占領論の著者で、日本が民主化したなどといっている者は誰もいない。かつてルース書房の日本特派員だったリチャード・ローターバック、『シカゴ・サン』特派員マーク・ゲイン、前民政局員ビッソン、対日理事会英国代表のオーストラリア人マクマホン・ボールなど、占領日本を実見した一流の著作者たちの著書は、何れも落胆させるような展望を述べている。表面的な観察者に過ぎないAP通信のラッセル・ブラインズも、日本は民主主義から程遠いといい、社会科学の深い研究、極東への長い旅行歴、滞在歴の持主であるビッソンの展望は不快なほどに悲観的である。彼によれば「米国は初期対日方針の諸目的達成に失敗した。その第一の理由は、この目的は日本の旧勢力を用いては実現しえないものだからである。マッカーサーの指令の実施権を得た彼らは、自分たちの権力を排除するようなあらゆる措置を挫折させ、あるいは少くとも骨抜きにした」。ボールは「占領の限界内で日本を支配している連中は、一九四一年以前の日本支配者と同一の考えをもった同一の集団である」といっている。…第二次大戦に参戦した在郷軍人による反共リベラルの組織米国在郷軍人会（American Veterans Committee）全国執行部は、一九四九年五月に、「米国の日本民主化の試みは、占領当初の目標からすれば失敗した。占領軍内の分子、および日本の超保守派が故意に民主的諸改革を骨抜きにした。

これではロシア共産主義を公然と日本に招待するようなものである」と指摘している。無党派の反共リベラル組織「米国民主行動会」(Americans for Democratic Action) も一九四九年に「我が国のアジア政策は失敗であった。アジアは革命的情況にあるのに、我が国は変革の側に立つことを拒否し、革命の主導権を共産主義者に委ねた。日本の選挙では共産党と極端保守派 (extreme conservative) が民主諸政党を喰って急増したが、これは我が国の目的の明白な敗北を意味する。この数ヵ月間に日本の政治情勢は急激に悪化した。それは日本人自身に民主的行動の自由を与えなかったからである」と論評した。

日本についての楽観論者は、日本人の行動を研究した人類学者クライド・クラックホーン博士の見解を傾聴すべきである。曰く、

「日本文学を内在的に研究した人類学者からみると、日本人の倫理は状況倫理である。状況Aのもとでは、米国人に『狂信』とみえるゲームのルールを情熱的に守る。しかし状況Bになれば、もうルールが変る」と。

クラックホーン博士は気違いじみた戦闘から完全な降伏への転換《スイッチ》のことを述べているのだが、私の感じでは、占領下の日本人は、表向き我々の民主主義のゲームのルールを一生懸命守って、素朴な米国人を感心させたが、占領軍が撤退した後の状況はとなると、日本人は狂信的に反民主主義になるかも知れない(因みに私は、一部真に西洋民主主義的教養を身につけようとしている少数の教養階級が存在すると信じている)[17]。

テクスターは、このような日本民主化の失敗の根源を、占領が軍人による占領であったことに求め

ている。軍人は本質的に権威主義者であり、しかも占領軍の施政官たちは、日本に関する社会科学的研究の成果を故意に無視した(18)。本国で養成された日本専門家の多くは「安全保障上の理由」で、来日を拒否された。来日した者も無知無能な軍人の下に配属され、やる気を失って帰国した者も多い。こうして彼は占領行政の文官化、マッカーサーの罷免を要求する(19)。

本書にはラティモアが「明日のアジアにおける日本」と題する序文を寄せ、マッカーサーの占領政策が日本に関心を集中してアジア的展望を欠いていることを非難し、テクスターの分析を「マッカーサーの成功」という神話に対比される「真の日本」(the real Japan) についての「極めて価値ある分析」であると称讃している(20)。

ラティモア『アジアの情勢』

ラティモアは、その前年の一九四九年、米国のアジア政策を幻想に依拠するものとして全面的に批判した著書『アジアの情勢』を公刊している。四年前の『アジアにおける解決』と同じサイズで、活字の大きさも同じ、最終章の標題も全く同じEssentials of American Policy in Asiaとなっていて、本書は前著の続篇という性格を有している。

ラティモアは、巻頭でまず「アジアは手に負えなくなった」(Asia is out of control.) と喝破する。アジアが欧米諸国の統制下にあった一九世紀後半の帝国主義的世界は、第一には英米の門戸開放原則によって、第二には中国の辛亥革命によって、第三にはロシア革命によって、第四には日本のアジア侵略によって瓦解した。第二次大戦の終末は、帝国主義時代の古いゲームのルールが全く拘束力を喪失した状態を現出させた。

英国を中心とする旧帝国主義国は、かつての植民地に復帰しようとして、現地住民の激しい抵抗にあっている。米国は、米ソ対立という図式に依拠して、アジアに反共独裁政権を擁立し、実際上帝国主義勢力の後継者としてふるまっている。これは全くの幻想の上に立った政策であり、失敗が必至の、基本的に誤った政策である。現在アジアを動かしているのはナショナリズムと革命であり、この潮流は誰にも——米国にもソ連にも——統制することのできないものである。この革命とは、農民による封建的支配層、さらにその支配層を支配する帝国主義諸勢力に対する革命である。ところが米国は、旧帝国主義勢力を肩代りし、地主層を基盤とする反動的政権と反共政権を支持して、革命の標的の地位を敢えて選んでいる。ソ連とてアジアのナショナリズムを支配下におくことはできない。米ソ何れも支配しえない第三世界が、ギリシャから日本朝鮮までの帯をなしており、これを統制下におこうとする試みは失敗を約束されている。

中国においては、国民党はファシスト的政治理論を基礎として国民に服従を要求したが、地主層に依拠して農民の支持を失った。これに対し中国共産党は草の根の農民を組織し、さらに他の諸勢力とも連合した。米国は一九四五年秋にマーシャルを中国に派遣して、蔣介石に国共合作の必要を説得しようとしたが、本気で国民党の体質改善を迫る用意を欠いていたため、惨めな失敗に終り、内戦が再発した。一九四七年初頭に発せられたトルーマン・ドクトリンは、要するに、反共と名のつく政権には、何の内政改革も条件とせずに援助を注ぎ込むという原則である。蔣介石政権にも数十億ドルにのぼる厖大な援助が与えられたが、その無能と腐敗の故に自滅した。

中国共産党政権は共産主義政権である以上に民族主義政権である。ロシアが彼らを支配しようとすれば、彼らはチトーのように離叛するであろう。ソ連に中国を丸がかえにする能力はないし、中国共産党は過去においても、現在においても、未来においても、ソ連に負うものは少ない。それにロシア人は中国人にとって、長く危険視されてきた夷狄である。米国は今からでも、台湾の「残りかす政権」(rump government)[21]を見放して、新中国と国交を結ぶべきである。

米国が台湾で亡命政権を保護しようなどと誤って試みるとしても、台湾は安全な場所ではない。中国が日本の統治から台湾を奪回した時、国民党軍が台湾を劫掠した際、台湾住民は蔣介石にその停止を訴えたが、全く無視された。それ故台湾住民は国民党と蔣介石を憎んでいる。貪欲な国民党の山師たちが島を支配し、様々な狼藉と残虐を働いたため、住民の愛国心さえ動揺し、米国の保護領になりたいと願っている者さえ相当いる。まさにその故に、米国が台湾を米海軍と亡命国民党政府の合同基地に仕立てようとすれば、反米感情は急速に高まるだろう。そして共産主義的祖国復帰論が抬頭するだろう[22]。

米国は米ソ対立というドグマに基づいて、統一という朝鮮人民の民族的悲願を蹂躙して朝鮮を分断させた[23]。北朝鮮はロシアの「熟練と叡智」に倣って建国し、草の根の支持を得て権力の基盤は確立している。それに対し米国は南に、中国の国民党に相当する独裁政権を捏造し、対日協力者たる邪悪な(crooked)朝鮮人による政権を維持している。茶番劇のような農地改革を行ったが、大ていの新地主は権力によって土地を得た不在地主である。新韓国軍は国民に最も憎まれた日本統治下の警察官によって形成されている。米国の支えなしには、このような政権が存在しうるはずはない。ソ連は一九四八年に北朝鮮から撤兵したが、米国はこの韓国政権を維持するために駐兵している。[24] しかしアジア全般に対する望ましい政策としては、「国内に反対が強く、米国の支持なしには崩壊するか、大きな妥協を余儀なくされるような政権は、崩壊するに委せればよいのである[25]」。

日本を「反共の防壁」としようとする政策は全くの誤りであり、マッカーサーの占領の「成功」とよばれるものは神話であり、幻想である。日本を占領してみたら、日本人は呆れるほど従順だった。ここから日本人には固有の規律感覚があり、天皇の命ずるところこれに忠実に服従するとの神話が生じ、こうした忠実な日本人を反ソの防壁に仕立てようというのが、米国の「現実主義的」対日政策だとされている。だがそれは「幻想」であり真実は全くこれと異なる。日本人の天皇服従心など神話に過ぎない。天皇が命じなくとも日本は降伏の機会を求めていたし、米軍が殺戮略奪を行わないのをみて日本国民は占領軍におとなしく服従しただけのことである。これを天皇への服従心という神話によって解釈し、天皇制を救ったのがマッカーサーである。

終戦直後には、危険な敵としての日本の再興の防止、アジア諸国の再建という正しい政策に着手したが、日本を味方とし、アジアの工場、ソ連に対する防壁とするという政策に転換した。そのために年に一〇億ドル近い米国民の尨大な税金を敵国日本に注ぎ込んでいる。有害無益な無駄金である。

（ラティモアがこれを書いたのは、ソ連が中国東北部に条約上の大きな利権をもっていた時期であったが、）日本は資源がなく、必ず旧満洲の資源に関心をもち、そこを支配する共産主義中国とソ連に接近する。この点では日本の左翼も右翼も合意しうる。占領終了後に「突然、何の予告もなく」、この日本の左翼―右翼連合は、アジアの植民地人民に呼びかけて、ヨーロッパ人、それを援助する米国をアジアから追放する運動に立上がるだろう。[26]

真の日本は、その内部構成において不安定であり、我々の顔前で炸裂するだろう。それは原爆の爆発にも似て、その有毒な放射能は、我が国のアジアにおける利益と政策を侵すだろう。それは臭気爆発にも似て、マッカーサー元帥や、ワシントンの政策立案者たちの名誉を台無しにするだろう。[27]

現在「連合国占領軍」の実体は米国であり、ソ連が何をいおうと、米国はそれに耳を傾けない。だがやがてその時が来るならば、ソ連は「ほらみたことか」（We told you so.）というだろう。[28]要するに、日本を米ソ対立の枠組の中で米国の陣営に引き入れようとするのは無駄な努力であり、日本もまた第三世界に入るだろうというのである。

本書は米国圏・ソ連圏のいずれにも属さない第三世界のナショナリズムの重要性を説くことを主題としているが、しかし米ソに対して中立的ではなく、きわめて親ソ的な色彩をもった作品である。これは、アジアにおけるソ連の隣接諸民族がソ連の成果に讃嘆しているという『アジアにおける解決』の論調を幾度も反復しているところからも窺われるが、特にソ連の東欧支配を全面的に擁護している点に、顕著に表われている。

東欧において、ドイツを倒した功績は主としてロシア人にある。ロシア人なしには勝利は不可能だった。東欧の諸政府はドイツの傀儡で、チェコ政府を除いてはファシスト的ないし半ばファシスト的なものであった。チェコを含めて、すべての東欧諸国で要人たち（工業主、実業家、大地主）はドイツ人と協力した。こういうところでのナショナリズムとは、これらの分子を除去することで、彼らのもたらした危険を除去するためには、個々の著名人を死刑・投獄・公職追放するだけでは足りない。長い間ドイツは東欧を「植民地的に」支配しており、彼らはこの体制の有機的一環であったからである。……革命の火を点じたのはこの問題のつくり出した社会的軋轢であった。対独協力者を罰しても、彼らの財産やその果たした経済的役割がそれに類する家族や社会集団に承継されるとすれば、次の世代になれば元の木阿弥である。それ故社会主義者も共産主義者も、その何れでもない民族主義者も、個人の処罰以上のこと、自国の対独従属をもたらしたあらゆる形態の財産を没収することを支持したのである。……ロシアの力が拡張したことも事実だが、東欧自身がロシアの腕の中に入って行ったこともまた事実である。(29)

一九四九年八月、国務省は極東専門家たちに、極東政策についての意見を求めた。ラティモアはこれに答えて、蔣介石援助政策は有害で、中国共産党政府には経済的圧力は効果がなく、日本は信頼できず、李承晩政権は余命いくばくもない米国の負債であり、ロシアは中国に介入する可能性はないという趣旨の助言をした。一〇月には国務省主催で極東政策の討論会が行われ、そこでラティモアらはこれらの政策を唱えて、ハロルド・スタッセン上院議員らと対立した。

（1）　中村政則「解説」（ビッソン、前掲書）三三八頁。
（2）　Bisson, *Prospects for Democracy in Japan*, 1949, p. 19.
（3）　Bisson, *op. cit.*, p. 25.
（4）　Bisson, *op. cit.*, pp. 130-33.
（5）　『マッカーサーの日本』二八六頁。

(6) 同上、二八七頁。
(7) Textor, *Failure in Japan*, pp. 15-16.
(8) Textor, *op. cit.*, pp. 23-24.
(9) Edwin O. Reischauer, *The United States and Japan*, 1951, p. 291.
(10) Textor, *op. cit.*, pp. 29-30.
(11) Textor, *op. cit.*, p. 47.
(12) Textor, *op. cit.*, p. 55.
(13) Textor, *op. cit.*, pp. 63-64.
(14) Textor, *op. cit.*, p. 135.
(15) Textor, *op. cit.*, p. 35.
(16) Textor, *op. cit.*, pp. 39-40.
(17) Textor, *op. cit.*, pp. 43-45.
(18) Textor, *op. cit.*, pp. 186-87.
(19) Textor, *op. cit.*, pp. 195-96.
(20) Lattimore, "Introduction: Japan's Position in the Asia Tomorrow," in: Textor, *op. cit.*, pp. xi-xii.
(21) Lattimore, *Situation in Asia*, p. 179.
(22) Lattimore, *op. cit.*, p. 47.
(23) Lattimore, *op. cit.*, p. 216.
(24) Lattimore, *op. cit.*, pp. 92-97.
(25) Lattimore, *op. cit.*, p. 121.
(26) Lattimore, *op. cit.*, pp. 133-34.

(27) Lattimore, *op. cit.*, p. 110.
(28) Lattimore, *op. cit.*, p. 109.
(29) Lattimore, *op. cit.*, pp. 61-63.

第四部　魔女狩りの中で

14　マッカーシー

「中国喪失」

ジェームズ・トムソンはいう。

一九四九年一〇月一日、国民党の残党は台湾に逃れ、中国の大部分は共産党の支配下に入って、毛沢東は北京の天安門広場で高らかに中華人民共和国の建国を宣した。彼は世界に向って「今や中国は立った」と宣言した。

ところがワシントンでは、再選されたばかりの、しかも気もそぞろの民主党政府が、敵意ある議会を前にし、他の世界各地の紛争にも心を奪われつつ、しかも国民党の敗北を前にして、この悪いニューズについての国民の反響を和らげようとした。一九四九年八月に発された『中国問題白書』の公刊がそれである。それは米国の中国内戦介入への経緯を示す大文献集で、アチソン国務長官はこれに解説を加えて、米国は出来る限りのことはしたが、国民党政権の様々な欠陥と失策の故に、中国は共産党の手に落ちた、と述べた。アチソンはこれに口頭で、ワシントンは「塵がおさまるまで待つつもりだ」と付け加えた。この『白書』は、中国論議を鎮静させるどころか、以後数年に亙る論議に火をつけたのである。

その後起ったことをみると、当然次のような疑問が湧いてくる。「なぜアメリカ人は中国や中国人のことにあんなに夢中になったのか」、一層具体的には『共産主義への中国喪失』が米国世論、特に議員たちにあれ程大きな作用を及ぼしたのは何故か」という疑問である。

国民党瓦解に対する米国の反応の理由を考察しようとすれば、眼に見えない様々な要因に行き当り、米国民の気分を左右する水面下の力の神秘な作用を考慮せざるを得なくなる。しかし明らかにその中心をなすのは、米国人が辛亥革命後の中国に深い同情と高い期待をもち、それがソ連と強く同盟した敵対的な新政権によって一挙に崩壊したという事実である。中国の新政権はワシントンを蔣介石を支持しているかどで攻撃していたが、皮肉なことに、米国の共和党はその正反対のことで政府を攻撃していたのである。一言にしていえば「我々の被後見人、教え子、そして同盟国であった者が、我々に反抗し、立ち上って援助の手に噛みついた、裏切られた」ということであり、そこで「誰がどうしてこんなことを惹き起したのか」が問題となったのである。

中国やアジアに関すること以外にも、色々不安を掻き立てるような事件が起り、中国「喪失」をめぐる発作の火に油を注いだ。

米国民は、ファシズムへの勝利の成果が、突如として生じた共産主義の脅威によってさらわれたと感じていた。特に戦後幾年かのうちに、ソ連が特に東欧に関して味方から敵に転じたことが不安を掻き立てた、一九四七年、民主党政府はヨーロッパと中東でソ連の脅威が高まったとして、ギリシャとトルコを対象とするトルーマン・ドクトリンとヨーロッパを対象とするマーシャル・プランを発した。しかし一九四八年にはチェコでクーデタが起り、ベルリンが封鎖された。相互不信に発する冷戦という巨大な冷たい現実がもたらされた。

同年夏にはアルジャー・ヒス事件が起った。ヒスは東部知識人の固まりのような人物で、ハーヴァード卒、ホームズ判事の法律専門秘書、法律家外交官、ヤルタ会議におけるルーズヴェルトの右腕、サンフランシスコの国連設立会議の主任であった。この彼がかつての共産党員で後に『タイム』誌の編集者となったフィタッカー・チェムバーズに共産主義のスパイとして告発された。二度にわたって裁判が行われ、国論は分裂した。一度目の裁判は陪審で未決となったが、一九五〇年一月の二度目は偽証で有罪とされた。彼の敵味方ともども「あれ程模範的に誠実で業績のある人物が共産主義のスパイだとしたら、他にどれほど沢山スパイがいるだろう」と考えたのは当然である。

このような不安の高まりにかてて加えて、二大政党制のもたらす欲求不満が事態を悪化させた。一九三三年以来大統領戦に敗け続けであった共和党は、必勝を期した一九四八年の選挙でもトルーマンに敗れた。それ以後共和党内の一部の怒れる無責任分子が、民主党政府を眼の敵にして攻撃した。

トルーマンの敵にとって、攻撃の弾薬はあった。一九四九年八月に国務省の『中国白書』が出ると、米国内の蔣介石讃美者たちは直ちにそれに飛びつき、政策決定者の無能、否もっと悪いこと〔裏切り〕を覆い隠すために文献を歪めて選択し、自由中国を「売り渡した」事実を「糊塗しようとしている」と攻撃した。『白書』攻撃は共和党の常套文句となった。

その上一九四九年には、ソ連が米国の核兵器独占を破って、核実験を行った。核の情報をソ連に洩らした者がいるのではないかという疑惑を立証するかのように、ソ連のスパイなるものが次々に摘発された。ヒス事件の他に、英国では原子物理学者クラウス・フックスが、米国では司法省職員ジュディス・コプロンが摘発された。(1)

マッカーシーの登場

一九五〇年二月九日、ウェスト・ヴァージニア州ホィーリングの地区女性共和党員クラブにおいて、ジョセフ・マッカーシー上院議員(ウィスコンシン州選出、共和党)は、大略次のように演説したといわれる。

我がアメリカは世界最強の国家であり、民主的・キリスト教的世界の中心であります。そのアメリカが、今共産主義の無神論との冷戦に敗れよう、惨敗を喫しようとしているのです。何故でしょうか。それはしま模様のズボンをはいた気取り屋の外交官ディーン・アチソン率いるところの国務省に、敵の勝利を願う愚者と裏切者の男女がゴマンといるからです。敵が大軍を派遣して我が海岸を侵したわけでもないのに、我々が今非常な苦境にあるのは、この輩《やから》の裏切りによるものに他なりません。立派な邸、最高の大学教育、高位高官の地位——彼らはこの地上最も豊かな国の与える便宜をすべて受け取りながら、国を裏切っているのです。

私はここで国務省内の共産党員やスパイ団員の名を全部挙げるために時間をとることはできませんが、ここに二〇五名の名前のリストを持っています。国務長官はそれを知っているのに、彼らは今でも国務省内の政策の立案執行に当っているのです。(2)

マッカーシーは二月一一日、国務省は共産主義者、シンパの巣窟である旨の電報をトルーマン大統領に打電した。これに対しトルーマンは直ちに次のような返書を送った。

貴電、甚だ興味深く拝読しました。私は一〇年間の上院議員生活を経験していますが、上院議員が自分の政府の信用を全世界に向って失墜させようとする行為に初めて接しました。貴殿の御主張は虚偽であるのみならず、人々の協力によって遂行せねばならぬ仕事を傲慢にも破壊しようとするもので、貴殿が我が国の政府の運営に口出しする資格が全くないということを示しています。

貴殿の選挙区ウィスコンシンの人々は、このように無責任な人物を自分たちの代表としていることを、甚だしく残念に思うでしょう。(3)

ホィーリング演説は、最初は余り注目を惹かなかったが、マッカーシーが（少しずつ、容疑者の人数を変えつつ）同一の趣旨をあらゆるところで繰り返したため、彼が本当にリストを持っているのか、証拠はあるのか、そして誰がそのスパイなのかなど、新聞記者等の関心は高まる一方であった。二月二二日には上院でこの件を調査するため、外交委員会に小委員会をつくることが議決され、ミラード・タイディングズ上院議員（メアリーランド州選出、民主党）をその委員長に選出した。

マッカーシーは、三月八日に無任所大使フィリップ・ジェサップらの、一四日にはラティモアらの名を出し、そして三月二一日には記者団に、これから「ロシアのスパイの頭目」「アルジャー・ヒスの親分」を暴露する、と述べた。タイディングズ小委員長は、それについて審査するため秘密会を招集した。そこでマッカーシーは「ラティモアこそスパイ、しかもスパイの頭目の一人で、ロシア・スパイ団の鍵となる人物」であり、「私のいうことの当否はこの男にかかっている。彼についての私の発言が誤っているなら、私は証人として失格だ」と述べた。ラティモアの名はすぐにマスコミに洩れるが、文書誹毀罪（libel）にかかることを恐れて、誰も公言しなかった。

それを最初に公けにしたのはニューズ解説者ドリュウ・ピアソンの三月二六日のラジオ放送であった。ピアソンは、かつて天皇を利用するというグルーの対日政策を激しく非難した一人で、ラティモアに好意をもっていた。彼はこの放送の中で、ラティモアは「中国と極東に関する米国随一のエキスパート」で、現在「アフガニスタンがロシアの手に落ちることを防ぐため」国連より同国に派遣されている、と述べた。さらに共産政権から外モンゴルを追われた活仏（the Living Buddha）をボルティモアで保護しているというエピソードまで披露して彼を庇った(4)。この放送に、ラティモアの名を知りながら沈黙していた多くのジャーナリストは、出し抜かれたと口惜しがったという。

コールバーグの執念

ラティモアの名前が出て来た背景には、アルフレッド・コールバーグの存在がある。彼について、ジョン・トマスはいう。

一九四四年末には、世人も太平洋問題調査会（IPR）も、コールバーグについてはほとんど何も知らなかった。彼は無名の実業家で、一九一六年に中国に赴き、多くの人々と同様、中国人の魅力に取りつかれた。彼は中国刺繡輸入業を手広く営み、本社は米国にあったが、事業監督のため頻繁に中国を訪れては、中国人たちと親交を結んだ。IPRには実業家会員も多く、彼もIPRに加入したが、当初は熱心でもなく、その刊行物にも注意を払わなかった。

第二次大戦が勃発すると彼も安閑としていられなくなり、それとともにIPRに強い反感をもつに至った。彼は当初日本の満洲占領についての日本の説明を受け容れ、一九三九年には、日本占領下の華南、漢江上で日本の砲艦の砲撃を受け、脚に負傷したにもかかわらず、仙頭港より米国に製品を送る契約を日本人と結んだ。

ところが一九四〇年になると、彼は日本の意図が中国征服にあると見極めをつけ、ふだんは穏和で柔和な人物だった彼が、これに激しく憤った。一九四〇年七月、カナダ空軍に「私が日本軍に特攻攻撃をかけよう」と申入れ、翌年には同じことを米海軍次官にも申し入れたほどである。彼の対日憤激はIPRに転移した。極東に「ギャング」がのさばっている時「中立的に状況を叙述する組織など支持できなかった。今必要なのはギャングを捕え、追及し、罰することだと考えた」と後に述べている。こうして彼は一九四〇年にIPRを脱会したが、やがてエドワード・カーターの説得を受け容れて復帰した。しかしこの事件は、日頃おとなしいこの人物が、時に思い詰めて激情的になることの一つの表われである。

そしてそのことから顧みれば明らかに一九四三年は、コールバーグにとってもIPRにとっても転機となった。中国医療救援会理事、中国援護団員であった彼は、中国を定期的に訪問するついでに中国医療救援会の活動ぶりや成果を調査するよう依嘱された。出発前大統領側近のロークリン・カリーに面会した彼は、援助物資が横領されている事実を告げられた。問題を感じた彼は、その調査をしてみようと思った。重慶に到着するや否や、米人中国援助関係者が不正の存在を確認した。しかし彼は満足せず、自分が現場に行ってこの眼で確かめようと志し、医療救援会・援護団双方の強い反対を押し切って、必要な中国政府の許可を得ずに、現場に赴き、貴陽の医療援護本部で中国人の友人に話をきいた結果、不正の話は不正確で誇張されていると断定した。また他の数箇所を調査して、やはり同じ結論を得た。重慶に戻ると彼は、中国援護団代表として訪中中のエドワード・カーターに会い、在重慶中国援護団主任ドワイト・エドワーズに異議を申し立てることに協力するよう説得したが、カーターは首肯しなかった。コールバーグは帰国後、腐敗という噂を流している「嘘つきたち」の罷免を医療救援会に働きかけ、同会が中国援護団より脱退するよう迫ったが、棄却された。コールバーグは医療救援会を脱会した。

一九四四年初頃までは、コールバーグは考え込んでいた。中国政府は腐敗という不当な誹謗を受けており、彼がその不当性を責任当局に訴えたにもかかわらず、受け付けられなかった。何故か？　彼はかつて社会主義者であったニューヨークの歯科医モーリス・ウィリアム博士に相談した。同博士は、それ以後のコールバーグの信条となる解答を示した。「それはＩＰＲを動かしている共産主義者のせいなのだ」と。

コールバーグのコールバーグらしいところは、すぐにはこの説明を鵜呑みにせず、自分でその真偽を確かめようとしたところにある。彼は六カ月間ニューヨーク市立図書館で、一九三七年より四四年までのＩＰＲの刊行物と同時期の共産党刊行物とを比較検討した。こんなことに時間と金とを費やし、こんな主題に没頭しうるような人物は余りいない。ところがコールバーグにはそれができた。彼はすでに儲けるだけの金は儲け、戦争で事業の先もみえ、新分野の研究に携わる暇もできた。

この研究の結果、コールバーグは、共産主義者がIPRに潜入しているというウィリアム博士の説は大体当っていると思った。こまかくいうと、IPRの刊行物は、次のような共産党の対中政策を、大体そのまま踏襲している、というのである。

(i)　一九三七年―三九年、蔣介石讃美
(ii)　一九三九年―四一年六月、反蔣介石
(iii)　一九四一年六月二二日（ドイツのロシア侵攻）―四三年春、蔣介石讃美
(iv)　一九四三年―四四年、反蔣介石

……一九四四年末に、コールバーグは決然として行動に移った、同年一一月九日にエドワード・カーターに書翰を送り、その主要な論点を述べるとともに、「私はIPR内の匿名の共産主義者たちの一掃に乗り出すつもりだ」と述べた。この手紙には主として *Far Eastern Survey*, *Pacific Affairs* および共産党刊行物の引用からなる、八八頁に亘る長たらしい附録がついていた。彼はそのコピーをIPRの役員や有力者にも送った。役員の誰一人としてそれに賛成する者もなく、それがIPRに重大な帰結をもたらすと予感した者もなかった。一一月一一日のIPR米国執行委員会は、「このような偏向した非難は取り上げるに値しない」とした。

ふつうの人間ならこのへんで、あるいはもう少し後で諦めるところだが、コールバーグは違った。以後三年間、彼はIPRを「二十四時間道楽」(fulltime hobby) として、これに精力を傾

注した。彼は自らの主張を、文字通り数千通、IPR会員・寄付者・政府関係者・ジャーナリスト・知名人たちに送った。しかし当時これをまともに取り上げたのは、『リーダーズ・ダイジェスト』などほんの少数で、典型的な反応は「全く馬鹿げている」という実業家トマス・ラモントの言葉のようなものであった……。しかしコールバーグは少しもへこたれず、IPRが取り上げないなら、IPRに結び付きのない人々の委員会が調査すべきだと唱えた。IPRは三人の委員をIPR自身で選ぶと回答し、コールバーグは拒否した。コールバーグは、この調査への彼の主張を訴えるためにIPR会員名簿を引き渡すようにIPRに民事訴訟を起こした。随分後になって和解が成立し、一九四七年総会に際し、コールバーグのいう調査が必要か否かについてのアンケートをとることとなった。

その頃コールバーグはまた、「IPR内の共産主義者」について、いろいろ具体的な情報を得た。最初の頃は彼が追放すべき「赤《レッズ》」について、余りはっきりした観念をもっていなかったと見られるフシがあるが、一九四五・六年に、アイザック・ドン・リヴァイン、ルイス・ビュデンズなどの強烈な反共主義者や転向者と接触し、特定のIPR職員・執筆者攻撃を始めた。一九四五年には、IPR職員のY・Y・シュがコロンビア大学で共産主義者であり、「第三インター・ニューヨーク支部」の職員ないし有給雇傭者であったと主張、翌四六年には*Pacific Affairs*に屢々論文を掲載したエブラハム・チャプマンが共産党ニューヨーク州中央委員であったと唱えた。一九四七年初頭までに、彼はIPR理事中の一〇名を「親共派」と名指しした。……

一九四七年の総会で、コールバーグの主張についての会員へのアンケートが開票され、一一六三対六六でコールバーグは敗れた。彼は脱会し、以後IPRそのものよりも、米国の対中政策攻撃に精力を傾注した。……コールバーグは敗れたが、彼の非難はIPRのイメージを多少とも傷つけ、寄付が減り始めた。(5)

マッカーシーが事前にこのコールバーグを知っていたかどうかは不明であるが、マッカーシーのホイーリング演説をきいて、コールバーグは、これこそ自分の主張を世に出す「理想的水路」(ideal conduit) であると膝を打ち、「山なす情報」(a mountain of information) を携えて、ワシントンにやって来た。(6)

マッカーシーのラティモア攻撃

ドリュウ・ピアソンが放送で述べたように、この頃ラティモアはアフガニスタンにいた。ただ彼が同国が「ロシアの手に落ちることを防ぐため」に行ったのかどうかは多少疑問で、彼はかつて次のようにいっている。

アフガニスタン、イラン、トルコとソ連の国境の両側に血のつながった諸民族が住んでいる。これらすべての民族にとって、ロシア人、ソ連邦は非常に魅力のある国である。彼らにとって、ソ連は軍事的安全、経済発展、技術の進歩、すばらしい医療、無償の教育、機会の平等、民主主義が強力に結びついた国にみえる。古い世代にはそれを疑う者もあるが、若ければ若いほどはっきりとそうみている。(7)

ソ連はインドへの通路アフガニスタンと国境を接している。それ故戦後連合国は、アジアの植民地諸国にソ連を引き入れねばならぬ。第一次大戦後の植民地諸国では、ソ連は彼らの友好国だという強い感情が抱かれていた。第二次大戦後にはこの感情は一層強まるだろう。従って主要な世界的問題はソ連とよく協議せねばならぬ。ソ連を孤立させることは避けるべきである。そんなことをしようとすれば、ソ連より我々の方が孤立するであろう。(8)

三月三〇日、マッカーシーは超満員の小委員会で四時間にわたる演説をし、ラティモアの*Pacific Affairs* 編集長時代のソ連との接触、中国の親ソ学生暴動の煽動、一九三七年の延安訪問、一九四四年のウォレス使節団参加の際のウォレスへの影響、『アメレジア』事件への連座の容疑、一九四五・六年の訪日の際の日本共産党幹部との接触等々、コールバーグが蒐集したこまごました事実の列挙を基礎として、ラティモアをソ連のスパイ、(少なくとも過去における)共産党員で、国務省の職員ではないが、米国極東政策の「構築者」(architect)であるとした。UP通信によると、この日アフガニスタンよりの帰路ロンドンに立ち寄ったラティモアは、記者会見して「マッカーシーの言う事は大嘘で、私は二〇年間多くの著書論文を通じて自説を隠れもなく公開しており、マッカーシーも道路を横切って、〔議事堂の裏の〕国会図書館に行き、私の主張を勉強してもらいたいものだ。他の誰よりも私のした政治的予言が正しかったことを悟るだろう」と、自信満々激しい闘志をもって語った。

四月二日には、大記者団と妻エレノアの待つニューヨーク空港に着き、次のように語った。

マッカーシーは、ソ連の宣伝部隊でさえいえないような嘘をわめきたてたのだから、ソ連は彼に勲章を贈るべきだ。こんなナンセンスでもいわれれば不愉快だ。泥をかけられるのは気違いでもいやだろう。マッカーシーは卑しい下らない人物だ。私を共産主義者だなどという者は偽証者であり、法の限界まで処罰さるべきだ。

翌三日には、ラティモアは前年八月に国務省に提出した極東問題に関する彼の意見（国務省がマッカーシーに公表拒否したもの）を公開した。前述したようにその内容は、蔣介石援助の中止、中国共産党政権の承認、日本をアジア政策の基軸とすることへの反対、李承晩政権への支持の撤回などを内容としたものであったが、これが公表されると、李承晩がこれに激情的に反撥した。四月七日ソウルで外人記者と会見した李承晩は、「共産主義と戦う者、ロシアを好まない者は、ラティモア教授のお気に召さないようだ」と述べた。一般にマッカーシーの進歩派告発は、彼らに独裁制として非難されて来たアルジェンチンなどの反共独裁政権から大いに歓迎された。

四月六日、ラティモアは超満員の小委員会議場で、マッカーシーに正面から反論し、彼の挙げる個々の事実が何ら彼と共産党との結びつきを証明するものでないことを示し、その上で彼の基本的な情勢認識を次のように述べた。

中国の未来について絶対的に確言しうる者がいるはずもなく、色々な可能性がある。(1)一部の人々は台湾の国民党政府の中国回復がなお可能だと考えている。(2)中国の中道派・民主派（マーシャル元帥が正当にも「すばらしい人々の群」と呼んだ、必ずしも国民党に属さない人々）がなお中国人民の支持を維持する可能性がある（我々が彼らを完全に共産主義者の手に追い込まない限り）。(3)中国共産党は共産主義ではあるが、なおソ連から基本的に独立した政権を樹立する可能性もある（緩い意味でのいわゆるティトー主義）。(4)中国共産党政府がソ連圏に入り、ソ連の衛星国となる可能性もある。

唯一疑いのないことは、(4)即ち中国のソ連への完全な吸収が米国と中国人民にとって救いようのない災厄であることで、何とか他の三つの可能性のどれかを実現せねばならぬ。……私は(1)の可能性は全くないと思う。即ち台湾の国民党政府が中国を奪回する見込みは全くなく、それ故台湾の奪回闘争に米国が金や武器を注ぎ込むことは、無駄であるばかりでなく、中国共産党にソ連の介入を招くことを余儀なくさせる点でソ連を助けるものとなると思う。

それ故米国の努力目標となりうるものは二つ、即ちその一つは対ソ対米の両面において独立的なナショナリズム(共産主義ナショナリズムを含む)を助長する途、もう一つは中国におけるいわゆる第三勢力・民主勢力の存続を可能とする条件づくりに努力する途である。……私は我が国の長期目標は後者たるべきだと思う……。しかしこの長期施策と並行して実施さるべき短期施策における第一目標は、中国人をソ連と結ぶ他ないと思わせるような立場に追い込まないことである。……

私の中国論の基礎をなすものは、米国や世界の民主主義諸国が、過去の誤った政策と手を切って、中国と極東の問題を現実的に正視するならば、極東に西側諸国と協調しうるような強力な民主的政府を樹立しうるという堅固な信念である。マッカーシー上院議員の所説にかかわらず、私の著書論文の志向するところはマルクス主義に対する絶対的な対立物である。(9)

この直後、タイディングズ委員長はラティモアに、「ＦＢＩのファイルをみても、貴方に疑わしいところは全然ない」と語った。この演説は、天皇機関説事件に際しての美濃部達吉の貴族院演説に非常に似ている。まず状況からして、マッカーシー―菊池武夫、コールバーグ―蓑田胸喜、ラティモア―

美濃部、アチソン—一木喜徳郎、トルーマン政権—岡田内閣と、役者の一人一人に対応関係があるが、またラティモア演説と美濃部演説にも似た点がある。弁明演説において従来の彼らの主張（ラティモアにおいては共産主義の民主的性格の強調、米ソ協調政策、美濃部においては英国流立憲主義）から力点を移して、従来必ずしも強調されなかった副主題（ラティモアにおいては対ソ防衛、美濃部においては天皇大権の尊厳）を強調したこと、演説が中間的な良識派の喝采を浴びたが、結局敵の説得に失敗したことなど。この演説におけるラティモアの反ソ的言辞が本心であったか否かには、その後の著作、例えば一九六二年の*Nomads and Commissars*などにおける、ソ連の衛星国外モンゴルの手放しの讃美などからして疑問の余地がある。

転向者ビュデンズ

四月二〇日の小委員会では、マッカーシー側から共産党機関紙*Daily Worker*元編集長ルイス・ビュデンズ、ラティモア側から対日占領軍元対敵諜報部長エリオット・ソープ准将が証言、二〇〇人用傍聴席に七〇〇人の傍聴者が集まった。ビュデンズについて、オシンスキーはいう。

ルイス・ビュデンズは、カソリシズムからマルクス主義へ、そしてまたカソリシズムへと遍歴した。いわゆるモスクワ—ローマ特急である。カソリックとして生れ育った彼は、若い頃から過激運動に身を投じ、一九三五年に共産党入党、程なく*Daily Worker*の編集長となる。党を指導する政治局員《ポリトビューロー》になったことはないが、シカゴやニューヨークの重要会議に出席した。

一九四五年にはフルトン・シーン司教の影響下で教会に回帰した。最初懐疑的だったビュデンズは、司教の「聖処女について語ろうではないか」という一言で、驚くべき回心《えしん》をした。その著*This Is My Story*の中で彼は「その時突然私は、これまでの生涯の無意味さと罪深さを自覚し、聖母マリアから流れ出ずる平安、私が若い頃その中で生きていた平安が、圧倒的な鮮明さをもって、私を照らした」といっている。

回心の後、彼はかつての同志への復讐に取りかかった。彼はその暇な時間の多く（大体三〇〇〇時間と彼はいう）を、共産党の党内事情をＦＢＩに説明することに費やした。アルジャー・ヒスが共産主義者だと暴露された際も、彼が助力している。一一人の共産党指導者の裁判においても、彼は検察側証人のスターであった。彼は後に、この転向者としての活動で七万ドルほど稼いだと告白している。そのある部分はマッカーシーの事務所から出た。しかし少なくとも一九五〇年の段階では、エドガー・フーヴァーＦＢＩ長官を初め、著名人の尊敬と傾聴をかちえており、その証言にも意味があった。(10)

ビュデンズは宣誓の上、ラティモアは太平洋問題調査会（ＩＰＲ）内の共産党細胞の一員で、中国共産化を任務としており、政治局の文書ではＬあるいはＸＬの符牒で呼ばれていたと証言した。しかし反対尋問において、これらの証言がすべて伝聞証言であることが明らかとなった。そのもとの発言の主とされるブラウダー委員長など共産党の要人は、どうせ本当のことはいわないだろうし、証拠文書は直ちに破棄することになっているから何も残っていないというのである。この証言でもいろいろボロが出た。「*Daily Worker*にラティモアを批判した記事もあるではないか、ラティモアはソ連のフィンランド侵入に反対したではないか」という質問に対しては、ラティモアのような著名な秘密共産党員は、世間の眼を晦ますために時に党の路線から離れた発言をすることが許されているのだと答えた。「ＦＢＩに三〇〇〇時間も党の内情を説明した中で、ラティモアに一言もふれていないのは何故か」という質問に対し、ビュデンズは口ごもった。オシンスキーによれば、それにもかかわらず、少なからぬ識者や世人は、ビュデンズの証言を基本的に信じたという。

ラティモア側証人エリオット・ソープ准将は、占領初期に東条の逮捕、Ａ級戦犯名簿の作成、政治犯の釈放などを指揮した人物で、エマソンやノーマンが徳田・志賀らを釈放するため府中刑務所を訪れたのは、彼の指示によるのである。彼は、マッカーシーのラティモア攻撃を知って、直ちに留守宅のエレノア夫人に援助を申し出で、わざわざフロリダから駆けつけて来たという。彼はその証言の中で、情報将校としてラティモアを三度調査したことがあるといい、ＩＰＲは平和に尽力する学術団体であり、ラティモアは常に忠実な国民（loyal citizen）であり、共産党員やスパイであったという誹謗は全く根拠がないと証言した。

フリーダ・アトリーの怨念

五月三日には、マッカーシー側はフリーダ・アトリーを証人として立てた。彼女は一八九九年英国生れ。父親は、若き日ウィリアム・モリスやマルクスの娘たちと友人で、バーナード・ショウ、ウェッブ夫妻らのフェビアン派の人々とも交際があり、『資本論』の翻訳者、エレノア・マルクスの夫エドゥアルト・アヴェリングに伴われて訪問した家の娘と結婚した。この娘が即ちフリーダの母である。フリーダは苦学してロンドン大学歴史学科を優等で卒業したが、英国の階級的社会に反撥し、自由と国際主義に憧れて労働党左派から共産主義者となり、妻帯者であったユダヤ系ロシア人アルカディ・ベルディチェフスキーと結婚。一九二八・二九年新婚生活を日本で送ったのちモスクワに戻り、極東研究に従事、一九三六年三月一〇日、夫がゲー・ペー・ウーにトロツキストとして逮捕されて、やがて獄死。彼女はラティモアとの関係を、その著書の中で次のように述べている。

私がオーウェン・ラティモアに最初に会ったのは一九三六年四月モスクワにおいてであった。私はその時既にロシア人の妻として六年近くモスクワにいた。夫はソ連国民ではあったが、共産党員ではなかった。当時私は世界経済政治研究所極東部に勤務していた。この研究所は、一年ばかり前クレムリンが「人民戦線」戦術に転換した時、太平洋問題調査会（ＩＰＲ）のロシア支部となっていた。……ＩＰＲアメリカ支部会長カーターとラティモアを研究所の代表者が最初に招いたのはＩＰＲソ連評議会においてで、……彼らは我々と極東問題について討論するために研究所にやってきた。私は彼らがソ連の見解に唯々諾々と従うのに呆れたが、ラティモアは相当独立的で、モンゴル社会を「封建的」とよぶのは正確でないと主張する勇気をもっていた。そのことから私は彼が共産主義者でないと結論した。後にロンドンで彼に会った時、彼が「トロツキストのハロルド・アイザックスの論文を*Pacific Affairs*に掲載したため、すんでのことに編集長としての首が飛びそうになった」と私に語ったので、一層その確信は強まった。

ところでその同じ四月に私の夫は逮捕され、一九三六―三八年粛清の幾千人の犠牲者たちと同様に強制収容所へと姿を消した。私は二歳の息子を安全地帯に置いてからモスクワに戻って夫の救出に当ろうと考えて英国に向った（救出の努力は空しく、逮捕の日が永遠《とわ》の別れとなった）。

悲しい、辛い旅であった。私は寝台車なしの列車でオランダまで行き、いよいよ英国向けの船に乗船しようとしていた。右手に息子を抱き、左手にスーツケースを握りしめて三等船室へと船の階段をよろめき降りていた時、オーウェン・ラティモアが突然眼前に現われて、荷物を持ってくれ、親切に子を寝かしつけてくれた。一九三六年七月私がモスクワから空しくロンドンに戻って来た時、ラティモア夫妻は私に非常に親切にしてくれ、彼らの息子の小さい時の衣類などをくれた。

その冬私は夫妻と屢々会った。オーウェンが*Pacific Affairs*の編集者として、ソ連政府との関係が深いこと、夫妻が「ソ連の社会主義実験」なるものに肯定的態度をとっていることを私は知っていたが、彼らが大量逮捕、裁判なき投獄などスターリンの支配下にあるロシアの専制的側面について批判的感想を述べていたから、彼らが、私が逼れて来たばかりのテロルを批判する点では本気だと信じ、従って彼ら夫妻を誠実な自由主義者だと信じていた。私が一九四〇年にボルティモアに来た時も、私はなおそう思っていた。しかし*Pacific Affairs*でラティモアがモスクワの血の粛清を「全国家・全国民の社会的・経済的可能性を開花させる闘争の新たな前進の一部」として弁護し、正当化していることをやがて知った。彼はソ連で幾十万が逮捕され、裁判なく奴隷労働を宣告されていることを、私に劣らず知っているはずなのだ。私は彼がスターリン専制の弁護者となったことを知って、同夫妻との交際を断った(11)。

一九四〇年の著書『失われし夢』（*The Dream We Lost*）の中で彼女は、自伝的に自らの体験を述べ、愛する夫がゲー・ペー・ウーに連れ去られる時の情景を一五ページにわたって、悲痛な筆致で回顧し、そして最後の部分で、スターリン体制に比べれば、ナチスの方がまだましだとして、例えば次のようにいう。

私は別にヒトラーを弁護するつもりも、ナチ体制の恐怖から眼を逸らすつもりもない。その恐怖は無数の書物に書かれ、ヒトラー・ドイツの悪については万人が知っている。しかしそれがスターリンのロシアに比べてどれほどましかを知る人はほとんどいない。大多数の著者はナチ・ドイツを西から見ているのに対し、私は東から見ているのだ。……ヒトラー・ドイツに関する最悪の報告でさえ、私がこの眼で視、この耳で聴いたソ連の恐怖に比べれば小さく浅い。数多くのドイツ人、ドイツ系ユダヤ人は国を出て世界に体験を告げることができるが、ソ連では、強制収容所に一生監禁され、あるいは射殺される〔ナチのユダヤ人大量殺戮が始まったのは一九四一年から〕。西側の人々がナチをソ連より遙かに忌み嫌うのは、ナチが正直で勇敢だからだ。ナチは自分たちがなしていることを世界に公言する。それに対しスターリン主義者は言うこととすることとが全く逆で、ソ連政府は人類史上例のない偽善的体制である(12)。

こうして彼女は激しい反共文筆家となり、共産主義よりは蔣介石の方がましだというところから、中国共産党シンパの極東専門家に対しても激しい批判者となる。ラティモアの側からは、彼女はこう見える。

私は彼女に一九三六年モスクワで会った。驚いたことに、それから約二週間後、オランダから英国に渡る船の中で、また彼女に会った。ひどく取り乱していて、夫がモスクワで秘密警察に逮捕されたと語った。私は米国人なら誰でも感ずるような衝撃と憐憫を覚え、船中で母子の面倒をみた。船が英国に着くと、上陸や列車への乗り替えも手伝ってやった。その年の暮私たち夫婦はロンドンで何カ月かを過ごしたが、そこでも彼女に何度か会った。彼女の家で共産党転向者と何人か会ったが、何れも辛辣で冷笑的な人物であった。……一九三九年フリーダ・アトリーは米国に来るなり直接ボルティモアに来て、我が家に泊った。その前彼女は中国に行っていたが、今は米国で出版の機会や教職を得たいと望んでいた。我々は幾週間か彼女を泊め、出版の機会や教職を得させるため、できるだけのことはした。

ところが一九四〇年になる頃には、彼女と余り会わなくなった。彼女が段々孤立主義者となり、「米国第一」のプロパガンダと関係し、対ヒトラー宥和政策を説きだしたからである。我々夫婦はチェンバレン内閣やフランスの状況が好ましいとは思っていなかったが、ヒトラー宥和の試みなど問題にならないと考えていた。もとより我々は、いよいよ夫の救出が絶望的となって来た彼女に同情したし、彼女も何とか私に一肌脱がせようと躍起となったが、その夫が英米人でなくロシア人であるから、打つ手もなかった。私のできたことは雀の涙ほどのものであったが、私としてはできるだけのことはした。しかし彼女は、私がその気になれば、もっと力になれたはずだと思いこんでいたらしい。彼女は、夫との再会に絶望すると、その挫折と絶望が私のせいであるかのような態度をとった（精神科医ならもっとましな説明ができるかも知れない）。ともかくそれ以来、彼女は反スターリン、反ソ、反ロシア人の情熱的な論客となり、ナチ・ドイツとの宥和策の雄弁な主張者となり、そればかりかボルティモアの友人たちに私の悪口を言って歩くようになった。さらに彼女には他の転向者にもみられる傾向があらわれた。即ち相手が非共産主義者・反共産主義者であるだけでは足りず、自分と同じ仕方、同じ理由の反共主義でない者に「スターリニスト」のレッテルを貼るという傾向である。(13)

私的次元からいえば、苦境の中にあったフリーダにとって、ラティモアは彼女を絶望から救い出してくれる力強い父として仰ぎ見られ、それ故彼を頼って、居候をしにボルティモアまでやってきた。しかしラティモアにとっては、彼女は同情はするが、所詮は周辺的人物に過ぎなかった。不遇の烈女は彼を激しく逆恨みした、とみることができよう。しかしイデオロギーの次元においては、両者のソ連観の妥協し難い対立の故に、この破局は不可避であった。

小委員会において、フリーダ・アトリーは、ラティモアが共産党員であることも、スパイであることも証明しようとはせず〔そうでないことを彼女は知っていた〕、ただラティモアが思想上スターリニストであることを文献的に立証しようとした。これは小委員会の求めているものではなかった。彼女のラティモア攻撃は不発に終った。聴問会が終った後、ある人物がラティモアに「彼女は貴方に一番有利な証言をしましたね」と話しかけたという。(14)

ラティモアの再反論

五月二日にラティモアは、再び小委員会で反論に立った。彼はマッカーシーの主張が事実無根であることを強調し、彼に対する誹謗者たちを激しく攻撃した。卓を拳で叩きつつ「マッカーシーは自らの党と選挙民と国家とを穢した」といい、むしろこの委員会はマッカーシーの「詐欺と嘘言」の調査をすべきだと怒りを込めて述べた。またビュデンズは陰謀家で、アトリーはヒステリー女だと攻撃した。彼はまた編集長時代の*Pacific Affairs*の編集について、多様な傾向をもつ執筆者を登用した中に、たまたま何人かの共産主義者がいただけだと述べ、さらに一九四七年までは一貫して蔣介石が内政改革を行って中国を統合することを期待してきたことを、自らの著書を引用しつつ示した。そして彼は、米ソ二大陣営に属さない第三国家群の重要性を強調し、最後にマッカーシーの言論の自由に対する侵害のアメリカ民主主義に対する脅威を強調して演説を終った。

当日および翌日行われた質疑において、ヒッケンルーパー議員は、一九四七年にラティモアが国交のない外モンゴルに旅行しようとしてワシントンのソ連大使館に接触した経緯や、エレノア夫人が左翼団体で講演したことなどについて意地悪く追及した。ラティモアは、妻を通じて自分を攻撃するなど、そもそも下劣なこの委員会の審議を一層下劣にしたと激昂した。傍聴席にいた眼鏡をかけた白髪の夫人に衆目が集中した。

「赤狩り」の時代

当時の米国の新聞をめくってみよう(日付は掲載日)。二月一四日、ランキン下院議員、アインシュタインに共産党活動した前歴があると、非米活動委員会で発言。二月一八日、スパイ容疑者アルジャー・ヒス、弁護士を依頼。二月二〇日、ニクソン上院議員、ソ連の核開発は民主党政府の責任であると発言。同日下院でFBIがアメリカ共産党について報告、マシュー・クヴェティックにソ連のスパイとしての容疑があることを明らかにした。二月二二日、ミース上院議員(民主党)が、マッカーシーに容疑者の名を挙げるよう要求。二月二五日、トルーマン大統領、「国務省職員の忠誠を再検討するつもりはない」と声明。

三月二日、英国でクラウス・フックスに核兵器の秘密をソ連に流した罪で一四年の禁錮刑の宣告。三月四日、英国労働党政府のストレーチー国防相、戦前共産党を支持したことはあるが、一九四〇年以後は無関係だと述べる。三月九日、マッカーシー、フィリップ・ジェサップを攻撃。三月一一日、ロンドン滞在中のジェサップは論評を拒否。三月一三日、マッカーシー、上院外交委で宣誓の上、ラティモアを国務省の「親共派」(pro-communist)顧問として名を挙げる。三月一五日、マッカーシー、ジョン・サーヴィスの名を攻撃対象に加える。ブルースター上院議員(共和党)、名の挙がった人物全員の罷免を要求。三月一七日、プーリフォイ国務次官補、サーヴィスを弁護。三月二〇日、商務省、二七名の職員に安全保障上の危険人物として秘密文書閲覧権を停止。三月二一日、ジェサップ、マッカーシーに反論。その非難は「国務省を混乱させ、共産主義を利する」という。三月二三日、タイディングズ委員会、政府職員の忠誠審査記録の公開を要求。三月二四日、タイディングズ小委員長、国務省から、ラティモアは国務省とほとんど無関係で、ポーリー使節団参加と一度の講演を委嘱したのみとの報告書を受け取ったと述べる。マッカーシーはこれを「真赤な嘘」と論評。三月二七日、ピアソンがラジオ放送で、マッカーシーのいう「スパイの頭目」はラティモアであると放送。タイディングズ小委員長、マッカーシーの主張に証拠がないことを指摘。三月二八日、トルーマン大統領、国務省人事異動に際し、ジェサップ無任所大使を再任。ＡＰ通信、アフガニスタン滞在中のラティモアが、マッカーシーの非難は「全くのたわ言」(pure moonshine)だと述べたことを伝える。スティムソン元国防長官、ジェサップを弁護し、マッカーシーらの非難を「考慮に値しない」と論評。三月三〇日、エレノア・ラティモア、「中国国民党を今さら支持しても無益、中国共産党の勝利はソ連の援助によるものでない」と語る。ウェイン大学ヘンリー学長、「共産主義者は国家の敵」と声明。同大学の教科への共産主義者の参加を禁止。三月三一日、マッカーシー、小委員会で証言。ラティモア、ロンドンで記者会見。

四月一日、タフト上院議員「国務省から共産主義者を除くには、トルーマン大統領を除く他ない」と語る。アチソン国務長官、ラティモアの国務省への影響を否定。四月三日、ラティモア、ニューヨークで記者会見。マッカーシーの非難を「狂人の嘘」とよぶ。四月四日、ラティモア、前年八月国務省に提出した意見書を公開。トルーマン大統領、政府職員が小委員会の喚問に応ずることを禁止。フリーダ・アトリー、ラティモアが共産党路線の追随者だったことについて証言すると語る（ただし彼が共産党員だったとはいえないという）。四月五日、ジェナー上院議員、「アチソン国務長官は共産主義のワナにかかった」と非難。四月六日、ノウランド上院議員、リー国連事務総長（ノルウェー人）はソ連寄りだとして罷免を要求。また国務省が前年八月、マッカーサー元帥の意見を徴さずにラティモアの意見を徴したことを偏向として非難。四月七日、ラティモアが小委員会で公述、ジョン・フォスター・ダレス、外交顧問となり、「過去の誤りでなく現在が問題である」と述べる。四月八日、李承晩韓国大統領、ラティモアを激しく非難。四月一三日、ビュデンズ記者会見。四月一四日、コナリー上院議員（民主党）、「米国は蔣政権擁護のため可能なことはすべてした。敗北は腐敗による自業自得だ」と語る。四月二一日、ビュデンズ、ソープ証言。四月二三日、ラティモア、記者会見して、マッカーシーの非難を陰謀として非難。アール・ブラウダー前共産党委員長、彼が「ラティモアは共産主義者だ」

とビュデンズに語ったというビュデンズの証言を否定。四月二五日、トルーマン大統領、マッカーシーらを「皆が軽蔑している騒がしい小集団だ」と語る。四月二六日、ビュデンズ、ウォレス元副大統領を親ソ派として攻撃。四月二七日、小委員会で元共産党員ベラ・ドッド、「ラティモアの名は知らぬ」と証言。

五月一日、フェアバンク（ハーヴァード大）教授、「マッカーシーは中共軍に一〇箇師団分にもあたる貢献をし、ソ連にはもっと貢献した」と語る。マーシャル前国務長官、マッカーシーを利敵行為者として批判。ハル、バーンズ、マーシャルの三名の国務長官歴任者が連名で「ラティモアは国務省に何の影響も及ぼさなかった」と声明。コナリー上院外交委員長、「マッカーシーの非難は、来たるべき三大国会議における我が国の立場を弱める」と語る。五月三日、ラティモア、小委員会で証言。フーヴァーFBI長官、全米に五万三〇〇〇人の共産党員、五〇〇万人ほどの同調者がいると声明。五月四日、ラティモア証言の続き。五月五日、トルーマン大統領、国務省の八一名の職員について、忠誠審査記録を上院小委員会に渡すことに同意、また「マッカーシーの言は何一つ論議に値しない」と述べる。ルカス上院議員（民主党院内総務）「マッカーシーは嘘つきだ。非難は全く失敗した」と述べる。これに対しフェリー共和党院内総務は、「同僚を嘘つき呼ばわりするのは院内規則違反だ」と批判。五月六日、ウイリアム・レミントン（商務省職員）、非米活動委員会に「私は共産主義者だったことはない」と証言。五月九日、マッカーシー、「新たにある外交官をスパイとして摘発する。国務省提出書類は強姦されていて、価値がない」と語る。五月一〇日、カリフォルニア州上院の非米活動委員会で、元共産党員の女性が、一九四一年の共産党の会議に、原爆の発明者ロバート・オッペンハイマー博士が列席したと証言。五月一一日、オッペンハイマー、事実無根と否定。五月一二日、ロンドン『タイムズ』、「マッカーシーらは、知性ある人物のすべてに悪意をもつ、欲求不満の野蛮人」と論評。五月一五日、国務省、マッカーシーに反論する「白書」を公表。ビュデンズの属する（カソリック系）フォーダム大学学長マジンリー導師、ビュデンズを弁護。五月一六日、マッカーシー、アチソン罷免を要求。五月二五日、原爆の秘密を盗んだフックスの共犯として、ハリー・ゴールドを逮捕――。

日本の情況

この頃の日本は、シベリア抑留捕虜をめぐって世論が湧き立っていた。「洗脳」されて「天皇島に革命を起す」と張り切って帰国し、舞鶴港で家族に見向きもせず、共産党に入党する者もあれば、帰国船中では「ソ連の手先」だった者に対する暴力的報復事件も頻発した。カラカンダ第九収容所で、徳田共産党委員長がスターリンにあてた「反動分子を帰国させないよう要請する」という書翰なるものが収容所責任者によって援用されたことが国民の憤激を買い、同収容所の通訳菅季治が、四月六日国会で証人喚問され、その翌七日に自殺した。

「中国派」ジョージ・アチソンの後任の駐日大使は「日本派」ウィリアム・シーボルトで、彼は対日理事会においてソ連代表に対し捕虜虐待の非難、返還要求をくりかえし、日本において最も人気のある米国人の一人であった。

五月三日の憲法記念日にマッカーサーはラジオ放送して、日本民主化の成果を讃えるとともに、日本共産党をソ連の手先（pawn）として激しく非難。このような勢力を「合憲的政治運動とみなすべきか否かは疑問だ」と述べて、その非合法化を示唆した。六月四日の参議院選挙で共産党が二議席を減じた直後の六月六日、マッカーサーは吉田首相宛ての書翰で、共産党中央委員二四名の公職追放を指令、追放された幹部は「地下に潜った」。

タイディングズ小委員会の報告書

このような情況の中で、六月二五日未明、北朝鮮軍が三十八度線を越えて、大挙韓国に侵入した。トルーマン政権は直ちに韓国防衛を決定、真珠湾攻撃の時と同様、国論は政府のもとに結束した。
七月二〇日、タイディングズ委員会は、次のような報告書を作成した。

証拠に徴すれば、ラティモア氏は国務省職員でもなく、極東政策の構築者でもなく、スパイでもない。彼に関する審議は最早終えるべきである。これ以上彼を追及することは、一私人の思想傾向を裁くことになるからである。……彼が親共産主義者だという非難を支持する証拠はないし、その情報を総合してみると、この非難は真実でない。彼の著作や発言がオーウェン・ラティモア個人の意見や信念の率直な表現以外のものだということを示す証拠は絶対にない。彼と同様の極東論の持主で、全然共産主義寄りだという疑いのない米国人は数多い。ラティモア氏の著作は共産党路線にもその他の何の路線にも追随するものではない。彼の極東論を貫く一貫した路線があるとすれば、それは「ラティモア路線」とよばるべきものである。

小委員会の共和党の二人の委員(ロッジ、ヒッケンルーパー)はこの報告書への署名を拒否した。本会議の審議も紛糾し、民主党が四五対三七の多数決でようやくこれを採択した。特にマッカーシーはこれを彼自身への挑戦として受け取り、タイディングズ個人に対して復讐心を燃やした。

この時期のジャーナリズムの態度について、エドウィン・ベイリーは次のようにいっている。

新聞論調は、少数の例外を除いて、読者に対する責任を果たさなかった。……執筆者、編集者、出版社で、マッカーシー問題に発言した者は、ほとんどがマッカーシーに膝を屈した官僚たちと同様に臆病で、不幸な読者たちと同様に誤報に惑わされていた。[15]

「魔女狩り」批判

このような中で、『魔女狩り——異端迫害の復活——現代米国における異端審問』と題する三五〇ページの大著を著して、逸早く「魔女狩り」を激しく攻撃したのは、ケーリー・マクウィリアムズであった。彼は戦時中日系人の抑留に対する反対運動を果敢に展開した人物である。彼はいう。

ラティモアは明らかに共産主義者でないし、ジョージ・ワシントンがスパイでないのと同じ位明らかに彼もスパイでない。しかし真に攻撃されているのは、彼が共産主義者であることでも、スパイであることでもなく、……彼が異端者(heresy)であることである。即ちマッカーシーらが賛成しない中国政策の支持者であることである。[16]

歴史学者ヘンリー・スティール・コマジャーらも、『攻撃下にある市民的自由』という論文集を公刊し、その中でコマジャーは次のようにいっている。

マッカーシーの攻撃のもたらした一つの結果は、米国民の国務省に対する信頼を失わせたこと、第二は米国の対外威信を著しく傷つけたこと、第三は国務省が本務の外交に集中すべき精力を、議員たちの恣意的非難への防衛にとられること、第四は第一級の人物が国務省を敬遠するようになること、第五は国務省職員が、いつまた起るかわからない非難への恐怖の故に、率直さを欠き、重要な事実を報告しなくなることである。またマッカーシーがその報告者について騒ぎ出すかも知れないからである。第六は省外の専門家が国務省に意見を述べることに二の足をふみ、国務省もそのような専門家の意見を徴することに二の足をふむようになることである。マッカーシーの非難の結果、「国務省に率直な助言をすることは危険だ。議員や、特にラジオ解説者の意向に反したならば」という原則が確立されたのである。これはちょうど、病気にかかって五、六人の医師にみせ、ガンだとわかったら医師たちを裏切者、山師、オッチョコチョイなどとよばわって免許証を奪うようなものである[17]。

コマジャーは結論として次のようにいう。

安全保障とか忠誠とかという名のもとで、我々の自由を切り売りし始めたら、結局は安全保障さえ失ってしまうだろう。我々が愛するこの国が生存・繁栄すべきであるならば、経済の領域のみならず、理性・精神の領域においても自由な創意が奨励されなければならない。我々の責任は重大である。西洋文明、西洋キリスト教の未来は我々にかかっているのである[18]。

（1）Thomson et al., *Sentimental Imperialists*, pp. 225–27.

（2）David M. Oshinsky, *A Conspiracy So Immense, The World of Joe McCarthy*, 1983, pp. 108–09; Edwin R. Bayley, *Joe McCarthy and the Press*, 1981.

（3）Robert H. Ferrell (ed.), *Off the Record, The Private Papers of Harry S. Truman*, 1980, p. 172.

(4) Lattimore, *Ordeal by Slander*, pp. 44-45.
(5) Thomas, *The Institute of Pacific Relations*, pp. 37-44.
(6) Oshinsky, *op. cit.*, p. 119.
(7) Lattimore, *Solution in Asia*, p. 139.
(8) Lattimore, *op. cit.*, p. 201.
(9) Lattimore, *Ordeal by Slander*, pp. 83-89.
(10) Oshinsky, *op. cit.*, p. 149.
(11) Utley, *The China Story*, pp. 210-11.
(12) Utley, *The Dream We Lost*, *Soviet Russia Then and Now*, 1940, pp. 216-17.
(13) Lattimore, *op. cit.*, pp. 141-42.
(14) Lattimore, *op. cit.*, p. 145.
(15) Bayley, *op. cit.*, pp. 48-49.
(16) Carey McWilliams, *Witch Hunt: The Revival of Heresy; The Modern Inquisition in the United States*, pp. 20-21.
(17) Henry Steele Commager, "The Pragmatic Necessity for Freedom," in: *Civil Liberties under Attack*, 1951, pp. 15-16.
(18) Commager, *op. cit.*, p. 22.

15　マッカラン委員会

新たなラティモア攻撃

朝鮮戦争勃発直後の情況について、オシンスキーはいう。

少なくとも当面は、全米国人はトルーマンのもとに結集した。激励の手紙や電報がホワイト・ハウスに殺到した。『ニューヨーク・タイムズ』のウィリアム・ホワイトは、七月二日ワシントン電として、新たな統一意識・目的意識がワシントンを支配している、と報じている。「このトルーマン大統領の断固たる憂鬱な決定は上下両院の強い支持を受けた。崇高な動機、尊敬さえ感じさせるような雰囲気の一週間であった」と伝えた。

こういう雰囲気はマッカーシーに有利でなかった。彼は党争・誹謗・相互不信を喰い物とする人物であり、人々は今そんなものを求めていなかった。今は大統領のもとに結集すべき時で、彼を攻撃すべき時ではない。マッカーシーにとっては沈黙すべき時であった。世論に敏感な彼は、沈黙した。(1)

だが、朝鮮戦争も、タイディングズ小委員会の報告書も、一時の小康状態をつくり出したにとどまった。開戦三日後の六月二八日の上院でタフト上院議員は、同年一月一二日にアチソン国務長官が、極東における防衛線を「日本、沖縄、フィリピンを結ぶ線」だと述べたことを取り上げ、これは韓国を防衛線から外し、共産側の侵略を「招いた」ものだと攻撃した。この「アチソンの青信号」は同年秋の中間選挙における共和党の政府攻撃の最大の武器となった。そしてこのアチソンの態度に影響したのが、ラティモアの「韓国は米国にとって資産でなく負債である」とした意見書であるとされ、朝鮮戦争は新たなラティモア攻撃の引き金となった。

共和党右派は、中間選挙において、メアリーランド州のタイディングズを落選させることを重点目標とし、自分に選挙のないマッカーシーは、ほとんど無名だった新人対立候補ジョン・M・バトラーを強力に支援した。選挙直前に中共軍が朝鮮戦争に介入し、共和党右派の「陰謀説」宣伝に油を注いだ。選挙の結果は、ニクソンら右派が楽勝し、タイディングズは落選した。

マッカラン委員会

ところでマッカーシー輩下の一調査員が、太平洋問題調査会（IPR）の保存資料がマサチューセッツ州リーにあるエドワード・カーターの小屋に保存されていることをつきとめ、その一部を違法に持ち去ってマッカーシーに見せた。マッカーシーはこれを上院司法委員長兼国内安全保障小委員長パット・マッカランに示した。マッカランは民主党員であるが、強硬な反共主義者で、直ちに小委員会を招集してこの書類の差押令状を発することを決定した。二月八日差押えが執行された。二月一六日には、共和党右派のカール・マント上院議員（南ダコタ州選出）が「押収したIPRの資料に基づいて、議会は改めて一九四五年の『アメレジア』事件の調査を再開するだろう。上院国内安全保障小委員会はこの資料のうちに黄金を見出すだろう。私の考えでは、我が国のアジア政策は国務省でなくIPR

で孵化していた。ＩＰＲは共産主義の資金を財源の一部としている」と語った。

小委員会（マッカラン委員会）は、五ヵ月にわたってこの資料を研究した上で証人喚問を一九五一年七月より開始した。その間にも、ラティモアに対しては講演取消しなど諸方面からの迫害が続いたが、しかし、彼は意気軒昂として、例えば三月二六日、カナダのラジオ番組で次のように語っている。

蔣介石の国民党政府は「過去のもの」（a thing of the past）として消去さるべきものである。同政権が復活しうる可能性は全くない。中共軍が台湾を攻略しても、諸国はこれに介入すべきでない。台湾の軍事的重要性は甚だしく過大評価されている。

七月には、マッカラン委員会が、左記の目的をもって、ＩＰＲ関係者を召喚して尋問を開始した。

(1)　果たして、またどの程度、ＩＰＲは共産主義世界陰謀の浸透・影響・支配を受けていたか。

(2)　果たして、またどの程度、この手先または彼らに騙された分子（dupes）が、ＩＰＲを通じて米国政府の極東政策に影響を与えたか。もし影響を与えたのならば、果たして、またどの程度、現在なおその影響が存在するか。

(3)　果たして、またどの程度、この手先または彼らに騙された分子が、アメリカの世論、特に極東に関する世論を導き、または誤らせたか。

この小委員会は、民共両党の委員から構成されていたが、揃いも揃って保守派ないし超保守派の議員で、専門委員のロバート・モリスは「陰謀説」の強い信者であった。元共産党員のベンジャミン・マンデルが調査主任で、フリーダ・アトリーなどもそのもとで知恵袋の役割を果たした。全委員が弁護士の資格をもっていたことも、この委員会に独特の糾問的色彩を与えた。ラティモアらに好意的な証人はきわめて敵意ある扱いを、敵意ある証人はきわめて好意的な扱いを受けた。

ラティモア書翰

一九五一年七月の第一回喚問で、証人台に立ったエドワード・カーターに対して、押収書類の中にあった一九三八年七月のラティモアとの往復書翰の説明が求められた。そのラティモアの返信の中に次のような箇所があった。

君が研究シリーズの仕事の多くをエジアティカス（Asiaticus）、陳翰笙、冀朝鼎に委ねたのは、仲々抜け目がない（cagey）。彼らはこの上なく重要なラディカルな視点を提出するが、しかも上手な筆さばき（right touch）で書くからね。このシリーズでの一般的目的として、IPRにとってどのへんが好いスコアリング・ポジションかは国によって違うと思う。中国に関しては、中共路線とのレッテルを貼られない程度に中共の公式路線から距離をとりつつ、なお中国の行動的自由主義者よりは相当先に進んでいる程度がちょうどいいという感じだ。ソ連に関しては、その国際政策を一般的には支持しながら、彼らのスローガンを用いたり、ソ連に従属しているという印象を与えない程度がいいのじゃないか。

この中に出てくるエジアティカスについて、シューメーカーは次のようにいう。

一九三九年に新四軍に随行した『スメドレーに次ぐ』第二の外国人の素性ははっきりわからない。一九三九年春および一九四一年夏、強い過激思想の持主であるドイツ人の著作者が華中の対日戦線の向う側の共産ゲリラを訪問した。彼はその作品にエジアティカスという筆名を用いた。彼は元あるいは当時もドイツ共産党員であったといわれ、本名はHeinz Schippe, Heinz Schipper, Heinz Müller, Hans Möllerのどれかだという。個人的に彼を知っていたとおぼしき唯一の西洋人は、中国史の教授ヴィットフォーゲルで、彼は一九三七年に上海で彼に会っている。ヴィットフォーゲルの回想〔マッカラン委員会での口述〕によると、彼の本名はHeinz Müllerで、ドイツ共産党の要人だったという。フィリップ・ジャッフェによれば、彼は恐らく一九四一年に、上海と新四軍基地の間の往来の際に殺されたという。(2)

陳翰笙は一九四九年、革命後に帰国。中印友好協会、外交学会などで活躍した。

冀朝鼎については、シューメーカーは次のようにいう。

冀朝鼎は一九二六年、燕京奨学生としてシカゴ大学に在学中、米国共産党に入党。一九二七年フィリップ・ジャッフェの遠縁にあたるハリエット・リヴァインと結婚した。彼らは最初の新婚の年をモスクワで過ごし、コミンテルン第六回大会に参加した。三〇年代には米国共産党中央委員会中国部に勤務して*Daily Worker*などに様々なペンネームで寄稿。また*China Today*の編集委員の一人となった。*Key Economic Areas in Chinese History*という題のもとで後に出版された論文でセリグマン経済学賞およびコロンビア大学からの博士号を得た。一九三七—四〇年にはIPR専門調査員で『アメレジア』編集委員であった。一九四一年中国に帰国。中国共産党の秘密工作員として国民党政府の孔祥煕財務部長の下で働き、一九四四年には孔の秘書となった。ブレトン・ウッズ会議には中国代表団事務局長として列席した。一九四九年以後は共産政権の要職を歴任。一九六〇年にエドガー・スノウが北京で会った時、彼は中華人民共和国の貿易局長であった。一九六三年に彼が死亡した後、中国共産党は彼の生涯を公表した。(3)

ラティモアのこの書翰はcagey letterとよばれ、IPRを共産主義路線に誘導する陰謀の証拠として繰り返し引用された。多くの転向者が登場して、IPR関係者の中の「秘密党員」の名を挙げた。ソ連からの亡命者（元スパイ）なども登場して、IPRやラティモアを国際共産主義の手先とみなしてきたことを証言した。極東専門家やIPRの関係者で、ラティモアらに敵意ある証言をする者が相次ぎ、例えば大山郁夫の保護者であったケネス・コールグローヴ（ノースウェスタン大教授）もその一人であった。中国専門家で元ドイツ共産党員だったカール・ヴィットフォーゲル（当時ワシントン大教授）も、ラティモアは冀朝鼎が共産党員であることを知って登用したこと、一九四四年一〇月にラティモアが「ソ連が朝鮮を支配するのが最善の解決だ」と述べたこと、一九四四年頃からラティモアの中国論が共産党路線に軌道修正されたフシがみられたこと、天皇制問題についてもラティモアと対立したことなどを証言した。その上IPRにとって痛手だったのは、IPR内の共産党細胞と名指しされたローレンス・ロージンガー、ハリエット・ムーア、カスリーン・バーンズらが、それを否定せずに黙秘権を行使し、間接的に非難を承認したとみられたことである。ラティモアは、小委員会において「フィールド以外の五人のIPR関係者が共産主義者であったか否かについての証言を拒否したのに驚き、ショックをうけた」と語った。(4)

ウィロビー証言

タイディングズ委員会と対比しての、このマッカラン委員会の特色の一つは、日本の問題が広汎に取り上げられたことである。「マッカーサー占領政策の成功」という一般的評価を背景に進行しつつあった対日講和の動きと連動して、ラティモアらの対日報復主義が俎上に載せられたのである。

チャールズ・ウィロビー中将は、マッカーサーのもとでゾルゲ事件について独自に調査し、日米は戦うべきでなかったが、ソ連の意を受けた左翼分子の策謀によって戦争に引きずりこまれたという信念をもっていた。退役して東京から帰国したばかりの彼が証言台に立ち、委員たちやモリス調査官らとの問答を通じてこの解釈を浮き彫りにした。ゾルゲ事件にはIPRや左翼中国専門家群が様々に関与していることが指摘され、特に同年六月にロンドンで客死したばかりのアグネス・スメドレーが上海でゾルゲに尾崎秀実を紹介したこと、この尾崎秀実は一九三六年日本代表としてヨセミテで行われたIPR総会に出席したこと、東京でゾルゲと協力したガンサー・スタインは後にIPRの特派員として重慶に滞在し、一九四四年に延安を探訪したこと、ラティモアがスタインの延安通信を推奨したことなどが指摘されて、IPRとスパイ・リンクとの関係が暗示された。

この査問会の中で、ウィロビーとモリス調査官との間で、次のような問答があった。

モリス　IPRの幹部――中には本委員会で共産党員ないし共産党関係者と確認された人物もいる――が、一九四一年一一月、わが国の陸海軍長官、参謀総長の要請に基づいた九〇日間の日米暫定協定案をつぶそうと策謀しました。その案とは軍事的対立を防止する協定案です。この点について、東京で貴方が発見された証拠ないし情報が何かありますか？

ウィロビー　これは私がフィリピンにいた頃のことだから、はっきりしたことはいえないし、具体的な証拠を挙げることはできませんが、私の印象では、近衛公は最後の一瞬まで日米諒解の成立に必死で取り組んでいたこと、多くの日本の誠実な指導者の間で、米国内に誰か、この諒解に反対する分子がいたと思われていたことはいえると思います。

モリス　当時重慶に在って蔣介石総統の顧問であったオーウェン・ラティモアが、当時ホワイト・ハウスで大統領の補佐官であったロークリン・カリーに、暫定協定案をつぶすよう強い電文を送りました。一九四一年一一月二五日のことです。またカーター氏の証言によると、当時財務次官だったハリー・デクスター・ホワイトがカーターに電話して、「中国売り渡し」(sell-out of China) のすべての試みに反対するようあらゆる影響力を行使するよう説得したとのことです。

ウィロビー　そうだったのか、全く驚いた (Amazing, amazing)(5)。

カリーが中国民主化を軍事援助の引きかえにすることをルーズヴェルトに提案、その監視者としてラティモアを重慶に送り込んだ人物であることは先に述べた。ホワイトはモーゲンソー財務長官の腹心で、英国との武器貸与交渉、戦後のIMF体制の発足などにも重要な役割を果たした。このカリーとホワイトはともに、一九四八年七月、元ソ連スパイ「ブロンドのスパイ女王」エリザベス・ベントリーによって、「スパイの仲間」であったと名指しされた人物で、ホワイトは下院非米活動委員会で反駁に立った三日後に心臓麻痺で死亡した。こうして日米開戦ソ連陰謀説の一環に、IPRやラティモアがくみこまれた。

対日政策とラティモア

しかし何といっても、日本関係の討論の中心となったのは戦後の対日政策である。一九五一年八月二二日同委員会に登場したビュデンズは次のように述べた。

対日戦争が激化すると、共産党は日本に対して苛酷な平和を課することを強調する方針をとった。モーゲンソーの対独政策を日本にも当てはめようとしたのである。それに反対して日本に合理的に対処しようとする者は、ファシストとか財閥の手先とかと誹謗した。そのことがどんなに極端に強調されているかは、*Daily Worker* その他当時の共産党刊行物をみればすぐわかる、これは明らかに日独を米国から疎隔させるための政策であった。この点でラティモアがいかに価値ある貢献をしたかは、共産党のキャンペインの最中にラティモアが記者会見して財閥を攻撃して、「民主分子」を登用すべきことを唱えた時、*Daily Worker* が号外を出して、それを全国に配布したことからもわかる。(6)

これは対日終戦に関してラティモアを攻撃する委員会の基本思想であった。かつてのドイツ共産党の理論家であり、ラティモアの友人であったカール・ヴィットフォーゲルは、天皇制の問題について、ラティモアと対立したことを証言した。彼は「私は天皇処刑論などは自殺的な政策で、幾百万の米国人の生命を無駄にするだろう。蓋《けだ》し日本人は彼らが神聖だとみなすものを守るために全体が玉砕するまで戦うかも知れないから……」と考えたという。(7) ウィリアム・M・マクガヴァンも、この点についてラティモアに強い反感をもった証言をし、特に天皇皇族中国流刑論について、『アジアにおける解決』の中では、国連監視下で監禁せよといっているが、私的対話の中では中国人による虐殺を期待する発言をした（「中国人は彼らをどう扱うべきか知っているだろう」と語った）と証言し、(8) コールグローヴはさらに、ラティモアが皇族絶滅を唱えたと証言した。(9)

ドゥーマン証言

しかしこの点でラティモアらの「中国派」に対して、最も具体的かつ敵対的な証言をしたのは九月一四日に登場したユージン・ドゥーマンであった。これは彼のかつての上司ジョセフ・グルーが、「赤狩り」の国務省への悪影響を憂慮して声明を発表したりしているのと対照的で、グルーや彼の、天皇制を維持し、「穏健派」を基軸とする戦後構想の妨害者たちに対する憎悪にみちた復讐の証言である。証言は時代を前後しつつ様々な主題にわたっているが、対日終戦史の秘話を色々含んでいる。

(イ)　一九四五年初頭、ヴィンセント中国課長がラティモアを国務省顧問とすることを提案したが、ドゥーマンは、ラティモアがグルーの政策に対する一貫した誹謗者であることを理由として、反対の意見をグルーに具申し、この案をつぶしたこと。(10)

(ロ)　ジョンズ・ホプキンズ大学学長アイザイア・バウマンが、トルーマン大統領に面談して、ラティモアの顧問任命を迫ったこと。

(ハ)　国務・陸・海三省調整委員会（SWNCC）極東部会の秘密会での議事がすぐに左翼系出版物に洩れるのは、ヴィンセントの部下のジュリアン・フリードマン（IPR職員）が洩らした疑いが強いこと。例えばドゥーマンが、日本の財界人や貴族はイェール、ハーヴァード、ケンブリッジ、オクスフォードなどで学んでいると述べた数日後の *The Nation* 誌（二月三日号）に、「ドゥーマン氏は、日本で信用できるのは財界指導者・宮廷貴族・官僚だといっている」という非難記事がでた。[11]

(ニ)　八月末にドゥーマンからヴィンセントにSWNCC極東部会主任の人事更迭があったあと、「初期対日方針」の原案が変更され、財界追放と財閥解体の規定が入れられたが、これは日本から資本家階級を除去しようとしたものである。

(ホ)　ポーランドでは土地所有が二〇〇エーカー以下に抑えられたのに、日本では五エーカーを越える土地が没収された。ポーランド以上の共産主義的思想である。

(ヘ)　会社の三パーセント以上の株をもつ株主の超過部分は没収され、日本に資本家がなくなり、他方いかがわしい商売で「中国人や台湾人のゴロツキたち」が巨富をなした。

(ト)　占領一周年に際してマッカーサーが、「もう駐留軍は二〇万人以下に減らしてよい」と述べたところ、アチソン国務長官はこれに激怒し、「マッカーサー元帥は政策の執行者であって立案者でない」と声明した。

(チ)　財界追放を個人の過去の行動でなく、個人の地位に応じて行ったのは、日本資本主義の頭脳を破壊しようとする行為であった。

(リ)　米国が日本でなしたことは、ソ連が東欧でなしたことに似ているが、これは偶然の一致ではなく、ソ連のやり方に意図的に倣おうとした分子がいたからだ。

(ヌ)　一九四五年春、SWNCCの会議において、ディーン・アチソンは、ラティモアの近著『アジアにおける解決』引きうつしの対日政策論をのべて、ドゥーマンを攻撃した。[12]

(ル)　ドゥーマンに代えてヴィンセントを極東部主任としたのは、バーンズ国務長官でなく、アチソン新次官の人選である。

(ヲ)　ハワイ心理戦部隊主任ジョンソン大佐が一九四五年三月ないし四月に、グルーとドゥーマンに高位の日本人捕虜の尋問の結果を報告し、日本人は天皇処罰・天皇制廃止の可能性があるという印象をもつ限りは降伏しないだろう、と述べた。

(ワ)　四月一七日の鈴木内閣の成立は、日本に降伏の用意のあることの明確な信号として受けとられた。鈴木貫太郎は長い経歴を通じてずっと穏健派であったから。

(カ)　五月二四日、太平洋戦線を歴訪したヘンリー・ルースが、「米軍は、政府が日本政府を降伏させることができずにいるために被害が激増している、特に本土決戦のもたらすべき大被害を思って、士気が低下している」とグルーらに訴えた。

(ヨ)　その翌々日の五月二六日（土）に、グルーは月曜までに日本降伏後の対日政策をまとめるようドゥーマンに命じた。

(タ)　続いてその案は国務省政策委員会にかけられたが、天皇制の箇所がアチソンとマクリーシュの猛反対を受けた。

(レ)　その直後にグルーは、政策委員会は諮問機関にすぎないから、自分の責任で大統領に原案を提出するとドゥーマンに語った。

(ソ)　五月二八日、グルーはローゼンマン判事とともにトルーマン大統領に面会し、この案を示した。大統領はこれを読んで、「軍部が賛成するなら自分も賛成する」と述べた。

(ツ)　五月二九日、スティムソン陸軍長官室にスティムソン陸軍長官、マクロイ次官、フォレスタル海軍長官、マーシャル参謀総長、エルマー・デーヴィス戦時情報局長官、その他一〇名から一二名の陸海軍要人、およびグルーとドゥーマンが集って、この案を討議した。エルマー・デーヴィス一人がその内容である無条件降伏の緩和に猛反対し、他の人々は賛成した。スティムソンは「幣原、浜口、若槻のような進歩的な人々」への期待を述べた。ただマーシャル参謀総長が「内容には賛成だが、現在公表するのは時期尚早だ」と述べたため、一時棚上げにされた。

(ネ)　それからしばらくして、ラティモアが大統領に面会し、天皇制の維持に強く反対したという話をグルーからきいた。これは誰かが秘密の討議の内容をラティモアに洩らしたからに相違ない。

(ナ)　この文書はスティムソンがポツダムに携えていった〔これは誤り〕。スティムソンはまずチャーチルと協議して同意を得、続いてトルーマンおよびバーンズに説得を試みたと、マクロイからきいた。ドゥーマンは七月一三日にポツダムに着いた。

(ラ)　ポツダム宣言前文の起草者は、俳優で当時心理戦部隊海軍部にいたダグラス・フェアバンクスである。

(ム)　ドゥーマンが日本の過剰人口の生存のためにアジア大陸の資源利用を許可することが不可欠だと唱えたのに対し、ヴィンセントは自給自足原則を強調して対立した。またヴィンセントは日本の産業を農漁業と小工業に限定しようとした。一九四五年一〇月六日のラジオ放送で、ヴィンセントは次のように述べた。

日本人は自己の経済問題を自力で解決する責任がある。重点は農漁業と消費財生産におかれる。……軽工業は許されるから、日本人はそこで職を見つけることができよう。経済再建は、経済を自足的にし、生産を国内市場向けのものとする方向で行わるべきである。ある種の貿易は許すが、戦前のような不健全なものであってはならない。戦前の外貨の大部分は国内経済のためでなく軍備に費やされた。何れにせよ屑鉄や送油船は日本国民の足しにならない。戦前より貿易を遙かに減らしても、戦前と同一水準の生活を保つことはできる。(13)

(ウ)　一九四六年九月二日、マッカーサーが左翼過激思想を攻撃する演説をしたのに対し、国務省当局は、米国の方針は対ソ友好にあり、マッカーサーは越権行為を犯したとして攻撃した。

(エ)　エマソンは、在中日本人共産主義者が延安で日本人捕虜を教育しているように、在米日本人共産主義者に捕虜の教育を委ねるべきだと主張した。

(ノ)　エマソンとノーマンは司令部の車で獄中に乗りつけ、志賀義雄と徳田球一をその車で家に送ってやったという噂がある。ある日本人はドゥーマンに、「これは日本共産党に一〇万人の新党員をつくってやったようなものだ」と語った。(14)

(オ)　ポーリー報告書は、ラティモアやヴィンセントの日本経済「消毒」論を具体化したものである。

ヴィンセント証言

このドゥーマンの攻撃を受けたジョン・カーター・ヴィンセントが、同小委員会に喚問されたのは翌一九五二年一月のことであった。だが彼の喚問は、時間をかけた割には成果に乏しかった。第一に委員会がヴィンセントが共産党員だというビュデンズの証言を信じて、何とかしてそれを立証しようと無駄な努力をしたからであり、第二には、後にラティモアが彼を「几帳面すぎるほど規則にやかましい国務省官僚」と評したように、答弁がきわめて慎重で、可能な限り知らぬ存ぜぬで通したからである。しかしドゥーマン証言に関する限りは、相当憤慨していて、いろいろ反批判を試みている。曰く、

初期対日方針の起草に関するドゥーマン氏の証言はきわめて不正確である。彼が私の手に出でたとして非難しているものの中には、彼が主任だった時期に成立したものもあり、私の関知しない他の機関が起草したものもある。[16]

彼は同文書が一九四五年八月二九日SWNCCで採択された後、九月二二日に公開される以前に手が加えられたといっている。しかし記録によれば、八月二九日に同案を検討したのはSWNCC自体ではなく、その極東部会であり、ドゥーマン氏がその議長であった。しかも同案が最終的に採択されたのは八月三一日のSWNCC全体会議であり、議長ジェームズ・ダン氏が国務省代表であったが、ドゥーマン氏も私もそれに出席した。

ドゥーマン氏は九月六日に同案が大統領の裁可を得る前に極東部会の議長の地位を去って、私がそれに代ったこと、その間に私の手が加わったことを強調し、その変更された部分が後の日本資本家階級打倒・除去の根拠とされたと主張する。イーストランド上院議員の質問に対し、彼はその時私が極東部会議長であったと答え、あたかも私が日本共産化のために重要文書を変造したかのようなことをいっている。

これについて述べるべきことは、第一にドゥーマン氏が変更されたと主張している部分は私の手になるものではないこと。第二にその変更部分なるものは、実は変更されたものではなく、

八月二九日に彼の司会で行われた部会以前に存在した条項で、彼が出席した八月三一日のSWNCCで採択されたものであること。そして最後に、ドゥーマン氏が変更されたと称している部分は、日本資本主義破壊の意図の産物などでは全くなく、戦後日本経済の平和的・民主的発展を助長しようという一般的政策の表現に過ぎないこと、だ。[17]

ヴィンセントは、対日政策についての、当時の彼の基本的立場を次のように供述している。

サーワイン委員　国務省内での日本に対する苛酷な平和（hard peace）と穏和な平和（soft peace）をめぐる論争について御存知のことをおっしゃって下さい。

ヴィンセント氏　私は当時中国課長でしたから、日本に関する論議は直接知りませんでした。

サーワイン　貴方はこの論争に全然関与しなかったのですか？

ヴィンセント　この点については全く関与しませんでした。

サーワイン　貴方は苛酷な平和の主張者でしたか。

ヴィンセント　いや、いわば毅然たる平和（firm peace）の支持者といえましょう。

サーワイン　毅然たる平和とは苛酷な平和と同類ではありませんか。どこが違うのですか？

ヴィンセント　戦争末期、反日感情の高まりの中で、誰だか忘れたけれども、「日本は身から出た錆で朽ちさせる」（Let Japan stew in its own juice.）といっているのを聞きました。私はこれは近視眼的だと思いました。

サーワイン　貴方のいう毅然たる平和の骨子は何ですか？

ヴィンセント　日本の非武装化と財閥解体です。

サーワイン　天皇廃位に賛成でしたか？

ヴィンセント　いや、対日戦中相当対日感情が激化していた人間の一人として、私は、日本国民が共和制を樹立することを希望したかもしれませんが、公けの場で述べた意見の中では、日本人の意志に反して天皇を廃位させたり、戦犯として裁いたりすることには不賛成の態度をとりました(18)。

一九四五年八月の、国務省極東部における「日本派」から「中国派」への大人事更迭、およびその頃のドゥーマンとの関係について、彼はいう。

七月中、私はドゥーマン氏とポツダムにいました。当時私たちは仲良しで、人事問題など全然話題になりませんでした。私たちは一緒にロンドンの国連救済復興会議（UNRRA）に極東専門家として参加し、八月中頃一緒に帰国しました。ある日彼がスーツケースをもって登庁してきたので、「またどこかへ出張かと思った」と彼にいいました。これが彼の退職の日でした。

それから私は休暇をとってニューハンプシャーに避暑に行きました。三日ほどした頃バランタイン氏から、ワシントンに至急戻れという電話がありました。文字通り私は何も知りませんでした。電話では彼は何もいいませんでしたが、ワシントンで、彼およびアチソン氏から、極東部長を引き受けるよういわれました。ドゥーマン氏のSWNCC極東部主任を承継することになったのはその直前のことです。……

私はドゥーマン氏を友人だと思っていたし、ポツダムでは実際非常に親しくしていました。私たちは大した用もなく、いつも一緒にいました。ドゥーマン氏がこんなに私に含むところがあったとは、全然気がつきませんでした。私はナイーヴなのかも知れませんね。[19]

委員会は執拗に彼と「日本赤化計画」との関連を追及したが、彼は尻尾をつかまれなかった。そういう尻尾はなかったからであろう。

ラティモア証言

ラティモアが喚問されたのは二月二六日のことであった。多くの証人の誹謗的証言に対して反論の機会を求めた彼の要望によるものでもあったが、情況はきわめて彼に不利であり、以後延々一三日間にわたって悪意の追及を受けた。委員たちは、多くの証言によって、ラティモアに敵対的な心証を既に固めていた。冒頭でマッカラン委員長は「本委員会および我々委員たちは、*Daily Worker* など共産主義者たちの攻撃の矢面に立っている。我々も覚悟して臨まねばならぬ」と一種の闘争宣言をした。

ラティモアは、次のような言葉に始まる五〇ページからなる声明を携えてきてそれを読もうとした。曰く、

貴小委員会は、私が共産主義者、共産主義シンパないし共産主義に騙された愚者であること、私がＩＰＲを支配していたこと、ＩＰＲや私が国務省の極東専門家たちを指導していたこと、そして国務省が中国をロシアに「売った」ことを世人に印象づけようと躍起となってきた。しかしこれらはすべて、全く、全面的に誤りである。

貴方方は、この数カ月にわたり、私の名誉や人格に関し、驚くべき分量の根拠のない非難、攻撃、当てこすりを公けにしてきた。この幾箇月間、次々に証人が登場しては、私をあたかも

陰謀家、謀反人であるかのように言い立て、私に後暗いところがあるかのような雰囲気をつくり出してきた。……私は貴委員会が事実を公平に評価することへの希望をもっていない。

ところがラティモアがこれを読み始めるや否や、一言一言に委員たちの批判や質問が出て、話は脇道にそれ、第一日目の半日の審議で、ラティモアはここまで読むのがやっとであった。「躍起となる」とはどういうことか、「貴方方」とは誰か（委員会か、委員か、非難や攻撃をしたのは我々ではなく証人ではないか）等々、その上、ラティモアについて以前からきいておきたいと思っていたことをきいておくというような、話の脈絡に関係のない質問も出たりして、ラティモアの神経を苛立たせるばかりであった。特に委員会が事実を公平に評価する希望がもてないという彼の発言に対しては、委員たちは激しく反応し、ウォトキンズ委員は「証人の今日の発言は委員会を誹謗するもので、これについて調査せねばならぬ。こんな不逞な証人はみたことがない」と怒りにみちて語った。

ところでこの日ラティモアは「私は一九三〇年代には、共産主義者は長期的戦略に基づく陰謀家集団だという、現在私がもっているような理解をもっていなかった」と語った[20]。二日目に彼がcagey letterについてなした釈明もこの基本的態度を基礎としている。

一九三八年においては、中国共産党は、彼らとしてはきわめて穏健な態度をとり、地代引下げと経済改革を主張していた。中国の自由派は政治的代表権を要求し、国民党一党支配体制に終止符を打つことを求めていたが、経済改革を要求することは躊躇していた。私は経済改革を必要不可欠と考え（アジア全体で、共産主義革命という悲惨な事態を防止するためには経済改革、特に農業改革が不可欠だというのは、現在の常識である）、その点で私は中国自由派より一歩前進していた。しかし私もカーターもＩＰＲも共産主義者ではなく、共産党の唱えているのと同様の経済改革を唱えて中国が共産党の手中に落ちないように留意したのである。……外国にある中国の友人たちが経済改革、特に農業改革を是認していることは中国の自由派を元気づけ、彼らを立ち上らせることができ、こうして進歩的なのは共産党だけだといわせないようにできると思ったのである。

ソ連に関しては、一九三八年は米英仏および国際連盟とソ連との関係が最善だった時期であったことが想起さるべきである。日独伊の侵略に対して統一して戦うというのがソ連の公然たる政策であり、一般にそれが真意であると受け取られていた。しかし一九三八年においても、ソ連は対等者間の合意を相手がソ連の指導を受け容れたものであるかのように言いなそうとすることを、私は *Pacific Affairs* の編集者としての経験から知っていた。だから「彼らのスローガンを用いたり、ソ連に従属しているという印象を与えない程度がいいのじゃないか」といったのである。(21)

ラティモアは、彼の親ソ的傾向が、彼特有のものでなく数年前までの米国の一般的傾向であったことを示すために、次のような発言を引用した。

マッカーサー（一九四二年）：文明の希望は、勇敢なロシア陸軍の双肩にかかっている。

ニューヨーク・タイムズ論説（一九四三年）：スターリンとの協力は可能であり、それは対ソ関係の改善に役立つ。世界の一〇分の一の人口が今や生活水準向上の途上にある。(22)

ラティモアの「舌禍事件」

二日目の審議で、瓢箪から独楽が出るような仕方で、ラティモアの「舌禍事件」が生じた。ラティモアが、彼の声明書の「チャイナ・ロビーがけしかけたヒステリーによって犠牲になったすぐれた人人の中にジョン・S・サーヴィス、エドマンド・クラッブ、ジョン・カーター・ヴィンセントがいる。このヒステリーには、遺憾ながら、この委員会も貢献しつつある[23]」という箇所を朗読した時、ジェナー上院議員よりグルーやドゥーマンはすぐれた人材でないのか、という質問がでた。ここに一九四五年八月の「日本派」放逐と一九五〇―五二年の「中国派」放逐のいずれが米国外交にとって有害であったかという、外交政策の基本的対立が表面化した。さらにジェナーは、ホーンベックなど親国民党派の外交官の評価も問題とし、またマーシャル使節団が国民党の地位を弱めたと述べたところ、今度はラティモアがその解釈に反対した。そこでスミス議員が「クック提督がここでの証言の中で、マーシャル使節団が国共合作を画策している間に、国民党軍はみるみる解体していったと述べた」と述べると、ラティモアは「クック提督がここによばれた時、誰も彼の会社が台湾に武器を売っていることを質問しなかったことには呆れた」と述べた[24]。当然「お前は軍人の名誉を傷つけるのか」という話となる。

三日目には、ラティモアの韓国論が俎上にのぼり、左記のラティモアの新聞論説（一九四九年七月一七日付）が問題となる。

蔣介石と国民党の行く末が長くないことが明らかである以上、米国のこれに対する政策もいよいよ微妙になってくる。則ち恰も米国が倒したのでないようにみせかけて、彼らが倒れるようにするにはどうしたらよいかという問題である。そんな政策が完全に成功するはずがない。批判者たちは、米国が蔣と国民党を崖から突き落したと信じさせようと躍起となっている。韓国は同じような悲しい話の他の一章である。私は、韓国について事実を熟知している米国人で、李承晩に人気や能力があると信じている人に会ったことがない。……それ故なすべきことは、我々が倒したのではないような外見のもとで韓国を倒れさせることである。一億五千万ドル借款案がそれである。[25]

ラティモアはこれは事実の論理を叙述したのみで、彼自身の提案ではないとのべた。また一九五〇年一月一二日の、朝鮮、台湾を防衛圏から外す旨のアチソン演説に賛成したことを述べたが、朝鮮戦争以後の彼の立場については次のようにいう。

政府のこの政策は私がとやかくいう以前に決っていたことで、私の影響でそうなったのではない。しかしこの政策が完全に実施される以前に、北朝鮮共産主義者の侵略が生じ、我が国の全政策は直ちに韓国防衛策に転換した。私の考えではこの政策転換は全く正しいものである。[26]

白状するが、私は当時北朝鮮が武力で侵略してくるとは全く考えていなかった。……韓国政府を支持するか否かでなく、外的武力侵略に抵抗するか否かが問題なのだったら、私は「もちろん世界のどこへの武力侵略にも抵抗せねばならぬ、もとより韓国への侵略にも」と答えたであろう。[27]

委員たちがこの説明を受け容れたとは思われない。ラティモアは、李承晩政権を見放した後に、非共産主義的革新派が内部改革を行うことを期待していたという趣旨のことを述べたが、委員たちは本当は北朝鮮による併合の容認ないし南の共産革命を期待していたものとの疑念に基づいて追及した。

この三日目に、また新たな「舌禍事件」が生じた。ラティモアが「チャイナ・ロビー」を非難したところから、その定義や具体的な内容について質問が出た。定義については「台湾の浜に漂着した流木政府（driftwood government）を支持することを米国外交の第一目標にするグループ」という言葉が、委員たちを刺戟した。しかしそれよりも「誰がチャイナ・ロビーか」という問いに対して、ノウランド議員は屢々「台湾選出議員」（senator from Formosa）とよばれていると述べた[28]ことが、名誉ある上院議員に対する侮辱として非難を巻き起し、さらにノウランドを「台湾選出議員」とよんだ出典として、サンフランシスコで発行されている*Pacific World*という共産党系の新聞が証拠書類として提出された。ラティモアは共産党の誹謗の用語を踏襲しているというわけである。ラティモアは、共産党系の新聞などは読んでいない、出典は忘れた、と答えた。

ラティモアの対日政策論

この日ラティモアの朗読した声明文の中には、色々日本のことも登場した。第一にタイディングズ委員会では全然ふれられなかったラティモアの対日政策論が急に四人の証人によって取り上げられたことの陰謀臭さを指摘し、ポーリー報告書を「血塗られた復讐の文書」とする批判に対し、その内容がきわめて穏当なものであることを強調した[29]。またマクガヴァンやコールグローヴの、ラティモアが天皇処刑論を唱えたという証言については「呆れるばかりの歪曲」として次のように述べた。

一九四五年『アジアにおける解決』の中で連合国の監視のもとで天皇と皇族を中国に監禁せ

よと私が唱えたのは、中国に蔣介石のもとで強力で安定した政権が成立していること、中国は連合国中の五大国の一員であることを当然の前提としている。また天皇を殉教者にせず、日本から引き離せば、日本の共和国化への途が開け、それが民主的体制を助長するだろうと考えたからである。これは多くの人々が日本人の犯した残虐行為や、米国人の死傷者の激増の故に対日感情を高ぶらせ、現在少数の狂信者がロシアや中国について要求しているような非戦闘員の原爆による大量殺戮を日本について要求していた時になされた情深い提案である。私はいかなる血腥い報復をも信じたり唱えたりしたことはない[30]。

当時は色々な人（共産主義者ではない）が色々なことをいったものだ。例えばマクマホン上院議員は『ニューヨーク・タイムズ』（一九四五年八月一一日）で「ジャップたちがあの空想じみた神権天皇制を維持するのなら、停戦はしても終戦にはすまい」といい、クレア・シェンノート中将は（同紙一九四五年八月三〇日で）「一番の危険は天皇の存置にある、商業階級の指導下で民主革命が起るか、ミカドが旧体制を再建していつかは再侵略に乗り出すかであろう」と述べた。一九四五年九月一八日ラッセル、フルブライト、マクレラン、テーラー上院議員は連名で天皇処罰決議案を提出した。……

こういう背景からみて、政治学者コールグローヴ氏が、天皇「絶滅」を「常にソ連の路線に沿うもの」と述べたのはきわめて短絡的である。……

日本に関して誤解されたくないのは、もし私が貴方方の御機嫌をとるために、真珠湾の背後の一刺しを忘れ、中国その他での日本の蛮行を忘れ、天皇崇拝を支持する必要があるというのならば、私はそんなにまでして貴方方の御機嫌をとる気は毛頭ないことである。私は日本であれ米国であれ、最近の歴史を忘れることはできない。裏切りを許すことはできない。しかし私は、日本がこれまでの歴史と手を切り、国際社会のまともな一員となり、天皇が英国流立憲君主となることを希望してやまない[31]。

これに対し、「ラティモアさん、今からみて米国が天皇制を存置したのは誤ちだったと思いますか」と質問がでた。これへの回答——

いや、私が天皇について意見を述べたのは終戦前で、血腥い本土血戦を予期していた頃ですから、実際に起った戦後の経過とは大分違った想定の上に成り立っているのです。実際には日本は本土上陸以前に降伏し、天皇が降伏に関与しました。全体としてはマッカーサー元帥の天皇の扱いは外交的手腕としても政治性においてもきわめてすぐれていたと考えています[32]。

もっともここでの彼の説は一九四九年の『アジアの情勢』の占領論とはだいぶ異なっている。この日の問答の中に、次のような箇所がある。

「ラティモアさん、貴方はジョンズ・ホプキンズの先生ですね」

「そうです」

「どの学校の御出身ですか」

「どこも卒業していません」

「高校も卒業していないのですか」

「私は英国の学校で学びましたが——」

「貴方は高校を卒業したのですか、この質問に答えられませんか」
「英国の学校は卒業というものがないのです」
「こちらの質問に返事をしてくれないと困ります。貴方はどこかの高校を卒業したのですか。イエスかノーで答えて下さい」
「結構です」
「答えはどっちですか」
「私は高校を卒業していません。英国の学校に行きましたが、一九歳で学校を離れました。卒業式も証書も何もありませんでした」
「中学校は卒業しましたか」
「いいえ」

この後、また次のような問答がある。

ジェナー上院議員　貴方が学者としての資格で語られる時と一私人として語られる時の区別を知りたい。貴方は政治学、経済学、地理学、軍事学、何の専門家ですか。

ラティモア　どれということもありませんね。

ジェナー　何の学位をもっているんです?

ラティモア　何にも。

マッカラン議長　何にももってないのか。

ジェナー　学者を名乗りながら何の学位も持っていないんだ。

スミス上院議員　何か名誉学位はあるんじゃないかな。
ジェナー　貴方は極東専門の学者だと名乗りつつ、「学位は？」ときいたら「何もない」と答えましたね。
ラティモア　その通り。
ジェナー　それが確認されれば結構です。議長、もう結構です。
議長　証人、その先を読んで！(33)

また、ラティモアは、ヴィットフォーゲルとの関係を述べたところで次のようなことをいっている。

　ヴィットフォーゲルが、(一九三五・三六年頃)私が彼が共産主義者であったことを知っていたことを示そうとして述べていることは全くのナンセンスである。その一つは、私のいるところでビンガム博士が彼に「貴方は共産主義者か」ときいたら、彼は「いや違います」と答えた。その時私が彼をみてニコリと笑ったが、それは私が本当は彼が共産主義者なのを知っていた印だという。私は全然記憶がないが、私がそこで微笑んだとしても、それは非共産党流微笑みである。共産主義は色々な暗号をもっていることはわかるが、微笑みまで暗号になるとも思えない。……もし微笑みが秘密の赤い信号であるならば、私はしょっちゅうその信号を送ってきた。マッカーシー時代になるまでは、私の人生も楽しいことが多かったから。(34)(傍点長尾)

ラティモアと共産主義

三日目まででラティモアの声明の朗読は終り、四日目からは、押収されたＩＰＲの文書を基礎として、ラティモアと共産主義の関係がこまごまと追及された。これはラティモアにとっては、前日までにも増して精神衛生に悪いものであったと思われるが、具体的成果には乏しかった。その理由は結局、ラティモアの「赤さ」はリベラルな知識人の「赤さ」以上のものではなかったという根本的事実によるのであろう。一九四五年七月三日に彼がトルーマン大統領を訪問して国務省内「日本派」を放逐するよう助言し、それに従って八月人事が行われたという風説を立証しようと委員会側は色々追及したが、これもラティモアの影響力の過大評価に基づく事実誤認であるらしく、成果はなかった。

ただ一九四〇年におけるソ連のフィンランド侵入に関しては、ＩＰＲ中枢部の親ソ的な態度が問題とされた。これについての当時の態度をきかれた時、ラティモアは「怪しからぬことではあるが、英仏がチェコスロヴァキアを裏切って、国際倫理が大いに低下した時期でもあるし」と答えた。これに対しマッカラン委員長は「要するにチェコ事件で道徳水準が下ったから何があっても仕方がないということだな」といい、ファーガソン上院議員が「その通り」と、またスミス上院議員は「ソ連は何でもしなさいということだ」と相槌をうった。[35] そこで一九四一年四月二六日付のカーターよりラティモアに宛てた次のような書翰が持ち出された。

英語かフランス語かロシア語で、ソ連のフィンランド戦争を正当化したものとして、（ブルジョワ読者に）きわめて説得的なものはないでしょうか。ソ連はこれを必要な防衛手段だとしていますが、それ以外の世界の四分の三の人々は、なおこれを不当な侵略とみなしているようです。この方向で貴方自身が書いたもの、書きつつあるものがありますか？

委員たちはこれを、ソ連の侵略行為をＩＰＲ読者に対して何とか正当化しようとする試みで、ＩＰ

Rがソ連の手先として活動していることの表われであると追及した。またこの書翰においてカーターはラティモアにソ連擁護論を書くことを慫慂しているとした。ラティモアは、カーターは私人としてそういう論説が存在するか否かを確認しようとしただけだ、と弁護した。またラティモアに対する慫慂の点については、この手紙からそういう趣旨は読み取れないと答えた。続いて四月二九日付のラティモアのカーター宛返書が持ち出された。

ソ連のフィンランド戦争を正当化するきわめて説得的な文章についてのお尋ねの件、実は私もそれを捜していたのです。私のみるところでは、誰もが単純過ぎます。ロシア人も単純だし、その他の人々も。フィンランドで、あるいはフィンランドに関して「陰謀」が存在したことについてロシア人がこれまでよりもっと詳しい、もっともっともらしい証拠を持ち出し、さらには戦術的観点からの「現実主義的」な、強い正当化の論拠を持ち出したとしても、フィンランド攻撃は政治的失敗です。他方ロシアが大戦勃発後にやったことが、英仏がまずスペインで、次にチェコでやったことより悪いと考え、また主張する人々にも、一種の独善が感じられます。ソ連も長年フィンランド侵入の機会を待ち構えていたのかも知れませんが、証拠がある限りの事実からみれば、ソ連は集団安全保障に忠実で、相手国が条約を破ったり、裏切ったりしない限りは条約を尊重してきました。絶対道徳の立場、ゼロか百かという立場からすればソ連の罪も他の諸国の罪も同等でしょうが、もしソ連を弁護するとすれば、最初の侵略者でなく、あちこちで侵略が始まった後で「自衛的侵略」(self-protective aggression)をしたのだということでしょう(36)。

委員たちはこれをソ連の侵略の弁護論であるとし、ラティモアは「もし正当化しようとすれば、ロシア人はこういうだろうと述べたのみだ」と答えた。

マッカランの総括

実質一三日間、延べ二四日間にわたった延々たる尋問が終ったのは三月二一日のことであった。終りに当って、マッカラン委員長は次のように述べた。

ラティモア氏がここで証言したのは、彼自身の要求によるものである。彼は五〇ページにわたる声明文を持参し、……事前にそれを新聞に公表して、悪口三昧を全国にふりまいた。ところが、彼の侮辱的言辞の証拠を求めると、それはないという。

この委員会は、不逞にも合衆国上院の権威を無視し、非礼の極みを尽し、事実を曖昧模糊とさせる人物を相手として来た。遺憾ながら適当な措置を考慮せざるをえない。上院は諸州と各州民を代表する憲法上の機関である。これを故意に侮辱することは、ここに代表されている国民を侮辱することである。

学者で忠実な国民であると称する証人は、まず我が国の極東政策を客観的に分析し、その欠点があればそれを正す方途を示すことに助力すべきものである。証人はＩＰＲやその他の外交に影響力ある機関に潜入した共産主義を明るみに出すことに協力すべきものであり、ラティモア氏は物静かに、穏和に、事実に即して語るべきものであった。然るに彼は最初から悪罵を浴びせ、徹頭徹尾事実を曖昧にし、また反抗的・闘争的態度を取り続けてきた。この傲慢不遜な行為に対して、制裁を考慮すべきであるとの提案がなされている。……

しかしながらラティモア氏の証言の中には重要な事実を明らかにした部分もある。彼の証言によれば、彼は一九四五年に大統領に書面を送り、極東問題について意見を述べ、極東政策の再検討を促し、国務省高官の更迭を要求した。また大統領に面会して日本と中国に対する政策を提案したメモを渡し、特に中国専門官僚を要職に就けるよう提案した。すぐその後に、グルー元大使を初めとする高官が更迭され、要職が中国専門官僚に与えられたことも証人の証言するところである。またその後に中国政策に関して発せられたいわゆる「一二月一五日指令」はラティモア氏のメモに記されたものとほぼ同一のもので、対日政策もまたそのメモに記されたものと同一であった。……

彼の証言における偽証の範囲を見極めることはなかなか困難である。……しかしそのある部分は明々白々たるものであり、証人の態度の徴憑として、一言せざるをえない。証人はソ連駐米大使と昼食をともにした時期を独ソ不可侵条約廃棄後であるといったん述べながら、後に証拠を示されて同条約継続中であることを認めた。……

証人は一九四三年のT・A・ビッソンの論文〔「二つの中国」を論じたもの〕を読んだことがないと証言し、またその内容は彼の当時の著作の立場に反すると述べたが、やがて彼の署名入りの書翰によって、彼がそれを読んで賛成していたことが判明した。……

他の証言によって覆されたものもある。証人は冀朝鼎が共産主義者であったとは知らなかったとくりかえしてきたが、カール・ヴィットフォーゲル教授証言によれば、彼は十二分に知っていたのである、等々。[37]

ラティモアは疲れ果て、憔悴して、財政的にも破産に瀕し、あまつさえ偽証裁判にまでかけられて、遂に米国を去ることを決意。英国リーズ大学の招聘を受けて渡英した。

マッカラン委員会の歴史的役割

マッカラン委員会の審問を歓迎した人々には色々ある。董顕光『蔣介石』（英文）は繰り返し同審議録を引用しつつ、米国内の親共的グループが国民党を陥れたことを内戦敗北の理由に挙げている。マッカーサー『回想録』の中でも、繰り返しアチソン外交が非難されているが、そのモティーフは、マッカーシー＝マッカランと共通のものが多い。曰く、

韓国からわが国の軍隊は、軍事指導委員を除いて撤退し、韓国は私の指揮から外されたが、これは国務省が軍事にまで介入したためである。

蔣介石総統は米国の援助のもとで、共産軍に巻き返しつつあったが、国務省は不可解な理由で共産党に好意をもち、彼らを「農業改革者」とよんで、蔣総統の勝利を抑え込む停戦協定を結ぶべく、マーシャル元帥を国共合作のために派遣した。……彼は数カ月の空しい交渉の挙句、何の成果もなく帰国した。この七カ月の間に、蔣総統の側は米国から武器弾薬を受け取らなかったが、ソ連は日夜中共軍を支援した。……それ故内戦が復活した時は力の均衡が崩れており、中共軍はこれに乗じて蔣総統の軍隊を台湾に追い込んでしまった。米国の国民党援助停止は、わが国の歴史上最大の失敗の一つである。[38]

一九五〇年一月一二日のナショナル・プレス・クラブの演説で、アチソン国務長官は、台湾と韓国を防衛圏の外に置くと宣言した。……私は国務長官の極東認識が誤っていると感じ、東京に招待した。……彼はそれを多忙でワシントンを離れえないという理由で断って来た。在任中ヨーロッパには一一回も行っているのに。(39)

マッカーサー崇拝者フレジア・ハントの『マッカーサー秘話』は、くりかえしマッカラン委員会に言及している。

一九四五年当時、アチソン一派にはヴィンセント、デーヴィス中国課長、サーヴィス、カリー、ラティモア、ヒス政治局長など色々いた。後に少なくともこの内の一人は、共産党細胞に属していたことが判明した。……彼らは蔣介石と国民党を敗北させ、「農村改革者」としての中国共産党をもってこれに代えようと画策し、同時に日本のファシスト政府を根絶して赤色分子を大量に導入しようとした。韓国三千万の虐げられた民もやがて共産主義共和国の下に置かるべきものとされた。

他方これとはっきり対立する右派グループが国務省内にあった。総帥はグルー国務次官、以下ホーンベック博士、バランタイン、バール、ダンなど有能で愛国的な人々である。……一九四五年の春と夏には、グルーらはアチソン派のリベラル左派グループを抑制し、ポツダムでの降伏条件を枠づけ、日本敗戦後の初期方針を叡知に富んだ寛容な方向に導いた。

バーンズが国務長官に任命されたのは、ベルリンにおけるポツダム会議の直前の七月初頭であったが、彼が帰国するや否や、グルー国務次官は、アチソン派の急激な抬頭に疲れて意気沮喪し、辞表を提出した。……こうして一九四五年八月に、国務省内の日本・中国・フィリピン・朝鮮に関する政策立案者に共産党路線が入り込むことへの反対者が去り、愛国的で献身的なアメリカ人に代って、反日・反蔣・反自由朝鮮・親中共分子が登場した。……

アチソンは国務次官に就任するや直ちに中国・朝鮮・フィリピン・日本という最重要地域の担当者を更迭し、極東部長には経験豊かな保守派ドゥーマンに代えて親中共派のヴィンセントを据え、（その直前に『アメレジア』事件で逮捕された）サーヴィスを国務省情報課長に据え、その親中共的態度の故にハーリー大使から本国帰国を命じられたジョージ・アチソンをマッカーサーの顧問として東京に派遣した。これらの黒幕で、国務省の過激派の結節点にいたのがオーウエン・ラティモアである。[40]

これはマッカーシズムのつくり出した公定史観である。一九五二年の大統領選挙でアイゼンハワー共和党政権が成立し、そのダレス国務長官は、この公定史観に従って国務省人事を徹底的に刷新した。こうして中国を愛し、中国のために生涯を捧げようと志した多くの人々は、生涯を捧げるべく志した職業から追われた。

トムソンは、マッカラン委員会の及ぼした影響について、次のように述べている。

同委員会の聴聞は、一人の共産主義者も新発見できなかったが、政府内外の代表的なアジア研究者、特に中国専門家に汚名を着せ、その中にはその職を全く失った者もある。臆病風に見舞われた一部の学者は保身のために、同僚の一九三〇年代の主張なるものを証言台に持ち出し、中国学界の長老たちは相互にいがみ合い、幾年にもわたって不協和音をたて続けた。……

マッカラン委員会は、少なくとも一人の自殺者（才能に富んだ日本専門のカナダ人外交官）を出し、ラティモア教授を起訴し（後年取り消された）、多くの人々の専門職を奪い、世論やマスコミの中国専門家に対する妄想《パラノイア》を掻き立てた。また一九五五年までにIPRの免税特権の剝奪に導き、それによってIPRを実際上瓦解させた（最低限の職員はカナダのヴァンクーヴァーに移った）[41]。

その後の米国史上、これに関連して重要な事件が二つある。一つはヴェトナム戦争であり、一つはニクソン大統領によって道を開かれた米中国交回復である。ヴェトナム戦争は腐敗した反共独裁政権と共産主義政権の何れを選ぶかという、国民党と共産党の選択の問題を再現したものであり、米国がフランスの植民地支配を肩代わりしたという面をもつ限りでは、『アメレジア』グループの、帝国主義勢力のアジア復帰反対というモティーフとも関わっている。従ってマッカーシーやマッカランに粛清された人々が国務省の実権を握っていたならば、米国のヴェトナム介入は起らなかったであろうといわれる。

ニクソン訪中後の『ニューヨーク・タイムズ』（一九七二年三月六日）に、ヘンリー・コマジャーは次のような投書をした。

マッカーシー時代を通じて、トルーマン、アイゼンハワー両政権は……ロバート・オッペンハイマー博士およびオーウェン・ラティモア教授という二人のすぐれた学者・公務員の経歴を破壊した。オッペンハイマー博士に関しては、一九六三年にケネディ、ジョンソン両大統領が、ホワイト・ハウスでフェルミ賞を授与することにより、公式に謝罪し復権を与えた。ところがラティモア教授に関しては、軽薄で悪意にみちた非難が全く根拠のないものであったことが今や明らかになっているにもかかわらず、国家機関によって彼に与えた損害の償いが何もなされていない。彼は後に英国に移って漸く自由に中国研究を続けることができたのである。

ところで今ニクソン大統領は、長く誤っていた中国研究を、政治家的叡知をもって転換し、ラティモア氏への迫害の原因となった哲学を支持し、その政策を採用した。されば今、ニクソン大統領がラティモア氏に対して、過去の過ちを謝罪し、現在の政策のもととなったことを感謝することはできないだろうか。(42)

同年六月、米議会は英国よりラティモアを迎えて、中国問題についての講演をきいた。その時ウィスコンシン州選出のプロクスマイヤー上院議員が、「私の選挙区の前の議員〔マッカーシー〕がひどいことをしてすみません」と謝った。ラティモアが「マッカーシーはマッカーシー、貴方は貴方ですよ」と答えたのは当然であろう。(43)

(1) Oshinsky, *A Conspiracy So Immense*, p. 167.
(2) Shewmaker, *Americans and Chinese Communists*, pp. 115-16.
(3) Shewmaker, *op. cit.*, pp. 288-89.
(4) *Hearings on the Institute of Pacific Relations*, p. 2985.
(5) *Hearings*, pp. 382-83.
(6) *Hearings*, p. 556.
(7) *Hearings*, p. 339.
(8) *Hearings*, p. 1020.

(9) *Hearings*, p. 914.
(10) *Hearings*, pp. 704-05.
(11) *Hearings*, p. 714.
(12) *Hearings*, p. 723.
(13) *Hearings*, pp. 740-41.
(14) *Hearings*, p. 749.
(15) ラティモア・前掲「歴史としての太平洋問題調査会」五一頁。
(16) *Hearings*, p. 1688.
(17) *Hearings*, p. 1862.
(18) *Hearings*, pp. 429-30.
(19) *Hearings*, pp. 1772-74.
(20) *Hearings*, p. 2916.
(21) *Hearings*, pp. 2990-91.
(22) *Hearings*, p. 2997.
(23) *Hearings*, p. 3000.
(24) *Hearings*, p. 3012.
(25) *Hearings*, p. 3027.
(26) *Hearings*, p. 3028.
(27) *Hearings*, p. 3031.
(28) *Hearings*, p. 3038.
(29) *Hearings*, p. 3054.

(30) *Hearings*, p. 3069.
(31) *Hearings*, pp. 3069–70.
(32) *Hearings*, p. 3070.
(33) *Hearings*, p. 3085.
(34) *Hearings*, p. 3103.
(35) *Hearings*, p. 3421.
(36) *Hearings*, p. 3430.
(37) *Hearings*, pp. 3676–79.
(38) MacArthur, *Reminiscences*, 1964, A Fawcett Crest Book, p. 366.
(39) MacArthur, *op. cit.*, p. 368.
(40) Frazier Hunt, *The Untold Story of Douglas MacArthur*, 1954, pp. 414–15.
(41) Thomson et al., *Sentimental Imperialists*, p. 232.
(42) *New York Times*, March 6, 1972.
(43) *New York Times*, June 16, 1972.

16 『アメレジア』グループと戦後日本

「戦後派知識人」

『アメレジア』グループが米国で沈黙させられた後も、彼らの友軍である日本の「戦後派知識人」

は、日本で活力を保ち続けた。「戦後派知識人」とは、昭和十年代の軍国主義イデオロギーに埋没した青年時代を送り、終戦によって暫時方向喪失状態となり、やがて占領初期の諸改革の熱烈な信奉者となり、その後の保守政権を反民主主義とみてこれに敵対し、やがて米国の「反動化」の故に反米的となり、六〇年反安保闘争で活躍した人々である。彼らは『アメレジア』グループと同様に、昭和十年代の体制を日本支配体制の「本質」とみ、明治期以来の日本を絶対主義的・ファシズム的軍国主義体制としてとらえ、帝国議会を「天皇制絶対主義のいちぢくの葉」とよび、戦後の保守政権を本質的にファシズム的・軍国主義的なものとみた。それ故、保守党政府の一挙手一投足を「ファシズム、軍国主義復活の意図の表われ」と解釈して、青年期以後の生涯のほとんどの時間とエネルギーを、それに対する反対運動に投入した。グルーのいう「穏健派」を主体として成立した戦後保守政権を、グルーの後進たる米国のジャパノロジストたちが、額面通りの「自由民主主義者」としてとらえたのに対し、ラティモアらの友軍たる「戦後派知識人」は、これを「民主主義の敵」としてとらえたのである。

この「戦後派知識人」がどこまで『アメレジア』グループの影響を受けたかについては、色々な考え方がありうる。

第一には、両者は並行現象であって、一方から他方への影響を考える必要はないという観方もありうる。実際ラティモア、ビッソン、ロスなどが日本に本格的な関心をもつに至ったのは、日本の中国侵略に対する義憤からである。従って彼らの日本観と「戦後派知識人」の思想は、ともに昭和十年代の日本に対する義憤・憎悪・怨念から出発しており、軍国主義体制にコミットしたものを徹底的に清算・膺懲すべきだとする道徳的ファンダメンタリズムをその基本思想としている。このような共通の根源から類似の思想が生れたとしても不思議でない。

しかし、『アメレジア』グループの「戦後派知識人」に対する影響が全く存在しないともいえない。ビッソンやノーマンが日本知識人の誰かに感銘を与えたというような個人的次元の影響は大きくないと思われるが、ラティモア、ロス、ノーマンなどの書物が、占領初期の占領軍の思考様式や雰囲気に与えた影響は少なくなく、そして「戦後派知識人」の多くは、この占領初期の改革の全体を支配した基本思想によっていわば「洗脳」されたのである。「戦後派知識人」の聖書である日本国憲法の起草者たちに対する『アメレジア』グループの思想的影響は小さくない。

虚脱状態の中で基軸を喪失した敗戦直後の日本人の精神は、いわば無定型の質料《ヒュレー》であり、これを支配する形相《エイドス》次第によって、何とでもなりうる状態にあったと思われる。旧満洲などに戦後幾年か残留した日本人たちは、新たな基軸のないままに、思想的には呆然として帰国した。ソ連の抑留者の中に、ソ連共産主義に全く洗脳されて、「天皇島上陸」と称して帰国した者と、それへの反動から旧軍国主義イデオロギーに絶望的にしがみついた者があったことは周知の通りである。日本本土においては、軍国主義時代以前の体制を体験した人々が、大正デモクラシーへの「正常復帰」を説いて「オールド・リベラリスト」とよばれた。

しかしこのような無定型状態の日本国民に対し、マッカーサー司令部は、明確な型をもった制度とイデオロギーの刻印を捺した。そして最も純粋にこの刻印を受け容れたのが、昭和十年代に軍国主義イデオロギーに埋没し、それ故戦争直後最も純粋に思想的無定型状態にあった青年層であった。この青年層の思想界における代表が「戦後派知識人」である。

しかし第三に、『アメレジア』グループと「戦後派知識人」を共通に支配しているものとして、『三二年テーゼ』に代表されるコミンテルンの日本論が存在するのではないか、という問題がある。ノーマンが戦前の日本のマルクス史学、特に講座派史学の影響を受けていたことはよく知られている。ラティモアは『アジアにおける解決』の中で、ノーマンの著書とソ連の日本論（O・タニン、E・ヨハン共著『日本における軍国主義とファシズム』『日本はいつ開戦するか』）を特に推奨している。(1) これは『アメレジア』グループおよび「戦後派知識人」に対するマルクス主義の影響をどれほどのものとみるかという問題に関わっている。

マッカーシズムと日本

ともあれ、応報的正義の見地からすれば、日本がもっと厳しく罰せられるべきであったことは自明のことである。ところが日本は、マッカーサーに忠勤を励むことによって米国と個別的に和解し、米国は逆にこの和解に反対する正義の主張者たちを罰した。マッカーシズムの日本に対する意味はこれである。東京裁判など一連の軍事裁判は、恣意的な基準で支配層や軍人の一部を罰したが、裁いたのは英仏蘭など旧植民地宗主国の残りかすであって、日本の侵略の最大の被害者としてのアジア諸国の民の見地からする正義は実現されていない。米国におけるグルーの後裔たち、即ち正義より平和を求めるリアリストたちと、無原則のプラグマティストである戦後日本の保守政権によって、このような「正義の声」は圧殺、少なくとも黙殺されてきた。中国の正義の側に立って日本と戦い続けた『アメレジア』グループの思想と運命を発掘してくることは、圧殺された正義を発掘することになるのである。

もとより応報的正義は、非合理的情念であり、正義漢がリアリストに敗れるのは歴史の常である。『アメレジア』グループや「戦後派知識人」は、日本の保守的支配層を道徳的色眼鏡を通してしかみず、その現実をみることを怠った。特に日本の「旧勢力」(Old Guard)を本質的に軍国主義的なものとみて、その「旧勢力」が失敗と経験から学んだプラグマティストであることを見落とした。こうして「戦後派知識人」は永遠の反対者にとどまった。

今や永遠の青年であった「戦後派知識人」も老い、また狂信とヴェイン・グローリーの危険を身にしみて感じた保守的支配層も老いた。こうして民族的負い目を忘れ、集団的自己欺瞞の失敗の体験ももたない新世代が日本を支配する時代を迎えている。このような時期に、グルーのリアリズムやラティモアの義憤を想起することは、一義的でない様々な教訓となりうると思われる。

(1)　Lattimore, *Solution in Asia*, pp. 51-52.

附録　十五年後に

『アメリカ知識人と極東――ラティモアとその時代』を刊行したのが一九八五年、今から十五年前である。この十五年間に起ったこととの関連で、思いつくままに本書の内容を再考してみたい。

一　「中国派」の呪い

本書公刊直後の一九八五年七月、対日憎悪に燃えて、中国支援活動に青春を捧げたジャーナリスト、最晩年のセオドア・ホワイトが、「日本からの危険」という激情的な日本攻撃の文章を『ニューヨーク・タイムズ・マガジン』に発表し、これがいわゆるJapan bashingの発火点となった（長尾「ある復讐の物語」『されど、アメリカ』参照）。以後、江沢民、金泳三など政治指導者の誘導もあって、日本の過去を糾弾する運動が、欧米と東アジアが連動する形で燃え上がっている。

第二次大戦当時の「アメリカ的正義」からすれば、ナチ・ドイツと結んだ侵略者日本を敵として、中国を支援することは、申し分のない正当な行為であった。ところが、最も純粋な動機からこの闘争に参加した人々が、マッカーシズムによって、悪の烙印をおされて沈黙を強いられたのだから、そのことの怨念が鬱積し、やがて爆発したのも当然であろう。

なぜこういうことになったのかについては、色々な理由が考えられる。

マッカーサーの個性という要因もある。彼は古代ギリシャ・ローマ以来の軍事史をよく読んでいて、「勝者の度量」というような、いわば浪花節的な特性に感銘を受けていた。それに敗戦後の日本人は、このマッカーサーと、その背後の米国に、阿諛し、迎合し、また自らの行為のある部分については、真摯に反省した。こうした態度が、勝者の側から見て、ある程度「かわゆく」、従って米国人のある部分、特に対日関係者は、復讐心や懲罰意欲を緩和させ、復讐心を抱き続けた人々の方が少数派となってしまった。

それ以上に重要なのは、もちろん、米国の世界戦略の転換である。大戦中の友軍であったソ連は冷戦の敵となり、かつての敵であった［西］ドイツと日本が、防衛の前線に位置することになった。そもそも米国がソ連を友軍として迎えた動機にも、積極派と消極派が存在した。戦略転換の副産物として、この積極派が攻撃対象となったのである。

極東情勢もこれに関わっている。戦後中国は、内戦状態にあり、内戦が終熄するや、朝鮮、続いてヴェトナムにおける戦争において米国を敵とした。緊迫した状況下では、過去の敵より現在の敵に関心が集中するのはやむをえない。それに（戦略的動機も介在したと思われるが）、蔣介石は「報怨以徳」といい、中共政府も「日本帝国主義」と「日本人民」を区別して、「大国民の度量」のようなものを示した。このような事情で、戦中に煮えたぎった対日憎悪は、鎮静したかに見えた。

しかし、高度成長経済によって日本人に「かわゆげ」がなくなり、米国が「双子の赤字」などによって自尊心が傷ついた時、中国派ホワイトの点火によって、bashingの火がついたのである。ラティモアは後になって、天皇の中国流刑を唱えたのは、死刑論に比べれば情深いものだったとか、「日本の工業水準を中国並みに下げよと主張した」のは、工業全面否定論に比べれば穏和なものだったとか、お笑いのようなことを言っているが、その底には鬱勃たる怨念が煮えたぎっている。

現代日本はなお、ラティモアら中国派の呪いに脅えている、ともいえよう。

二　「親ソ派」ラティモア

この十五年間に生じたもっと大きな事件は、ソ連及びその衛星諸国の傀儡政権の崩壊である。長く太平洋調査会（ＩＰＲ）事務局長を勤めたウィリアム・ホランドは、一九八九年のインタヴューにおいて、次のように言っている（長尾「歴史としての太平洋問題調査会」『西洋思想家のアジア』参照）。

この問題［ラティモアの親ソ主義］には、いささか困惑してきた。モンゴルや中央アジアについて独創的業績を挙げたラティモアではあるが、ソ連の外交政策は彼の専門外である。ところが彼は一九三〇年代末より戦争初期において、ソ連、特にソ連の外交政策は彼の専門外であると思い込んでしまったように見える。

ジャーナリズムに足を踏み入れた彼は、全然専門外の事象についても主張を表明し始めていた。私は常にこれに批判的で、常々独自の貢献のできる領域、つまりモンゴルに集中するように助言してきた。

ところがこのモンゴル論自体も甚だ問題で、例えば『モンゴル――遊牧民と人民委員』（岩波書店）という書物において、ソ連によるモンゴルの衛星国化は、モンゴル人が自発的に選んだもので、大部分のモンゴル人に歓迎されているという趣旨のことを、幾度となく繰り返している。「モンゴル版スターリニズム」とよばれたチョイバルサン体制についても終始弁護論である。現在日本の経済援助を大歓迎しているモンゴルの体制が、将来どうなるのか、予断は許さないが、脱ソ連後のモンゴルでの出来事や関係者の発言などから見て、事実がラティモアの言ったようなものであったとは、到底言えないであろう。

ソ連国内の少数民族について、彼は、終戦直前の著書において、「アフガニスタン、イラン、トルコなどには、ソ連領に親類の民族をもつ者がいる。彼らはロシア人とソ連に非常な魅力を感じている。特に若者の眼から見ると、ソ連は経済的繁栄、技術的進歩、奇跡のような医療、無償の教育、機会の均等、そして民主主義と、いいことづくめである」と言っている。スターリンによる、アルメニア人、チェチェン人、イングーシ人、タタール人などに対する大量殺戮や強制移住などは、決して当時に専門家に知りえないことでもなかったのに（長尾「ラティモアと『魔女狩り』」『西洋思想家のアジア』参照）。

もっとも彼の研究対象となった地域は、中華帝国的専制・封建的専制・帝国主義的専制・共産主義的専制と、どっちに転んでも専制支配だったのだから、一定の平和と最低生活の保障を与える政権は、良しとしなければならないという議論はありうる。しかし、その基準からしても、大量殺戮と大量餓死をもたらしたスターリン体制に、そう高い点は与えられないであろう。

マッカーシーがソ連スパイとしてラティモアの名を挙げた時、ラティモアはアフガニスタンにいた。彼がソ連を讃美する諸国民の筆頭に挙げたあのアフガニスタンである。その後ソ連がアフガニスタンに傀儡政権を樹立しようとして内政干渉を繰り返し、軍事介入は惨憺たる失敗に終った。現在アフガニスタンは、ロシアが苛酷な弾圧を加えているチェチェニアの唯一の承認国である。ラティモアは、若き日のカルマルなど、後にソ連の傀儡政権を担う面々と、メートルを上げていたのではないか（長尾『法学に遊ぶ』第四章参照）。

三　VENONA

一九九五年七月、米情報局は、一九四〇年代における米国内ソ連スパイ網のKGB等との暗号交信解読グループVENONAの成果について公表し、マッカーシズムの再検討が始まっている。米国内に数百人規模のスパイ網が存在し、それは国務省等の上層部にまで及んでいたこと、転向者たちの自白に登場するヒス、カリー、ホワイトなどの政府高官や、ローゼンバーグ夫婦などについて、実際に彼らがスパイ行為を行なっていたことが明らかにされたのである。

それより五年を経た現在、議論も集約されつつあるようで、基本的には、①ソ連スパイへの疑惑は、リベラル派が唱えてきたような架空の物語ではなく、相当程度事実であった、②マッカーシーは、具体的なスパイの名を知らされていず、名の列挙は当てずっぽうであった、③しかしエリザベス・ベントリーなど、転向者の挙げた名は、大体当っている、④解読されたのは一部で、誰だかわからないスパイが相当いるはずだ、というようなところであろう。

ラティモアの名は全く登場しない。しかし、彼を蔣介石の政治顧問に推薦し、ハル・ノートに先立つ暫定協定案に対する蔣の猛反対をラティモアからルーズヴェルトに取り次いだロークリン・カリーのスパイ活動が明らかになったことは、「彼は一九三〇年代末より戦争初期において、強くソ連を支持しなければならないと思い込んでしまったように見える」というホランドの指摘を想起させないでもない。

この点については、「ルーズヴェルトは、日米を戦わせようとするソ連の陰謀に乗せられたのだ」という陰謀説が、マッカーシー期より唱えられている。しかしこれは、「陰謀説」というような次元の問題より、ルーズヴェルト政権(少なくともその有力な一部)の親ソ的体質ないし政治的世界像の問題であろう。これはエリノア大統領夫人やウォレス副大統領などの言動からも知られるところである。

そのような「体質」を背景として見るならば、高官たちがソ連の情報機関と接触し、一定の情報をソ連に流すというような行動も、米国を裏切ってソ連のために働くというより、友好国との接触の一態様としての外交活動であった可能性がある。隠す相手は、むしろ国内の反ソ派だということもありうるのである。

ヒトラーが数百万の大量殺人に着手したのは、一九四一年以降のことであり、一九三〇年代にはスターリンこそ、人類未曾有の大量殺戮者であった。なぜ米国など西側の民主主義者たちが、単なる必要悪として以上に、スターリンに協力したのか。これは「スターリンを愛した民主主義者たち」の論理と心理に関する、今世紀中葉思想史の大きな主題で、日本の「進歩的文化人」論などにも連なるものである。

ここで、レーニンを「創造的指導者」として誉め上げる、満員の大教室での丸山真男教授の姿なども思い出される。

四　ハーバート・ノーマンの日本史観について

本稿は、ノーマン『近代国家としての日本の出現』（一九四〇年、以下『出現』と略す）刊行六十周年を期として、同書が再刊される機会に、同書附録として、英文で寄稿した小論の和訳である。ただし、諦め切りよりかなり前に、所定よりいささか長すぎる「第一稿」を編集者に見せ、それを些か短縮するために書き直した「第二稿」が活字となったのであるが、枚数制限のない本稿では、適宜「第一稿」の省略部分を復活させている。

「現在と過去の対話」としての歴史は、一つの問答の過程である。外国の日本観察者たちは、一九二〇年以前は、「なぜ日本は、このような急速な西洋化に成功したのか」と問うたが、侵略・暗殺があいつぎ、古風なイデオロギーが復活してきた一九三〇年代になると、彼らは「いったい何が起っているのか」説明を求めた。

彼らにとって、この問いに答えることは、前のものより難しかった。なぜならそれには、日本史や日本語で書かれた資料のより深い理解を必要としたからである。一九三〇年代後半に執筆され、四〇年に公刊されたノーマンの『出現』は、時宜を得た作品であった。それは、一見不可解な一連の激発を、合理的に理解する枠組を提供するもののように思われた。

ノーマンの長所の一つは、彼が、欧米の日本研究者もほとんど知らない、日本マルクス主義歴史家たちの業績を本格的に研究していたことである。戦前の日本マルクス主義は、極めて注目すべき現象である。その担い手は若き知的エリート層で、マルクス主義の「真理」のために、職や身体の自由、更には生命さえ捧げることを厭わない道徳的英雄であった。

彼らはマルクス、エンゲルス、レーニン、（またその一部は）スターリンの著作に書かれたことを絶対的真理と考え、それに従って、日本史上の諸事象を解釈しようとした。その際彼らは、マルクスが西洋諸国の観察から構成した歴史発展段階説を、盲目的に信じた。

著名なフェミニストであるハイディ・ハートマンは、「マルクス主義フェミニズムは、『夫と妻は一体であり、その一者は夫である』という英法の婚姻に似ている。そこでは『マルクス主義とフェミニズムは一体であり、その一者はマルクス主義である』」と評しているが、一部のマルクス主義歴史家のマルクス主義と歴史学の関係も、これを思わせるところがある。

ところで彼らがこの作業に取りかかるや否や、基本的な対立が生じた。その一派（講座派）によれば、明治維新は西洋の市民革命とは似ても似つかぬものであると主張したのに対し、他の一派（労農派）は、それをブルジョワ革命の一種だとしたのである。

彼らの大部分は、極めてイデオロギー的な人間であったが、しかし天皇制のような日本的神話から自由であった。また彼らの価値判断に関していえば、過去の日本の体制にも、現在の体制にも否定的であった。即ち、それらは、封建的か絶対主義的か資本主義的かの何れかであり、何れにせよ農民や労働者を搾取する体制だからである。

ジョン・ダワーが言うように、『出現』におけるノーマンは、人文的歴史家であり、マルクス主義であれ何であれ、いかなるドグマからも自由で、諸派の著作を自由に引用している。ダワーは、ここでの彼が講座派と労農派の何れに近いかについて、「何れともいえない」(uncertain)と言っている。実際同書は、あらゆる方向から押し寄せる資料の大海の波の中で、必死に泳いでいるという印象を読者に与える。もっとも、経済的歴史解釈とか、江戸・明治の体制に対する否定的価値判断という点では、マルクス史学の影響も否定できないが。

欧米の読者たちは本書に注目した。第一に、本書が「特殊日本的性格」というようなもの抜きに、日本軍国主義についての理解可能な説明を与えるように思われたからであり、第二には、全体のトーンが、対日戦争中の雰囲気と合致していたからである。中でも本書を歓迎したのは、オーウェン・ラティモアやアンドリュウ・ロスなどで、彼らは、少なくとも日本の脈絡においては、「左翼は正しく、右翼は悪い」(Left is right and right is wrong)と信じていた[これは、rightという言葉の二義性から「左は右で正は不正」とも読め、シェークスピア『マクベス』の魔女のセリフFair is foul and foul is fairを想起させる]。

彼らの宿敵は、元駐日大使ジョセフ・C・グルーで、彼は、日本の政治的エリート層の中に、合理的で、現実主義的で、戦争に対して消極的な「穏健派」の有力な集団が存在し、彼らに戦後日本を委ねるべきだと説いていた。ラティモアやロスによれば、これは有害極まる謬説で、彼らはただ軍国主義狂信派より多少慎重な帝国主義者に過ぎない。ロスは、戦後の民主日本の担い手は、獄中の思想犯か、亡命者か、それに近い人々しかないと力説していた。

ノーマンは、『出現』を書き上げると、外交官を職業として選び、その歴史研究はパートタイムの仕事となった。日本民主化という実践的課題を前にした彼は、単純化された状況定義を必要とした。一九四五年一月に開催された太平洋問題調査会に彼が提出した論文「日本政治の封建的背景」（以下「背景」とよぶ）において、彼は「日本の農民は、諸々の封建社会の中で最も徹底的に搾取されたものの一つである」と言い、傲慢な民衆軽蔑者であった明治の寡頭支配者たちは、一貫して民衆への権力分与を拒否し、それを押し通したと言い、また明治憲法は天皇の権力を無制限に保ち、官僚支配を永続化したと説いた。

これは相当目の粗い講座派図式の適用である。『出現』においては、彼は、兵農分離によって、武士は生産活動から遊離し、寄生階級となったとし、武士の困窮、町人の富裕化、養子などによる階級間の流動化などについて叙述している。明治維新については、新政府は『五箇条誓文』によって世論を受け容れることを宣言したとし、一九二五年の男子普通選挙制の導入を、議会制民主主義の到達点であるとしている。

戦後日本においても、戦時期に対する反感と、占領軍の奨励（これにはノーマンも大いに参与している）によって、講座派史観が有力であったが、一九六〇年代より、多くの歴史家が反論を提出した。それによると、兵農分離によって農村共同体は農民の自治的組織となり、代官との交渉においても大きな交渉力をもって、時には武装抵抗をしてでも、自分たちの主張を貫いた。従って、生産力の向上にも関わらず、税額を上げることができず、武士の窮乏に拍車をかけた。

明治維新政府は、一八六九年、「公論」の組織として、議会もどきの「公議所」を導入したが、議員たちが余りに世界情勢に無知であったために、意義をもちえなかった。もし公議所がもう少しましなものとなったならば、明治初年から継続的に議会制が発展したかも知れない。寡頭支配者たちのうち、後に下野した板垣や大隈などの他に、木戸孝允や井上馨などは早くより議会設置に積極的であったし、大久保利通や岩倉具視のような権力派でさえ、何れは議会制を導入することは当然視していた。それにはもう少し世界知識の普及が必要だとしていたのである。

一九二五年に男子普通選挙制が成立した頃には、民選の下院多数党党首を首相に任命する慣行が成立しており、貴族院の抜本的改革が頻りに論じられて、上院の政治的権威は失墜していた。陸軍長州閥の代表者田中義一が政友会に、陸軍薩摩閥の代表者上原勇作が憲政本党に入り、宇垣一成が公然と憲政会（民政党）と結びついたのも、軍閥も政党を通じてでなければ政治的野心を実現できなくなった状態を示している。

この体制は、数年のうち瓦解した。なぜか？　憲法の絶対主義的性格とか、軍事官僚制の支配というノーマンの挙げた理由だけでは、一旦成立したこの体制の瓦解の説明にはならないであろう。

それに代る一つの説明としては、「一九三〇年代の軍国主義は、大衆民主主義の結果だ」という説がありうる。満洲の危機を前にして、中国との軍事的対決を選んだのは民衆だというのである。民衆がそれを選んだのは、彼らが、日本は戦争に関しては勝利の女神に愛された国で、中国ナショナリズムなど大したものではない、と信じていたからである。なぜそう信じたかというと、経験がそれを示しているように思われたのである。

少数の知識人や専門家は、状況が大きく変化したことを認識していたが、彼らの声は民衆の怒号にかき消された。彼らはグルーのいう「穏健派」、ラティモアやロスが、そして恐らくはノーマンも、憎んでやまない「穏健派」の中にもいた。

私の全般的印象としては、ノーマンの『出現』はすぐれた史書であるが、その後の彼の固定観念、抑圧的で権威主義的な日本という固定観念は、時代の偏見の産物という要素が強い。彼の安藤昌益論も、体制の根本的否定者のみが論ずるに値するという彼の固定観念の産物であるにせよ、すぐれた思想史的業績であると思うが。

初版　あとがき

一九八二年八月末より一九八四年三月末までの約一年七箇月、私たち一家は米国ワシントン市郊外のヴァージニア州アーリントンに住んだ。一回英語で研究報告をする以外に何の負担もない楽な身分で、博物館・美術館を歴訪し、旅行をし、また日本に送るべき小論を色々執筆したりして呑気に暮らした。ただ一つ、この機会に調べようと思っていたのは、一九四〇年代における米国対日政策の基礎をなす政治哲学のようなものである。こうなると研究対象はまず八・一五以前の対日政策の中心人物グルーと戦後の偶像マッカーサーということになる。私はこの二人の人物の思想や伝記を色々調べてみようと考えていた。

一九八二年の秋に、『現代法哲学』のための二つの原稿を書いた私は、クリスマス休暇にアトランタ、ニューオルレアンズなどの南部に家族旅行をした。そしてニューオルレアンズのフレンチ・クォーターの古書店でAndrew Roth, *Dilemma in Japan*, 1945及びRobert Textor, *Failure in Japan*, 1951という二冊の書物を入手した。そしてこれが私の関心を転換させた。前者はグルーを、後者はマッカーサーを、日本反動派のパトロンとして糾弾する内容のものである。グルーの*Ten Years in Japan*や*Turbulent Era*、それにハインリクスのグルー伝、マッカーサーの演説集やマンチェスターの*American Caesar*なども面白くなくはないが、それよりも原理的批判者の眼からみたこの二人の人物像は、私にはショッキングなほど面白かった。

ロスとテクスターの二冊の本には、その思想内容の共通性に加えて、もう一つの共通性がある。それは両者に同一人物が推薦文を書いていることである。前者は裏表紙に、後者には序文を寄せて。

オーウェン・ラティモアについては、佐藤功教授が中心になって編集された憲法調査会『憲法制定の経過に関する小委員会報告書』に、天皇皇族中国流刑論を唱えた人物として引用されたのを読んだことがある。またいつかテレビで、中国奥地に「センチメンタル・ジャーニー」に赴いた姿を見たこともある。その他時々眼に触れた名前であった。しかし、グルーやマッカーサーの対日政策の左からの批判者たちの「黒幕」であるとは知らなかった。私は俄然この人物に興味をもった。それ以後の滞米期間は、本職の法哲学はそっちのけにして、ただラティモアの周辺を追いかけまわして終わった。

もとよりアマチュアの附け焼刃である。米中関係史、マッカーシズム、占領などの研究者の中には、このテーマの専門家もいるだろうし、ラティモアに親炙した日本人も少なくないかも知れない。読むべくして読んでいない文献も幾らもあろうし、アメリカ政治史や国共内戦史の背景を知らないことから来る誤解も少なくないだろう。ただともかく、私の在米の成果といえばこれしかなく、帰国後直ちに、日本で開催される国際学会の事務責任者にされてしまって、勉強はまるでできず、放っておけば忘れていくばかりで、それこそ「国民の血税の無駄遣い」ということにもなる。二、三の先輩友人が、このようなものでも多少の意味があると、出版を薦めて下さったので、公刊に踏み切ったのである。たまたま新聞でみた金井美恵子氏の次の一節も一つの励みになった。

たとえば、藤枝静男氏が、ボッシュの絵を今までずっと知らずにいて、ある日突然、それを発見して歓喜し、周囲の人々にボッシュの驚くべき絵について知らせるべく努めるのだが、実はみんなそれを知っていた。知らなかったのは自分だけだった、と書いているのを読む時、私たちは、たしかに笑うのだが、笑いながら、藤枝氏の新鮮な発見の歓びに感動して、改めてボッシュを見る。

（『朝日新聞』一九八四年七月二〇日夕刊）

本書脱稿後たまたま眼に触れた書物の中にも、本書に関係するものは多い。小林弘二『対話と断絶』（筑摩書房、一九八一年）は、エマソンに親炙した著者の手になるもので、主題も本書と大きく重なっている。Tang Tsou（鄒唐）の *American Failure in China*, 1966（太田一郎訳、毎日新聞社、一九六七年）は米中関係史の全体的回顧であるが、その反中共的立場は、同年に刊行されたStuart Schram, *Mao Tsetung*（石川忠雄・平松茂雄訳、紀伊國屋書店、一九六七年）によって批判されている。シュラムの著作によって、その友とみなしていたサーヴィスやジャッフェが逮捕された一九四五年六月の『アメレジア』事件を、中国共産党は米国の関係断絶の意志表示とみなしたことを知った。延安の日本人民解放連盟については、当事者の回想録（香川孝志・前田光繁『八路軍の日本兵たち』サイマル出版会）が今年（一九八四年）出版された。マーク・ゲイン『新ニッポン日記』（日本放送出版協会、一九八四年）は、『ニッポン日記』の著者の晩年の日本観を伝えている。

アメリカではWilliam S. Borden, *The Pacific Alliance, United States Foreign Policy and Japanese Trade Recovery, 1947-1955*, The Univ. of Wisconsin Press及びLloyd E. Eastman, *Seeds of Destruction, Nationalist China in War and Revolution, 1937-49*, Stanford Univ. Pressが今年刊行された。前者はノーマンの日本史論を再版したジョン・ダワーの門下生で、ビッソン、テ

クスターの思想的系譜をひき、占領軍の「逆コース」によって、アジアの解放という当初の占領目的は反古にされ、米国資本主義による新植民主義体制が成立し、やがてはヴェトナム戦争をもたらしたと痛論している。後者は台湾の国民党関係資料に依拠して、国民党崩壊の原因を特権階級に視野の限定された蔣介石の政治意識に求めている。

『みすず』二八八号に一九七六年の西春彦氏によるラティモア会見記が掲載されている。ラティモアが一九四一年、政治顧問として重慶に赴いた経緯について、「蔣介石は重慶駐在のアメリカ大使〔Nelson T. Johnson〕が嫌いで、アメリカ国務省には大変な不信感を抱いていた」「その理由の一つは、国務省の内部で、日本通の方が中国通よりも、ずっと影響力を持っている、と彼は考えていたからだ」という観測が示されている。また戦後の中国東北地域（旧満洲）について「ソ連は満洲で捕獲した日本の施設や工場の設備を沢山持ち去ったが、中共に武器などを供給したことはなく、あってもごく僅かだったらしい」「満洲のソ連軍は中共軍との交渉を持たなかった」といっている。ラティモアをその一員とするポーリー使節団は日本に続いて旧満洲を訪れて、ソ連軍による工業施設の掠奪の視察をし、その損害額が少なくとも二〇億ドルに達する旨の報告書を提出していることが想起される（同報告書の一部は『昭和史の天皇』(6)（読売新聞社、一九六八年）二三〇―三頁に引用されている）。濃厚に反ソ的な同報告書もラティモアの手になるものなのか否かは、今後の研究事項である。

本書の成立に当っては、多くの人々の御助言・御援助を得た。特に在米中のエレノア・ハドリー、リチャード・フィン、ロバート・バーネット、アーネスト・メイ、ロバート・ケリー、マーリーン・メイヨ、ゲリー・アリンソン、千代政明・由利夫妻、安原洋子、アンドリュー・ロス（『日本のディレンマ』の著者とは別人〕の諸氏、帰国後の石垣綾子、中村隆英、渡辺昭夫、石井明、五十嵐武士の諸氏の寄せられた御厚意に深く感謝したい。また東京大学出版会の石井和夫、多田方、羽鳥和芳の諸氏の御激励と御援助にも、心からお礼を申し上げる。最後に日夜議論相手になってくれ、またたまた在米中戦後通貨体制を研究していて、同時代の別の側面へと視野を拡げてくれた妻の克子にも感謝したい。
国際的理想主義者としてのヘンリー・モーゲンソー、ハリー・デクスター・ホワイトなどのＩＭＦ構想が、トルーマン体制の下で徐々にしぼんでいく過程は、ニューディーラー没落過程の一環で、『アメレジア』グループの運命とも密接に関わりあっている。

一九八四年一二月九日

著　者

再版　あとがき

人間の長所と短所は抱き合わせで、たいていの場合分離できない。ラティモアは、まさしく、「野人」の長所と短所を一身に兼備した人物で、長所の方がずっと大きいが、短所で敵を作り、苦労もした。

ラティモアには、中露国境地域の諸民族についての探検家としての顔と、極東政治に関する政論家としての顔があり、専門家には前者の方が重要なのであろうが、彼を時代の象徴としたのは後者の側面である。政論家としての彼は、日本の侵略に対して中国を支援する米国極東専門家の中心人物で、最初蔣介石の国民党を支持しながら、やがてそれを見放して、共産党寄りの態度をとり、マッカーシズムの迫害に遭った象徴的人物である。

自国の植民地主義加担を果敢に批判し、孫文の精神を支持し、中国民衆を愛し、漢民族の周辺民族圧迫に批判的態度をとり続けた彼の価値観は、基本的にはよきアメリカ民主主義であったが、彼の受難には、仮説に過ぎないものを預言者のような自信満々に語る態度や、余りに激情的な日本憎悪、その反面としてのスターリニズムへの不可解なまでの同調、なども寄与している(「スターリンを愛した民主主義者たち」という主題は、何れ論じてみたいと思っている)。

この彼の軌跡を辿ることによって、二十世紀における米国と極東の関係の、波瀾に富んだ歴史を回顧しようとして執筆したのが、『アメリカ知識人と極東――オーウェン・ラティモアとその時代』(東大出版会、一九八五年)で、現在なお多少の需要もあるよしなので、信山社の御好意を得て、再び上梓することとした。再版の価値があるのかどうか、疑問もあるが、第二次大戦中に、欧米で何が語られていたかは、日本人の知識の空白部分であるから、それを多少とも埋めるという意味は、十五年前と同じように存在するのではないか、と思うからである。

日本の戦争中は、言論統制によって、米国知識人が日本について何を論じていたかなど、一般国民のみならず、相当の知識人でも知るよしもなく、図書の購入も殆ど不可能であった。終戦後はどっとアメリカ情報が流入したが、マッカーサー司令部の対日宥和策と、日本国民の異常なまでの状況追随によって、報復的・懲罰的対日言論が時代遅れとなり、当時の所得では高価な洋書に手が出にくかったこともあいまって、戦時の言論は余り伝わらなかった。その内にマッカーシズムの嵐が起り、ラティモア、ビッソン、ロスなどの書物の多くが、米国の書籍市場からも姿を消してしまった。

私が在米中にしたことの一つは、ニューヨークやワシントンの古書店をめぐって、戦時中から戦争直後に出版された極東関係の書物を手当たり次第買い集めたことである。こうして集めた書物の中には、日本の図書館に殆どないものが色々ある。そういう書物を読んで執筆した本書が、知識の空白を埋めるものを多少はもっていることは、読者たちの感想からも知ることができる。

初版が大して売れなかった事実は、通常は再版を渋る方向に働くが、それゆえまだまだ潜在的読者があると解釈して、出版して下さる信山社の村岡侖衛氏には、心から感謝しなければならない。また、いつもの通り、周到に校正を手伝って下さった松岡啓子さんに感謝したい。

二〇〇〇年四月三十日

長尾 龍一

人名索引

A～Z

Acheson ……… 149,150,151,163,178,216,219,230,239,240,242,247,248,257,258,263,268,278～280
Allinson ……… 305
Almond ……… 191
"Asiaticus" ……… 250,251
Atcheson …… 177～179,242,280
Atkinson ……… 66
Aveling ……… 232
Ball ……… 204
Ballantine …… 141,163,164,178,263,279
Barnes ……… 252
Barnett ……… 305
Barrett ……… 71,75
Bayley ……… 244～246
Benedict ……… 43,199
Bentley ……… 254,294
Berdichevsky ……… 233
Berkov ……… 191
Berle ……… 279
Bingham ……… 273
Bisson …… 11,17,64,77,97,101,131,157～161,163,174,177,179～182,189,193,195～198,204,211,277,285,286,304
Block ……… 44
Bohlen ……… 96,156
Borden ……… 304
Bosch ……… 303,304
Bowman ……… 5,256
Brewster ……… 239
Brines ……… 204
Browder ……… 231,240
Budenz ……… 225,230～232,237,240～242,255,260
Bukharin ……… 121
Bullit ……… 30
Buss ……… 45,134
Butler ……… 248
Byrnes ……… 151,156,157,178,241,257,259,279
Carter …… 9,10,13,14,222～224,233,248,249,254,266,274,275
Chamberlain ……… 19,106,236
Chamberlin ……… 15
Chambers ……… 218
Chapman ……… 225
Chen, Han-seng → 陳翰笙
Chennault ……… 55,56,74,270
Chi, Chiao-ting → 冀朝鼎
Chicherin ……… 21
Choibalsan ……… 292
Churchill …… 44,45,156,157,259
Clubb ……… 267
Cohen ……… 163,164,181,192
Colegrove … 94,252,256,269,270
Commager ……… 244～246,281
Conde ……… 191

Connary ………………… 240,241
Constantino ………………… 191
Cooke ………………………… 267
Coons ………………………… 134
Coplon ………………………… 219
Costello ……………………… 203
Currie …………… 26,27,32,222,
254,279,294
Cvetic ………………………… 238
Dallek ………………………… 40
Davies, Merle ………………… 9
Davis, Elmer …………… 43,259
Davis, John P. ……… 56,70,75,
85,178,279
Dickover ………………… 141,164
Dodd …………………………… 241
Donovan ……………………… 145
Doolittle ……………………… 79
Dooman ……… 81,107,141〜143,
150,163,164,166,178,
256〜263,267,280
Dorn …………………………… 187
Dower ………… 192,194,298,304
Drake ………………………… 134
Draper ……………… 196,197,201
Dulles …………………… 240,280
Dunn …………………… 261,279
Dyke …………………………… 191
Eastland ……………………… 261
Eastman ……………………… 304
Edwards ……………………… 223
Einstein ……………………… 238
Eisenhower ……………… 280,281
Emmerson ………… 54,62,75,78,
85〜97,101,177〜179,
191〜193,232,260,304
Engels ………………………… 297
Epstein ………………………… 66
Fairbank …………… 8,10,43,241
Fairbanks …………………… 259
Farley ………………………… 181
Feis ………………………… 63,78
Ferguson ……………………… 274
Ferrell ………………………… 245
Field ……………… 10,13,14,17,
18,23,179,252
Fields …………………… 50,169
Finn …………………………… 305
Fleischer ………………… 138,141
Forman ………………… 66,67,98
Forrestal …………… 156,162,258
Friedmann …………………… 256
Fuchs ……………… 219,239,242
Fullbright …………………… 270
Galbraith ………………… 185,194
Gayn ………… 145,186〜189,191,
194,203,204,304
Gandhi ………………………… 44
Gauss …………………… 66,74,85
Goebbels ……………………… 43
Gold …………………………… 242
Grajdanzev …………………… 180
Grew ……… 50,51,77,80〜82,97,
100,105〜108,111,116,118,
136〜166,192,221,256,258,
259,267,277,279,285,287,
288,298,301,302,303
Gunther ……………………… 104
Haile Selassie ………………… 18
Hall …………………………… 190

Harriman …… 58,148
Hartmann …… 297
Hawley …… 203
Heinrichs …… 302
Henderson …… 106
Henry …… 240
Hickenlooper …… 238,243
Hill …… 11
Hilldring …… 164
Hiss …… 218,219,220,231,
238,279,294
Hitler …… 110,117,198,
235,236,295
Holland …… 177,179,180,292
Holmes, Julius C. …… 145
Holmes, O.W. …… 218
Hoover, Edgar …… 231,241
Hoover, H.C. …… 76
Hopkins …… 52,147
Hornbeck …… 27,80,140,
141,267,279
Hsu, Y.Y. …… 225
Hudley …… 180,191,305
Hulen …… 140
Hull …… 31,32,139,140,
151,241,294
Hunt …… 279,284
Hurley …… 63〜78,145,
146,178,280
Imboden …… 191
Isaacs …… 13,233
Jaffe …… 11,17,23,145,251,304
Jenkins …… 182
Jenner …… 240,267,271,272
Jessup …… 220,239
Johnson, D. …… 258
Johnson, L.B. …… 281
Johnson, N.T. …… 305
Judd …… 155
Kades …… 181,191,192
Kalinin …… 21
Karmal …… 293
Karpinsky …… 191
Kelly …… 305
Kemal Atatürk …… 116
Kennedy …… 281
Killen …… 202
Kluckhohn …… 205
Knowland …… 240,269
Kohlberg …… 221〜227
Ladejinsky …… 180
Lamont …… 225
Lansing …… 111
Larsen …… 145
Lattimore, Eleanor …… 4,6,
227,232,234,238
Lauterbach …… 204
Lavalle …… 105
Lenin …… 57,69,295,297
Levine, Harriette …… 251
Levine I.D. …… 225
Lie …… 240
Lodge …… 243
Louis …… 44,45,51
Lucas …… 241
Luce …… 29,155,258
Lukacs …… 31,40
MacArthur …… 55,159,160,
163〜194,196,201〜205,209,
210,240,242,243,253,257,

260,266,271,278,280,284,
286,287,290,302,303
McCarran ……………… 247〜284
McCarthy ……… 105,216〜247,
273,280〜282,287,288,
290,293〜295,303
McClellan, J.L. …………… 270
McLellan, D.S. …………… 150
McCloy …………… 150,258,259
McGinley …………………… 242
MacGovern ……………… 255,269
McHugh ……………………… 29
McMahon …………………… 270
McWilliams …………… 244,246
Maki ………………………… 199
McLeish ……… 43,149〜151,258
Manchester ………………… 302
Mandel ……………………… 249
Marshall, George ……… 54,63,
147,207,217,228,
241,259,267,278
Marshall, Richard ………… 176
Martin ……………………… 76
Marx, Eleanor …………… 232
Marx, K. …… 69,112,121,229,
232,287,297〜298
Matsui, Haru → 石垣綾子
May ………………………… 305
Mayo ………………………… 305
Meas ………………………… 238
Mee ……………………… 156,163
Mitchell …………………… 145
Molotov …………………… 58
Moore ……………………… 252
Morgenthau …… 26,254,255,306
Morris, R. ………… 249,253,254
Morris, W. ………………… 232
Mowrer ……………………… 45
Mundt ……………………… 248
Murray ……………………… 47
Neuman ………………… 173,193
Nixon ………… 238,248,281,282
Noguchi ……………………… 25
Norman ……… 99,100,114,118,
174,177〜179,182,192,
194,201,232,260,281,
286,287,296〜301,304
Nugent ……………………… 191
Okladnikov ………………… 57
Oppenheimer ……… 241,242,281
Oshinsky … 230,232,245,247,282
Pauley ……… 182〜186,193,196,
201,239,260,269,305
Pearson ……… 151,221,226,239
Peffer …………………… 58,63
Perry, John C. …………… 62
Perry, M.C. ……… 168,170,193
Pétain ……………………… 138
Peurifoy …………………… 239
Pierce ………………………… 45
Protsenko …………………… 66
Proxmire …………………… 282
Quigley …………………… 181
Rankin ……………………… 238
Reischauer …………… 201,212
Remington ………………… 241
Roosevelt, Eleanor ………… 295
Roosevelt, Elliot …………… 45
Roosevelt, F.D. ……… 2,24,26,
29〜32,40,43〜45,52〜53,

55〜56,58,59,71,74,76,81,
133,151,163,171,187,218,
254,294,295
Roosevelt, T. ……… 111
Rosenberg ……… 294
Rosenmann ……… 258
Rosinger ……… 252
Roth ……… 81,97〜102,105,134,
136〜146,162,174,192,204,
285,286,298,301,302,303
Rubin ……… 191
Russell ……… 270
Schacht ……… 133
Schaller ……… 29,40,62,71,74,78
Schlesinger ……… 8
Schram ……… 304
Sebald ……… 242
Service ……… 56,71,72,76〜78,
145,177,178,239,267,280,304
Shakespeare ……… 298
Shanahan ……… 66
Shaw, B. ……… 232
Sheen ……… 230
Sherwood ……… 2,6,43,45,65
Shewmaker ……… 16,76〜78,
250,251,282
Smedley ……… 53,101,250,253
Smith ……… 267,272,274
Snow ……… 11,133,252
Sorge ……… 253
Sourwine ……… 262,263
Spinks ……… 177
Stalin ……… 13,14,58,69,121,147,
182,234〜237,242,266,
293,295,297
Stanley ……… 62
Steele ……… 203
Stein ……… 66,67,68,69,70,79,98,
100,123,253
Stettinius ……… 145,163
Stilwell ……… 8,40,53〜57,62,70,
71,74,85,146,178,187
Stimson ……… 156,157,239,258,259
Stone ……… 106,138
Strachy ……… 239
Strike ……… 184,196
Sun Fo → 孫科
Sutherland ……… 191
Taft ……… 240,247
Tang, Tsou → 鄒唐
Tanin ……… 287
Taylor, George ……… 34,43,123
Tayloy, Glen H. ……… 270
Textor ……… 194,197〜206,212,
302〜305
Thomas ……… 10,179,193,221,246
Thomson ……… 62,216,245,280,284
Thorpe ……… 191,230,232,240
Tiltman ……… 203
Tito ……… 81,208,228
Tong, Wellington → 董顕光
Trotsky ……… 121,233
Truman ……… 63,104,147〜149,
151,153,156,157,163,173,
182,190,207,217,218,220,
230,238,240,241,243,245,
247,256,258,259,274,281
Tuchman ……… 6,8,29,40,62,76,78
Tydings ……… 220,229,239,
243〜245,247,248,253,269

Ungern-Sternberg …………… 20
Utley ……………… 11,13,16,23,
232～237,240,246,249
Vincent ……… 56,57,59,77,107,
164,256,257,259～264,
267,279,280
Votaw ……………………… 66
Walker ……………………… 203
Wallace ……… 33,52～63,70,71,
85,182,227,241,295
Washington ………………… 244
Watkins …………………… 265
Watts ……………………… 65
Webb, Beatrice …………… 232
Webb, Sydney …………… 232
Wedemeyer ……………… 74
Wells ……………………… 145
Wherry …………………… 241
White, H.D. ……… 254,294,306
White, Theodore 66,76,290,291
White, William …………… 247
Whitney …………………… 180
Wilbur ……………………… 7
William ……………… 223,224
Williams ……………… 181,193
Willis ……………………… 23
Willkie ……………… 52,55,125
Willoughby ……… 181,195,203,
253～254
Winkler …………………… 44
Wittfogel … 251,252,255,273,277
Yarnell …………………… 2
Yohan ……………………… 287
Zinoviev …………………… 21

あ　行

青山和夫 ……………………… 89
秋田雨雀 ……………………… 89
麻生和子 ……………………… 198
麻生多賀吉 …………………… 198
安藤昌益 ………………… 179,301
五十嵐武士 …………………… 306
池田成彬 ……………………… 50
石井　明 ……………………… 306
石井菊次郎 …………………… 111
石垣綾子 …………… 25,43,53,62,
95～96,100,101,306
石垣栄太郎 …………………… 95
石川忠雄 ……………………… 304
磯野富士子 …………………… 23
板垣退助 ……………………… 299
市川正一 ……………………… 89
一木喜徳郎 …………………… 230
井上　馨 ……………………… 300
岩倉具視 ……………………… 300
于焌吉 ………………………… 24
上原勇作 ……………………… 300
宇垣一成 ……………………… 50,300
牛場友彦 ……………………… 179
江戸英雄 ……………………… 180
袁世凱 ……………… 60,109,120,122
大内兵衛 ……………………… 181
大久保利通 …………………… 300
大隈重信 ……………………… 300
太田一郎 ……………………… 304
大前正臣 ……………………… 192
大山郁夫 ………………… 94～96,252
岡崎勝男 ………………… 174,193
岡田啓介 ……………………… 230

緒方竹虎 …… 175
尾崎秀実 …… 253
尾崎行雄 …… 81,82,100
岡野　進 → 野坂参三

か　行

何応欽 …… 35,36,38,39,123
香川孝志 …… 304
春日正一 …… 89
片山　哲 …… 201
鹿地　亘 …… 81,85〜94,98
加藤高明 …… 7
金井美恵子 …… 303
菅　季治 …… 242
冀朝鼎 …… 13,17,18,250,251,252,277
菊池武夫 …… 229
木戸孝允 …… 300
金泳三 …… 290
金天海 …… 99
来栖三郎 …… 31
胡宗南 …… 36
胡　適 …… 32
小池厚之助 …… 181
小磯国昭 …… 81
項　英 …… 37
孔　子 …… 33
孔祥熙 …… 251
江沢民 …… 290
国領伍一郎 …… 89
近衛文麿 …… 18,19,31,50,81,107,108,133,143,175,178〜180,254
小林弘二 …… 304

さ　行

西園寺公一 …… 181
西園寺公望 …… 50
佐藤　功 …… 303
志賀義雄 …… 89,99,232,260
重光　葵 …… 81,175,177
幣原喜重郎 …… 7,186,196,259
朱　徳 …… 11,12,74
周恩来 …… 11,12,65,74,178
蔣介石 …… 17〜19,27〜36,39〜40,51〜60,62,65〜67,70〜77,104,122,123,124,146〜148,151,154,155,187,207,208,211,217,218,224,228,235,238,240,249,254,267,268,270,278〜280,291,294,305
葉　挺 …… 36,37
昭和天皇 …… 31,46,47,48,49,50,51,81,98,105,106,109,113,115,116,118,130〜132,138〜140,144,146,150,151,157〜162,186,187,191,195,196,200,209,221,252,255,256,258,259,263,269〜271,291
鄒　唐 …… 304
末川　博 …… 181
鈴木貫太郎 …… 51,147,157,258
千田是也 …… 89
宋慶齢 …… 58
宋子文 …… 27,28,51,52,74,147
宋美齢 …… 52,53,60
孫　科 …… 58,61,115〜117,134,139
孫　文 …… 7,27,33,34,35,39,58,

109,115,116,120,121,139

た　行

高木八尺 …………………… 179,181
高田　保 ………………………… 46
高野岩三郎 ……………………… 181
高柳賢三 ………………………… 181
田中義一 …………… 8,46,47,48,
196,198,300
種村佐孝 ………………………… 42
張学良 ……………………… 17,18
張発奎 …………………………… 36
陳果夫 …………………………… 39
陳翰笙 …………………………… 250
陳　誠　35,36,38,39,62,70,92,123
陳立夫 ……………………… 39,92
鶴見祐輔 …………………………… 7
鄧演達 ……………………… 35,36
董顕光 ……………… 30,40,63,278
東条英機 …………… 82,107,108,
142,186,232
徳田球一 …… 89,99,179,182,232,
242,260
床次竹二郎 …………………… 8,9

な　行

永田広志 ………………………… 89
中村隆英 ………………………… 306
中村政則 …………………… 193,211
西　春彦 ………………………… 305
野坂参三 …… 79,81〜98,100,160
野原四郎 ……………………… 79,100
野村吉三郎 ……………………… 31

は　行

鳩山一郎 ………………………… 198
羽仁もと子 ……………………… 181
浜口雄幸 ………………………… 259
林　百郎 ………………………… 188
春木　猛 ………………………… 133
東久邇稔彦 ………………… 175,178
平松茂雄 ………………………… 304
福本和夫 ………………………… 89
藤枝静男 …………………… 303,304
藤森成吉 ………………………… 89

ま　行

前田充繁 ………………………… 304
牧野伸顕 ……………………… 50,198
松本重治 ………………………… 179
丸山真男 ………………………… 295
三浦陽一 ………………………… 193
蓑田胸喜 ………………………… 229
美濃部達吉 ………………… 229,230
宮本顕治 ………………………… 89
明治天皇 ……………… 108,113,187
孟　子 ……………………… 33,34
毛沢東 …… 11,12,67,69,71〜75,
121,216,304

や　行〜

矢内原忠雄 ……………………… 181
横田喜三郎 ……………………… 181
吉田和子 → 麻生和子
吉田　茂 ……………… 190,193,194,
196,198,243
吉田雪子 ………………………… 198
米内光政 ……………………… 50,51,81

李鴻章 …………………… 60,120,122
李承晩 ………… 211,228,240,268
若槻礼次郎 ……………………… 259
渡辺昭夫 ………………………… 306
渡辺喜蔵 ………………………… 194

著者紹介

長尾 龍一　（ながお　りゅういち）

1938年　中国東北部斉々哈爾市生れ

1961年　東京大学法学部卒業。東京大学助教授を経て，1980年より東京大学教養学部教授，1998年より日本大学法学部教授（専攻・法哲学・政治思想史・憲法思想史）。

主要著書

『ケルゼンの周辺』（木鐸社・1980年），『日本法思想史研究』（創文社・1981年），『法哲学入門』（日本評論社・1982年），『神と国家と人間と』（弘文堂・1991年），『法学に遊ぶ』（日本評論社・1992年），『リヴァイアサン』（講談社・1994年），『日本憲法思想史』（講談社・1997年），『憲法問題入門』（筑摩書房・1997年），『思想としての日本憲法史』（信山社・1997年），『西洋思想家のアジア』（信山社・1998年），『文学の中の法』（日本評論社・1998年），『争う神々』（信山社・1998年），『純粋雑学』（信山社・1998年），『されど，アメリカ』（信山社・1999年），『法哲学批判』（信山社・1999年），『ケルゼン研究Ｉ』（信山社・1999年），『古代中国思想ノート』（信山社・1999年），『歴史重箱隅つつき』（信山社・2000年）ほか。

信山社叢書

オーウェン・ラティモア伝

2000年7月10日　初版第1刷発行

著　者　長尾 龍一

装幀者　石川 九楊

発行者　今 井 貴＝村岡侖衛

発行所　信山社出版株式会社

113-0033　東京都文京区本郷6-2-9-102

TEL 03-3818-1019　FAX 03-3818-0344

印刷 勝美印刷　製本 渋谷文泉閣

ISBN 4-7972-5109-3 C 3332